# 现代农业产业技术体系建设理论与实践——蜂业分册

◎吴　杰　主编

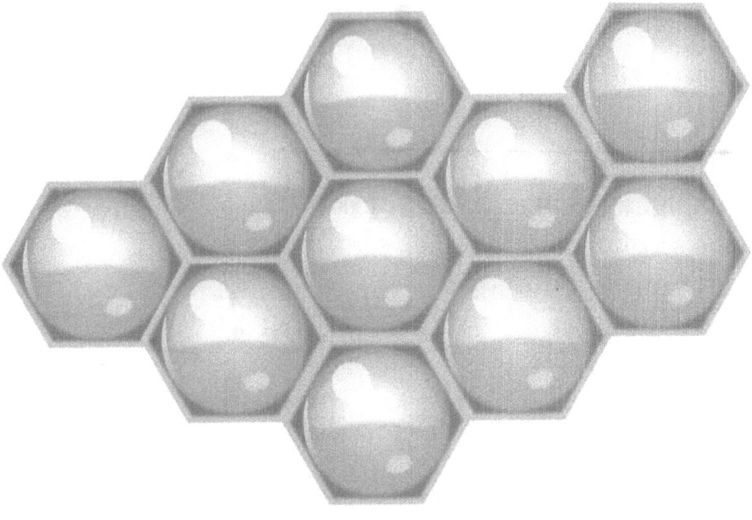

中国农业科学技术出版社

图书在版编目（CIP）数据

现代农业产业技术体系建设理论与实践．蜂业分册 / 吴杰主编．—北京：中国农业科学技术出版社，2020.6
ISBN 978-7-5116-4752-8

Ⅰ．①现… Ⅱ．①吴… Ⅲ．①现代农业—农业产业—技术体系—研究—中国 ②养蜂业—农业产业—技术体系—研究—中国 Ⅳ．① F323.3 ② F326.33.1

中国版本图书馆 CIP 数据核字（2020）第 082216 号

责任编辑　李冠桥
责任校对　马广洋

出 版 者　中国农业科学技术出版社
　　　　　北京市中关村南大街 12 号　邮编：100081
电　　话　（010）82109705（编辑室）（010）82109702（发行部）
　　　　　（010）82109709（读者服务部）
传　　真　（010）82106625
网　　址　http://www.castp.cn
经 销 者　各地新华书店
印 刷 者　北京建宏印刷有限公司
开　　本　710mm × 1 000mm　1/16
印　　张　16.75
字　　数　265 千字
版　　次　2020 年 6 月第 1 版　2020 年 6 月第 1 次印刷
定　　价　80.00 元

# 《现代农业产业技术体系建设理论与实践——蜂业分册》编委会

主　编：吴　杰

副主编：胡福良　周冰峰　石　巍　余林生　郭　媛　赵芝俊

编　者（按姓氏拼音为序）：

| | | | |
|---|---|---|---|
| 陈大福 | 董　捷 | 董　坤 | 高夫超 |
| 高景林 | 郭　媛 | 胡福良 | 胡军军 |
| 华启云 | 吉　挺 | 李　熠 | 李建科 |
| 刘　强 | 刘进祖 | 刘世东 | 娄德龙 |
| 罗文华 | 马卫华 | 缪晓青 | 牛庆生 |
| 彭文君 | 祁文忠 | 石　巍 | 苏松坤 |
| 王　彪 | 王顺海 | 王文峰 | 吴　杰 |
| 吴黎明 | 席芳贵 | 胥保华 | 徐书法 |
| 许金山 | 薛运波 | 余林生 | 袁春颖 |
| 曾志将 | 张兴波 | 张学文 | 张中印 |
| 赵红霞 | 赵芝俊 | 郑火青 | 郑永惠 |
| 周冰峰 | 朱　黎 | | |

# 前　言

2008年，国家蜂产业技术体系正式成立，成为50个现代农业产业技术体系的正式成员之一。国家蜂产业技术体系通过十多年的发展，培养了一大批蜂产业的高端人才，通过国家蜂产业技术体系这个国家平台的建设，为各岗位科学家及其团队专心科研、扩大专业视野、提升专业水平和产业服务能力提供了条件和保障，岗位科学家们通过对前瞻性课题的跟踪探索与深入研究，为我国蜂业科技的可持续发展奠定了坚实的理论基础，为我国蜂产业的健康发展提供了强有力的科技支撑。综合试验站在农业农村部、财政部专项经费的持续资助下，有了深入蜂产业一线的实力和动力，综合试验站在蜂业技术集成和蜂业技术示范及辐射带动等方面发挥了重要作用，每年的养蜂技术培训与示范工作给全国的养蜂生产者带来了希望和信心。

在农业农村部、财政部的大力支持下，国家蜂产业技术体系全体成员奋力拼搏、无私奉献，取得了一系列科技成果，为我国蜂产业的健康、稳定、可持续发展做出了应有的贡献，取得了显著的经济效益和社会效益。

本书由国家蜂产业技术体系岗位科学家、综合试验站站长及团队骨干参与编写，详细介绍了国家蜂产业技术体系成立十年来的发展历程和取得的成就，系统反映了岗位科学家、综合试验站站长们十年来对蜂产业体系建设的经验和体会，总结了蜂体系在管理制度和文化建设方面的创新经验，全面反映出我国蜂产业的现状和整体科研水平。本书对于蜂业科技工作者、蜂业管理者、养蜂爱好者而言具有重要参考价值。

编　者

2020年5月

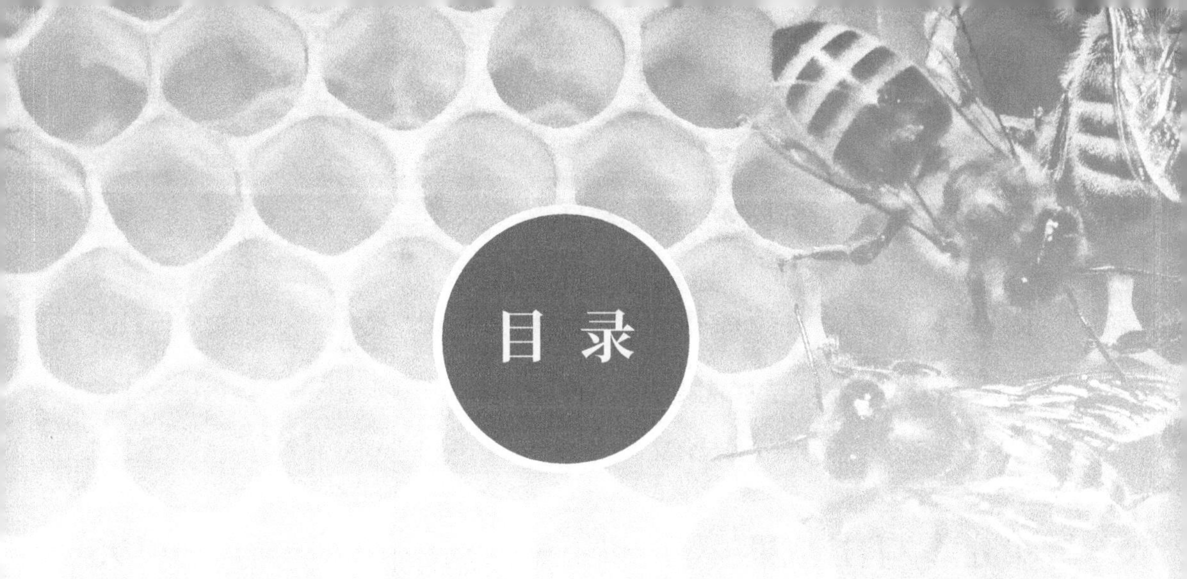

# 目 录

# 第一章

# 绪　言

## 第一节　国家蜂产业技术体系的发展历程

2008年，在财政部、农业部（现已改为农业农村部）的关心和大力支持下，国家蜂产业技术体系正式成立，成为50个现代农业产业技术体系的正式成员之一。回顾蜂产业技术体系10多年来走过的历程，组织架构和发展状况大体上可以分为如下三个阶段。

**第一个阶段：“十一五”期间（2008—2010年）**

即蜂产业技术体系创建之初，在组织架构上主要由1名首席科学家，1个产业研发中心，4个功能研究室，20名岗位科学家，11个综合试验站组成，年经费额度达到1 760万元，3年总计5 280万元。

**第二个阶段：“十二五”期间（2011—2015年）**

在这一阶段，蜂产业技术体系在原有架构和人员大体稳定的基础上，新增了10个试验站，综合试验站数量增加到了21个，年经费支持额度达到了2 480万元，5年经费额度总计达到1.24亿元。

**第三个阶段：“十三五”期间（2016—2020年）**

在第三阶段，蜂产业技术体系在组织架构、人员规模和经费额度上又有了新的变化和扩大。其中，功能研究室由4个增加到了6个，岗位科学家由20名增加到了23名，综合试验站由21个增加到了23个，且拥有示范县120个，团队成员230名，年经费额度达到了2 790万元，5年总计1.395亿元。

经过10多年的发展，目前，国家蜂产业技术体系形成了由1个国家蜂产业技术研发中心、6个功能研究室（遗传改良研究室、饲养与机具研究室、加工研究室、疾病防控研究室、授粉研究室、产业经济研究室）、23个综合试验站（北京综合试验站、天水综合试验站、固原综合试验站、乌鲁木齐综合试验站、成都综合试验站、红河综合试验站、延安综合试验站、南宁综合试验站、海口综合试验站、重庆综合试验站、新乡综合试验站、武汉综合试验站、广州综合试验站、金华综合试验站、遵义综合试验站、吉林综合试验站、牡丹江综合试验站、扬州综合试验站、晋中综合试验站、兴城综合试验站、东营综合试验站、拉萨综合试验站、南昌综合试验站）组成的一个完整体系。其中，首席科学家1名，岗位科学家24名，综合试验站站长23名，团队成员76名，技术推广骨干188名，示范县120个，“十三五”期间总经费为1.395亿元。

## 第二节　国家蜂产业技术体系建设内容

### 一、国家蜂产业技术研发中心

该中心依托单位为中国农业科学院蜜蜂研究所。

### 二、功能研究室

#### 1. 遗传改良研究室

建设依托单位为中国农业科学院蜜蜂研究所。

该研究室下设种质资源评价、育种技术与方法、中华蜜蜂品种保护与改良、西方蜜蜂品种改良4个岗位，由4名岗位科学家及其团队成员组成。

#### 2. 疾病防控研究室

建设依托单位为安徽农业大学。

该研究室下设病毒病防控、细菌病与真菌病防控、寄生虫病防控、病虫害风险评估与综合防控、药物残留监控5个岗位，由5名岗位科学家及其团队成员组成。

**3. 饲养与机具研究室**

建设依托单位为福建农林大学。

该研究室下设中华蜜蜂饲养技术、西方蜜蜂饲养技术、转地饲养与机具设备、蜂箱与蜂巢、营养与饲料、物联网测控6个岗位，由6名岗位科学家及其团队成员组成。

**4. 授粉研究室**

建设依托单位为山西农业科学院。

该研究室下设施作物授粉、大田作物授粉、授粉昆虫繁殖3个岗位，由3位岗位科学家及其团队成员组成。

**5. 加工研究室**

建设依托单位为浙江大学。

该研究室下设产品加工、生物活性物质利用、保健功能开发、营养品质评价、产品质量控制与安全评价5个岗位，由5名岗位科学家组成。

**6. 产业经济研究室**

建设依托单位为中国农业科学院农业经济与发展研究所。

该研究室下设产业经济1个岗位，由1名岗位科学家及其团队成员组成。

体系各功能研究室内部成员之间分工明确，协助岗位专家完成体系任务。

### 三、综合试验站

蜂产业技术体系由23个试验站组成，每个试验站下设有5个示范县。其主要任务是对接各个岗位科学家，完成岗位科学家布置的试验及技术示范工作任务，开展蜂农技术培训。

## 第三节　蜂产业技术体系的主要任务

### 一、蜜蜂健康高效养殖技术集成与示范

针对我国养蜂生产中存在的抗逆蜂种缺乏、过度取蜜和过度取浆造成的

蜜蜂营养不良、抗逆力下降及养蜂机械化水平低、病虫害频发、药物滥用等导致的养蜂劳动强度大、蜂群群势弱、养蜂效益不高等问题，通过研发并集成蜜蜂营养饲喂技术、蜜蜂病虫害兽药评价及绿色防控技术等，提高蜜蜂的健康水平；通过转地机械和高效取蜜产浆机械研发、抗逆蜂种选育、高效供种技术研发、集成与示范，提高蜜蜂良种率、繁育效率及优质蜂产品的生产能力。以养殖、育种、蜂病绿色防控等技术研发示范，实现养蜂生产的健康高效。

核心技术与实施内容主要包括：

**1. 蜜蜂高效养殖技术研究与集成示范**

规范蜂场和蜂巢环境要求，创造蜜蜂健康生长发育的良好环境和条件。合理简化操作，研发与我国养蜂规模化发展相适应的养蜂机械，提高养蜂规模化和机械化水平。针对我国不同地区蜜粉源植物、气候等特点研发蜂王浆、成熟蜜高效生产技术和仿生免移虫育王技术。开展天然蜂粮生产技术研发，提高蜜蜂营养和健康水平，降低养蜂成本。通过技术研发、集成和示范，将蜜蜂健康养殖技术标准化。

**2. 抗逆蜂种选育和高效育王与供种技术研究**

应用常规选育技术和分子标记辅助育种技术，挖掘和选育抗逆蜂种。通过对蜂种抗逆特性、生产性状评价，评估抗逆蜂种的经济和生态效益。应用无王哺育技术、微型交尾群组织技术提高育王效率，降低育王成本，提高育王和供种效率。

**3. 蜜蜂病虫害绿色防控技术研究与示范**

完善蜜蜂主要病虫害快速诊断及监控技术，建立微孢子虫等主要病虫害免疫诊断技术，为有效防控蜜蜂病虫害提供技术支撑。研发蜜蜂病虫害绿色防控技术，筛选可有效防控蜜蜂病虫害的生物制剂，监控并预测蜜蜂主要病虫害潜在发病风险。建立病虫害及农药对蜜蜂健康影响风险评估技术。

## 二、蜂产品安全监测预警与质量控制、评价关键技术及新产品开发

我国蜂产品资源十分丰富，但长期以来存在着蜂产品质量参差不齐、兽药残留严重、假冒伪劣产品充斥市场和深加工技术落后、产品附加值低等突

出问题，加上蜂产品生产链长、危害因子多且成因复杂、品质控制及评价指标缺乏，严重困扰着我国养蜂业的可持续发展。因此，亟待研制替代蜂药的蜂用健康营养液，降低蜂产品兽药残留；研建一批蜂产品质量安全监测预警与全程控制技术标准，建立蜂产品真实性分析及溯源技术体系；建立蜂产品中生物活性物质的高效价、高产率和低成本的提取和分离方法，提高蜂产品附加值；研发新方法、新工艺、新产品，拓展蜂产品应用范围，提升我国蜂产品加工技术水平和市场竞争力。

核心技术与实施内容：

**1. 蜂产品污染物识别和全过程控制技术**

建立污染物非定向筛查和复合污染物高通量检测技术；探究蜂产品污染物形成、消减和代谢规律及其机制，研建一批蜂产品质量安全全程控制技术标准，从源头控制危害因子污染；开展蜂用健康营养液研制及残留代谢规律研究。

**2. 蜂产品安全监测预警与过程控制技术**

在蜂产品质量安全数据库基础上，开展原料收购环节蜂产品农兽药残留动态监测、蜂产品安全数据分析和趋势分析等方法研究，并在企业和检测机构进行示范应用；在蜜蜂产品电子溯源信息管理系统基础上，建立“互联网+蜂产品质量安全控制”系统。

**3. 蜂产品真实性分析技术**

建立蜂产品真实性分析技术体系，形成系列蜂产品品质、品种分析技术；开展蜂王浆和蜂胶谱效物质基础研究，以及成熟蜜、有毒蜜标志性成分研究。

**4. 生物活性物质高效价、高产率和低成本提取分离技术**

建立蜂产品中生物活性物质高效价、高产率和低成本提取和分离方法，建立蜂产品中活性成分指纹图谱，挖掘活性成分生物学功能。

**5. 高新技术在蜂产品加工中应用**

开展高新技术在蜂产品加工中的应用研究，研发系列新产品。

**6. 新资源、新产品开发利用技术**

开展蜂毒等新资源的开发利用研究，研发复合型蜂产品，拓展蜂产品应用范围。

## 三、蜂授粉关键技术研究与示范

我国现代农业发展中大量使用农药、单一作物连片种植、传粉昆虫数量锐减、农作物对蜜蜂等授粉昆虫需求与日俱增。野生优势传粉蜂工厂化繁育技术不成熟；制种作物如大豆及苜蓿生产中种子产量低、人工授粉制种费时、费工；设施番茄授粉涂抹激素造成激素残留、损伤植物秆茎、病害感染等问题。通过开展熊蜂繁育关键技术研究，实现本土熊蜂工厂化饲养，满足不同花期设施作物授粉需求；通过开展蜜蜂授粉关键及配套技术研究，解决大豆、苜蓿、番茄、梨、向日葵等作物授粉中存在的授粉效率低、成本高等问题，实现农作物高效授粉。将梨、向日葵等作物成熟的授粉技术集成示范，以期降低授粉成本、提高产量和品质，达到农民增收的目的。

核心技术与实施内容主要包括：

### 1.熊蜂工厂化繁育关键技术研究与应用

蜂群生长发育最佳饲料配方筛选；熊蜂生殖分子调控机制；本土熊蜂工厂化继代繁育退化分子机制；传粉熊蜂肠道微生物多样性、演化及功能分化；熊蜂主要病原致病机理；设施作物熊蜂授粉配套技术；熊蜂授粉增产机理及农药对熊蜂影响等。

### 2.蜜蜂为作物授粉关键技术研究

制种类作物蜜蜂授粉技术。包括小面积棚室授粉机具设计、授粉蜂量配置、微型蜂群授粉技术、蜜蜂授粉诱导技术、不同蜂种采集行为及授粉效果。

设施授粉蜂群管理技术。包括设施环境因素对蜜蜂采集影响、授粉蜂群管理技术。设施番茄蜜蜂授粉技术。包括不同授粉方式比较；不同品种番茄开花生物学及蜜蜂采集偏好性。

蜜蜂授粉安全技术。包括施药对蜜蜂存活率的影响；施药后植物残留量及其对蜜蜂趋避性研究；高、中毒农药对蜜蜂飞行觅食影响；施药后蜜蜂体内解毒酶变化规律。

梨树蜜蜂授粉技术应用与示范。包括梨树授粉品种快速成花嫁接技术研究，集成梨树蜜蜂授粉技术，建立示范点。

向日葵蜜蜂授粉技术研究与示范。包括向日葵访花昆虫及动态消长规律；向日葵花粉和花蜜对蜜蜂幼虫影响；向日葵蜜蜂授粉蜂群配置及管理技术；蜜蜂为向日葵授粉经济贡献评估。集成向日葵蜜蜂授粉技术，建立示范点。

## 四、抗逆种质资源挖掘及遗传评估体系研究

在“十三五”期间，主要针对目前我国养蜂业在生产用种上，重引进品种轻本土资源，以及在育种技术上仍然采用传统育种方式为主，育种周期长，效率低等问题，拟通过开展蜜蜂基因组学研究，挖掘本土资源，特别是研究最受国际关注、最具特色和国际竞争力的经济性状，如抗逆性、繁殖性能等。同时，通过建立遗传评估体系，加快重要性状主效基因挖掘速度，提高育种效率，缩短育种时间，形成传统技术和现代分子技术相结合的高效育种技术体系。

核心技术与实施内容主要包括：

**1. 蜜蜂基因组学技术**

利用现代高通量基因组学技术，开展抗螨、抗低温、高繁殖关键基因及分子通路的深入挖掘，获得相关分子标记，辅助解析蜜蜂群体抗逆机理，为培育抗逆蜂种提供育种素材。

**2. 蜜蜂遗传参数估计技术**

针对抗螨、繁殖等主要数量性状遗传力估计，计算亲缘关系和通径系数建立抗逆遗传评估体系方案。在北京、新疆、甘肃、山西、四川、海南等实验区建立遗传评估体系示范蜂场。

## 五、蜂体系基础数据平台建设

为方便蜂业科研人员及从业人员数据查询，信息追踪等需求，国家蜂产业技术体系相继建立了蜜蜂种质资源数据库、中国主要蜜粉源植物信息系统数据库、蜜蜂病虫害防控系统数据库、蜂产品质量安全数据库等 14 个数据库。每年更新数据 1 万余条。

## 六、应急性技术服务

主要包括：

一是监测本产业生产和市场异常变化，及时向农业农村部上报情况。

二是针对发生的突发性事件及农业重大灾害，及时制订分区域应急预案与技术指导方案。

三是及时组织开展应急性技术指导和培训工作。

四是完成农业农村部各相关司局临时交办的任务。如农业农村部畜牧兽医局交办的全国有毒蜜粉源植物分布情况调查工作。农业农村部农产品质量安全监管局交办的全国有毒蜜粉源植物及蜂产品样品取样工作。

# 第二章

# 体系十年所取得的成绩及对产业发展的贡献

2008 年，国家蜂产业技术体系正式成立，成为 50 个现代农业产业技术体系的正式成员之一。体系通过十多年的发展，培养了一大批蜂产业的高端人才。通过蜂产业技术体系国家平台的建设，为各岗位科学家专心科研、扩大专业视野，提升专业水平和产业服务能力提供了条件和保障。岗位科学家们通过对前瞻性课题的跟踪探索与深入研究，为我国蜂产业技术的可持续发展奠定了坚实的理论基础。

综合试验站有了深入蜂产业一线的实力和动力。在农业农村部所提供经费的持续资助下，综合试验站在蜂业技术集成和蜂业技术示范方面发挥了重要作用，每年坚持不懈的养蜂技术培训与示范工作给全国的养蜂生产者带来了希望和信心。

## 第一节　蜂产业技术体系十年来取得主要成绩概况

在农业农村部、财政部的大力支持下，国家蜂产业技术体系全体成员奋力拼搏，为我国蜂产业的健康、稳定、可持续发展做出了应有的贡献，取得了显著的经济效益和社会效益。以 2010—2019 年的相关数据为例，取得的成绩包括如下 10 个方面。

一是取得的基本研发成果。主要包括：蜜蜂中试新品种 20 个；新技术 126 项；新工艺 41 个；新设备 46 项；新产品 80 个。

二是基地建设情况。主要包括：建设试验基地 55 个；示范基地 162 个；中试线 6 条；生产线 5 条。

三是人才队伍建设情况。主要包括：培养国家级人才计划 5 名；培养省（部）级人才计划 34 名；培养技术骨干 119 名；培养博士后 14 名、博士 99 名、硕士 360 名；举办培训班 1 868 次，培训技术人员 12 721 名，培训新型经营主体 18 378 人次，培训农民 254 378 人次。

四是制定标准情况。主要包括：主持制定国家标准 11 项，行业标准 33 项，地方标准 51 项，企业标准 10 项。

五是获得专利情况。主要包括：获得发明专利 155 件；获得实用新型专利 254 件；获得软件著作权 132 项。

六是论文论著情况。主要包括：发表论文 1 592 篇，其中国内核心期刊发表 730 篇，在 SCI、SSCI、EI 等刊物上发表 502 篇；论著 109 部。

七是提供咨询建议情况。主要包括：向政府主管部门提交咨询报告 140 份，其中省部级及以上领导批示 27 份；地方政府采纳 144 份；为企业提供咨询报告 20 份；为生产一线提供技术指导意见（规范）等 30 种。

八是成果获奖情况。主要包括：获奖 60 项；其中，国家发明二等奖 1 项，省部级一等奖 7 项，二等奖 30 项，三等奖 21 项。

九是成果采用情况。主要包括：入选农业农村部主导品种 33 个；被企业采纳新工艺 53 个，新设备 34 项，新产品 55 个。

十是示范推广情况。主要包括：蜜蜂中试品种累计推广 820.92 万群；养殖业新技术累计推广 718 万群。

## 第二节　蜂产业技术体系各个领域所取得的成绩及产业贡献

### 一、遗传改良研究室

自 2006 年《中华人民共和国畜牧法》颁布以来，国家在基本建设资金中加大了蜜蜂良种繁育体系建设的投入，加快了蜂业的良种化进程。目前我国蜂产业在蜂王引种上仍然存在用种混乱、盲目育种、效率低下的问题，种蜂王引种商品化、规模化程度低导致养蜂者生产消耗升高，经济效益不佳。遗传改良研究室针对我国现代蜂产业引种现状，遵循“优质供王、科学推广、高效服务、体制创新”的原则，以“建原种场，立国字号，重宣传力，促新发展”的工作方式，推动国内蜜蜂种业发展。

**1. 创建抗病－高产蜜蜂育种技术体系和理论体系**

培育的商品代蜂群产量高、性能好，为我国蜜蜂新品种的培育奠定了理论、技术和材料基础。创建了适应我国南北方饲养条件，兼顾抗螨、蜂蜜高产、高繁殖力的蜜蜂四系配套育种理论，创建了不同生态条件下，个体行为抗螨、群体综合抗螨的抗螨评价技术体系。采用闭锁育种技术和 SNP 分子标记辅助选育技术，建立了蜂王浆高产－抗白垩病蜂种的培育技术体系。

抗螨－高产蜜蜂配套系‘中蜜一号’，通过国家审定，2016 年列入农业农村部农业主导品种，并成为第一个通过国家审定的蜜蜂配套系。‘中蜜一号’是以近交系培育、横交固定、系间杂交、配合力测定为手段，在跨区域适应性鉴定和全国大蜂螨分子单倍型鉴定的基础上，培育出的抗螨－蜂蜜高产蜜蜂配套系，秋季大蜂螨群均寄生密度为 0.013 2，单日最高产卵量 1 500 粒以上，单花期产蜜增产 59.43%。‘中蜜一号’适合在我国大部分地区进行饲养，并且经济社会效益可观。‘中蜜一号’以其高产抗螨的特性深受蜂农的欢迎，2017 年累计推广数量达 16 万群，继续扩大推广范围，推广至山东、山西、河南、广东等近 20 个省份，为社会新增 2 445 万元的经济价值。‘中蜜一号’的成功推广有利于推动现代农业向高质高效的生产发展方式转变，顺应党中央对农业未来发展方向的要求。未来应继续加大对‘中蜜一号’的推广力度，紧紧围绕以优化供给、提质增效、农民增收的发展目标，加快推动农业现代化发展步伐。

在研究室建设的同时带领吉林综合试验站开展育种工作。试验站现保存 12 个原种蜜蜂（21 个品系），选育出 7 个良种蜜蜂（配套系 3 个）。十年来，累计向吉林省养蜂主产区 15 个县市无偿推广良种蜂王近 5 000 只，改良蜜蜂血统近 40 万群，极大地提高了蜂群的繁殖能力和抗逆性，生产能力显著提升，蜂农经济收入大幅度增加。

**2. 创新蜂种管理和繁育技术，突破蜂种推广瓶颈**

建立蜜蜂推广体系，实现了大范围推广应用。创新使用蜜蜂精液体外常温保存技术，常温保存 90 天，精子成活率 80% 以上；开发以微型交尾箱（1/8 郎式蜂箱体积）为核心的蜜蜂育王技术，效率提高 8 倍；采取输送蜂王、卵和幼虫，生产场自行培育生产用种模式，加快推广速度，年均推广‘中蜜一号’23.6 万群；研发多功能塑料邮寄王笼，提高蜂王运输过程的成活率，已推广邮寄王笼 1 万个以上；推广并创新蜜蜂人工授精技术，改进人工授精仪，大大推进蜜蜂育种工作进程；10 年内累计在 30 个省份地区开展蜂业技术培训，累计培训人员近 2 万人次，分发培训技术资料 5 340 多份。以上成果共获得国家发明专利 4 项，省部级科研奖励 6 项。

**3. 创建我国蜜蜂种质资源生产性状、种用特性、适应性的评价体系**

提出了我国蜜蜂资源的整体保护和利用方案，成功创建了我国蜂资源评价的技术标准体系，对我国 18 个省、45 000 份蜜蜂种质资源进行了标准化整理和数字化表达，建立了国际上最大的“蜜蜂资源信息库”和“中国特有蜜蜂资源全基因组信息库数据库”，对 9 600 余个蜂场进行了年度蜂群消减量动态监测，建成了我国唯一一个“中国蜜蜂资源动态监控信息库”，并形成开放平台；新发现西方蜜蜂的 2 个类型，东方蜜蜂的 13 个类型。以上工作获得了 6 项软件著作权，2 项行业标准，省级奖励 1 项。

**4.‘西域黑蜂’的发现结束了我国没有西方蜜蜂的历史**

我国本土优良蜂种资源减少，保护机制不完善，为保护野生蜂群资源，维护资源多样性，为我国蜂业育种提供优良素材，2017 年 11 月‘西域黑蜂’遗传资源通过审定，成为首个通过国家审定的蜜蜂遗传资源，标志着我国特有蜜蜂遗传资源在国家级层面上的认可和保护。‘西域黑蜂’来源于天山东部地区，历史悠久，具有采集力强、分蜂性弱、抗低温和抗病虫害能力强的自然特性，是优良的地方蜂种资源，也是难得的优良育种素材。‘西域黑蜂’遗传资源通过国家畜禽遗传资源委员会审定，结束了我国没有西方蜜蜂的历史，‘西域黑蜂’作为我国本土的西方蜜蜂蜂种，奠定了我国蜂种资源大国的国际地位。‘西域黑蜂’遗传资源获得国家认可后可以进行有效的保护和利用，对该遗传资源的保护是保护资源多样性，实现绿色农业可持续发展的关键性一步。‘西域黑蜂’的发现和应用，将有效缓解我国西方蜜蜂依赖进口的现状，加速培育适合我国生态环境的蜜蜂新品种进程。

## 二、饲养与机具研究室

### 1. 蜜蜂饲养规模化水平大幅度提高

针对我国蜜蜂饲养技术相对落后、饲养规模小、机械化程度低、劳动强度大、生产效益差等问题，该功能研究室在 23 个综合试验站的配合下，完成了各主要蜂种的《蜜蜂规模化饲养技术》的研发和集成，使我国养蜂技术在人均饲养 50 群的基础上，提升了 1.4 ～ 16.4 倍。在规模化示范蜂场人均饲养量达到中蜂 120 ～ 370 群、意蜂 120 ～ 820 群、东北黑蜂 400 群、新疆黑蜂 358 ～ 375 群。通过蜂产业技术体系的辐射带动，使我国养蜂规模化水平整体提高，为我国蜂业高效发展奠定了基础。《中华蜜蜂规模化饲养技术》已列入农业部 2017 年度和 2018 年度的农业主推技术。“十三五”以来，该功能研究室在蜜蜂健康高效养殖技术的集成方面取得了长足的进展，通过饲养技术的提升，对蜜蜂病害进行了有效的防控，减少蜂产品药残，提高产品质量和经济效益。

### 2. 免移虫蜂王浆生产技术取得突破

蜂王浆是我国养蜂生产中最主要的产品之一，我国蜂王浆的产量占世界 95% 以上，在我国养蜂生产中举足轻重。但是关键的产浆移虫技术完全依赖于手工操作，在当前养蜂人老龄化的现状下，由于视力影响限制了中老年养蜂者产浆操作。针对我国蜂王浆生产中移虫技术瓶颈，在国家蜂产业技术体系连续资助下，蜜蜂免移虫技术研究工作取得了重大的进展，基本解决了蜂王浆生产中的关键技术。蜜蜂免移虫至今发展到了第 10 代产品。蜜蜂免移虫技术在人工育王中应用也展现出广泛前景。

### 3. 养蜂机械化水平不断提高

在“十二五”前，我国几乎没有养蜂机械，只有简单的工具，养蜂水平十分落后。针对我国蜂业机械化水平极低的现状，该功能研究室研发了一系列养蜂新机械，提高了我国养蜂机械化水平。包括研发出新型养蜂车、太阳能摇蜜机、电动割蜜盖机、电动糖饲料搅拌机、蜜蜂饲料饲喂装置、机械化取浆机械、自然分蜂监控装置、天然蜂粮生产机械等。在调研华南和西南各省区中华蜜蜂饲养的基础上，设计推广了3种区域化标准蜂箱，改进了中蜂活框蜂箱类型共11种。获国家专利30多项，出版《机械化养蜂》等系列丛书13部。

**4. 蜜蜂营养学研究和蜜蜂人工饲料研发取得进展**

成熟的养殖业都有成熟的人工饲料，而我国养蜂的人工饲料只是用蔗糖替代蜂蜜，用大豆粉替代蜂花粉。完全没有蜜蜂营养学为基础的人工饲料，在养蜂生产中效果很差。针对我国蜜蜂营养与饲料的研究十分薄弱，通过系统的蜜蜂营养学研究，蜜蜂人工饲料原料的筛选和配比探索，该功能研究室在国际上率先提出了意大利蜜蜂春繁阶段、产浆阶段、越冬阶段和发育阶段营养需要建议标准，首次系统发布蜜蜂营养需要参数。研发蜜蜂饲料产品5个，研制了7种蜜蜂饲养装置并获得7项实用新型专利。建设蜜蜂饲料营养成分数据库1个。

## 三、加工研究室

加工研究室针对长期以来我国蜂产品加工行业存在的蜂产品质量差、农兽药残留严重、假冒伪劣产品充斥市场和深加工技术落后、产品附加值低等突出问题，围绕蜂产品质量安全控制、评价关键技术及新产品开发进行了深入的研究、开发与试验、示范，在多个方面获得了突破，取得了显著的成效，为提高我国蜂产品质量安全水平，提升蜂产品加工技术水平和市场竞争力做出了重要贡献。

**1. 在蜂产品的质量控制方面，初步建立了蜂产品真实性分析及溯源技术体系**

形成蜂蜜、蜂王浆、蜂胶等蜂产品品质、品种分析技术，探明了蜂产品贮存、加工过程中的品质变化规律，为蜂产品的质量控制、真实性评价和净化蜂产品市场提供了技术支撑。尤其是创立了基于水杨苷和邻苯二酚的HPLC蜂胶与杨树胶的鉴别方法和多指标成分定量结合指纹图谱定性的蜂胶质量评价方法，制定了蜂胶真伪鉴别和标志性成分检测的国家标准与行业标准，解决了困扰蜂胶行业十多年的技术难题，成为国内外蜂胶真实性评价的权威方法。

应用现代信息技术开发的蜂产品溯源技术，实现了蜂农养殖、蜂产品收购、加工、销售的全程追溯，已在4个示范点进行追溯系统的应用示范、技术培训和信息采集。蜂产品溯源管理技术已经由最初的一维条码信息储存识别技术升级为以二维码为基础，可以直接用手机终端设备APP进行操作的智能化溯源管理系统。

在基础性工作方面，建立了年度国内外蜂产品加工技术发展档案（当年发表的论文、专利、成果等）；建立了蜂产品加工的推广技术档案和蜂产品国际研发情况数据库；建立了“中国蜂产品加工企业数据库”，提供我国蜂产品主要加工企业的加工装备、主要产品、保健食品批准情况、销售区域、经营模式、生产资质、公司荣誉及相关法律、法规、规范性文件、标准等相关数据；建立了“互联网+蜂产品质量安全控制”系统，从信息采集、智能管理和可视化展示三个方面升级设计构建了互联网+蜂产品质量安全控制系统实施内容。

**2. 在蜂产品的深加工方面，建立了蜂产品中生物活性物质的高效价、高产率的提取、分离、纯化方法**

建立了蜂胶黄酮、蜂胶精油、王浆主蛋白1–3、蜂王幼虫免疫活性蛋白、蜂花粉脂肪酸、蜂毒肽等蜂产品中生物活性物质的高效价、高产率的提取、分离、纯化方法；将超临界流体萃取技术、酶工程技术、微胶囊化技术、纳米技术、生物技术等高新技术应用于蜂产品的深加工，研发出了动态双临界蜂胶快速萃取工艺、叠压高节能保鲜技术、蜂花粉真空脉动干燥技术、彩色CCD蜂花粉色选技术等新方法、新工艺40多项，开发出了蜂王浆微胶囊、蜂王浆多肽片、固体蜂蜜、蜂蜜酒、蜂巢浸膏速溶粉、纳米蜂胶胶囊、蜂胶灵芝孢子粉胶囊等新产品40多种，这些新工艺、新产品在10多个蜂产品龙头企业试验、示范，部分实现了产业化开发。

**3. 在蜂产品的活性评价与医药应用方面，探明了蜂产品多种生物学活性**

对蜂王浆、蜂胶、蜂花粉、蜂蜜及其活性成分的抗氧化、免疫调节、抑菌、抗炎、抗衰老、抗肿瘤、抗糖尿病、保肝护肝、抗前列腺增生、抗心肌缺血等生物学活性进行了深入研究，探明了其生理药理活性及其作用机制，为蜂产品的开发利用提供了理论依据。同时，拓展了蜂产品在医药、日化等领域的应用，开发出了“宝元灵”等蜂疗新产品及蜂疗临床新技术，进一步提高了蜂产品的附加值。

**4. 在蜂产品的安全评价方面，建立了抗生素、激素类物质、药残及有毒蜜源的检测方法**

建立了包括兽药、霉菌毒素和50余种人用抗生素在内，涵盖312个药物的高分辨质谱筛查数据库，建立了包括雌激素、雄激素、孕激素、皮质激素和植物雌激素在内的62种激素类物质的液相色谱质谱确证方法，优化了兽药残留和农药残留筛查方法，为行业质量安全风险隐患排查提供了技术基础；初步确定了我国蜂蜜中毒的关键有毒蜜源植物和食用蜂蜜中毒的高风险地区，识别和鉴定出有毒蜂蜜中的关键植物毒素，建立了高通量监测方法，并开发出ELISA快速检测试剂盒和胶体金快速检测卡。

## 四、产业经济研究室

蜂产业经济研究在一无专业背景，二无研究团队，三无研究积累的情况下起步。十年来，不断深入实际，向实践学习，逐步积累并拓展研究范围，形成了较为完善的蜂业经济学科体系，取得了大量以问题为导向的科研成果，也积累了大量的一手调研资料和数据，培养了一支具有创新活力的年轻化研究团队，为服务政府产业决策做出了开拓性的贡献。

**1. 形成了蜂业经济学科体系**

通过十年来的持续深入研究，蜂产业经济研究从无到有，形成了日趋完善的学科体系。目前，蜂业经济学科研究的重点内容主要包括蜂产业生产发展研究、蜂产品市场和价格研究、蜂产业政策研究、蜂业区域经济研究、蜂产品国际贸易研究、蜂产业发展形势预测，蜂产品重大科技成果的经济影响评价研究，蜜蜂授粉问题研究，以及蜂产业发展和蜂业政策的国际比较研究等。

其中，蜂产业生产发展研究内容涵盖了我国蜂产业发展现状和存在的问题研究，蜂产业发展技术供给与需求研究，养蜂技术效率问题研究，蜂产业组织模式、管理机制与产业一体化问题研究，养蜂业成本收益研究，养蜂收益影响因素研究，养蜂生产要素（糖、养蜂车补贴等）变动对养蜂生产的影响等；蜂产品市场和价格研究，通过对北京、杭州、青岛、郑州、成都5个大中城市蜂产品市场价格调查，分析我国蜂产品价格特征及形成原因；蜂产业政策研究，主要包括国内蜂业法律法规研究、国内蜂产业相关政策的实施效果评价，国内蜂产业支持政策体系的构建等方面的研究；蜂业区域经济研究，主要是针对北京、山东、河南、浙江、山东、四川、湖北、吉林、江西、云南10个养蜂重点省市蜂业经济发展特色与存在的区域性问题研究；蜂产品国际贸易研究，主要内容是蜂产品贸易格局及变化趋势研究、蜂产业进出口环境与促进出口政策研究、蜂产业发展国际经验与借鉴研究；蜂产业发展形势预测，主要是根据当年和近期各年蜂产业发展情况，对未来蜂产业发展形势做出预判；蜂产业重大科技成果的经济影响评价研究，主要对蜂产业重大研究成果的经济影响评价，为政府制定和实施蜂业科技促进行动奠定基础和提供决策参考；蜜蜂授粉问题研究，主要内容是蜜蜂经济价值研究，蜜蜂授粉技术推广应用中存在的技术性和组织性障碍研究，蜜蜂授粉作物的分布和发展趋势预测；蜂产业发展和蜂业政策的国际比较研究，主要是对美国、欧盟等发达国家和地区蜂业发展情况的追踪和比较，发达国家蜂业支持政策的借鉴研究，还包括主要国家蜂产业研发机构及其变化研究等。

**2. 完成了大量以问题为导向的科研成果**

自2008年现代农业产业技术体系项目启动以来，蜂业经济岗位课题组根据蜂产业中存在的各类技术经济问题，有针对性地进行深入研究，形成了包括期刊学术论文、研究报告、学术著作在内的大量有价值的科研成果，以及可供研究分析使用的全国蜂产业发展基础数据库1套、我国蜂产品进出口贸易数据库1个、五大城市蜂产品市场、品牌、价格数据库1个和国外蜂业机构数据库1个。

其中，完成综合性研究报告和调研报告170份，学术著作4部。全国蜂产业发展基础数据库，样本每年覆盖10个省，50个县，500个持续跟踪固定观察蜂农，指标涉及2009—2017年养蜂业者基本信息、蜂农生产成本收益、养蜂者技术采纳和组织化程度、养蜂者转地放蜂路线、养蜂灾害情况、养蜂者提供蜜蜂授粉服务情况和其他一些应急性研究问题。

**3. 对产业发展和政策制定形成一定的支撑**

蜂产业经济岗位通过对蜂业经济学科的建立和完善，以及不断地以问题为导向进行深入研究，形成了大量有价值的研究成果，为蜂产业发展形成了有力支撑。

第一，建立了以固定观察蜂农为调查对象的全国蜂产业发展基础数据库，积累了连续10年的一手养蜂生产资料，为今后开展蜂业经济的持续性深入研究、把握蜂产业发展趋势奠定了牢固的基础。第二，在进行蜂产业全国性重点问题研究的同时，开展了区域特色问题研究，丰富了研究内容，挖掘了一些区域性问题背后的原因，也为全国性问题的解决提供了经验和借鉴，也为地方蜂业发展提供政策支持。如2017年报送的《供给侧改革推进中加快成都市蜂产业新业态发展的政策建议》获得成都市委常委谢瑞武同志的批示；2014年为新疆维吾尔自治区伊犁哈萨克自治州编制了《伊犁州直蜂产业发展规划（2013—2020年）》，参加了《青岛市“十二五”蜂产业发展规划》的编制。第三，一些重要政策的研究对国家制定蜂产业支持政策起到了一定的参考作用。如2014年完成的“正外部性产业补贴政策模拟方案与效果预测”对于国家制订养蜂车补贴方案起到了一定的参考作用。第四，开展了关于蜜蜂授粉经济价值和应用推广方面的研究，为加强社会公众和政府对蜜蜂授粉重要性的认识打下了良好的基础。第五，有步骤地引导课题组在研究成果的基础上，加大成果的政策转化，以便更好地体现研究服务于产业发展的政策价值。

## 五、疾病防控研究室

影响蜜蜂生存的问题主要包括疫病流行等生物因素，环境农药及蜂群用药等化学因素，蜜蜂病虫害是影响我国养蜂业健康发展的首要因素。虽然风险评估技术较为成熟，但蜂产业（蜜蜂病虫害）风险评估在国外尚属于新兴的研究领域，国内研究刚起步。研究室经过多年研究和成果储备，已积累了一定技术研究成果，并储备了大量科研数据，蜜蜂病虫害与农药风险评估研究属于前沿领域。

1. 疾病快速检测方法构建

该研究分别构建了以 RT-PCR 和 PCR 为基础的中蜂囊状幼虫病病毒、白垩病病原蜜蜂球囊菌快速检测方法，该方法具有快捷、准确、灵敏的特点，使该疾病的诊断不再依赖症状，为该病的早期诊断和预防提供了技术支持。构建了上述两种蜜蜂主要疾病的环介导等温扩增技术（LAMP）检测方法。进一步对 LAMP 技术进行检测结果可视化改进，通过观察沉淀法或显色法快速判断结果，大大提升了该方法的实用性，并为预防、控制中蜂囊状幼虫病和蜜蜂白垩病以及降低蜂产品中药物残留提供了技术支持。

摸清了蜜蜂主要寄生螨的发生、流行及侵染规律，提出了我国蜜蜂狄斯瓦螨、热厉螨防控技术要点，筛选出多种生物防治制剂用于蜜蜂大蜂螨、小蜂螨的防治；研究了大蜂螨发育及中华蜜蜂嗅觉抗螨的分子机理，研究了亚致死剂量杀虫剂及转基因 Bt 蛋白对蜜蜂的影响。

以引起我国蜂群衰竭失调症（CCD）关键因素蜂螨病、白垩病以及囊状幼虫病为切入点，开展了基于气候相似性评价蜂螨暴发风险、场景建模结合关键控制点评价球囊菌孢子迁移风险以及层次分析法结合相似云评价蜜蜂感染风险来分别定量分析上述病虫害对蜜蜂健康影响大小及可能性。

2. 绿色药物的筛选与推广

获得 2 个用于治疗中蜂囊状幼虫病的中药配方，并申报国家专利。2011—2016 年在广州等综合试验站及福建、湖南等地 100 多个示范蜂场开展了药物疗效及推广试验，累计发放近 15 万份药物，试验蜂群 2 万余群，效果显著。中囊病防控药物适合于在病害前的预防使用，初发时疗效较佳，疾病严重时，治愈率可达 50%。提出以大蒜油为主要成分的蜜蜂白垩病药物防控方法，2014—2017 年筛选研制了第二种防控药物配方，在武汉等综合试验站推广蜂群 5 000 群以上，防控后总的发病率（平均）降到 5% 以下，同时蜂群发病指数也显著降低到安全范围。患病蜂群基本痊愈，治愈效果显著，综合防控技术方案合理，且对蜂群的刺激性远小于大蒜油，值得继续扩大示范使用。

3. 在蜂产品质量过程控制技术领域取得重大突破

针对蜂产业长期存在生产效率低、加工技术落后、质量检测技术缺乏等问题，开展了高效蜂群组建、蜂产品安全生产与增值加工、优质蜂产品质量评价与控制等方面的研究。创建了低温炼蜂和定量繁蜂等早春低温期蜜蜂繁殖管理新技术，实现了生产蜂群高效饲养技术的革新；创建了蜂胶低温湿法超微粉碎技术、物理法抗结晶蜂蜜生产技术，确定了最佳工艺条件，实现了蜂产品高值化利用；构建了主要蜂蜜化学指纹图谱，发明了包括蜂胶真伪鉴别、蜂王浆新鲜度评价在内的10种蜂产品品质识别技术，为生产、加工、流通和监管提供了技术支撑，产生了良好的经济、社会和生态效益。成果获2017年度国家科学技术成果发明二等奖、2014—2016年度全国农牧渔业丰收奖一等奖、2014—2015年度中华农业科技奖一等奖和2017年度河南省科技进步二等奖。

**4. 在蜂产品兽药残留控制技术领域取得进展**

建立了蜂产品中农兽药等危害因子残留检测方法10多种，并用于蜂产品中危害因子残留监测；完成了四环素、氟胺氰菊酯等蜂用药物的残留代谢规律研究，提出生产使用规程；筛选蜂用消毒试剂一种，完成了有效性、残留代谢规律和使用技术研究，提出了使用技术规程；制定了农业行业标准《无公害农产品 蜂产品质量安全控制技术规范》《蜜蜂饲养技术规范》等。

**5. 蜜蜂病虫害流行病学调查**

建立涵盖全国23个综合试验站115个示范县的蜜蜂病虫害监控网，同时通过百度GIS电子地图接口，保障了蜂螨暴发风险图谱直观、准确和多视觉展示风险级别功能的实现。2013—2017年每年发布《病虫害及农药对蜜蜂健康影响风险评估报告》，为病虫害防控提供了预警。“蜜蜂蜂螨风险评估技术研究及应用”和“蜜蜂囊状幼虫病风险评估技术研究及应用”等2项通过省部级科技成果鉴定。

针对2014—2016年江浙地区出现的大量越冬蜂死亡现象，研究室协同金华、扬州综合试验站等进行了实地调研和实验室分析，提出了防控技术措施。

## 六、授粉研究室

蜜蜂授粉研究室致力于不同作物蜜蜂授粉技术研究，力图解决生产中产量低、品质差、成本高等问题，在作物蜜蜂授粉实用技术的研究与示范、授粉蜂种开发利用与研究及蜜源植物导航系统的构建等方面做了突出贡献。

**1. 授粉实用技术应用及示范**

在油菜、苹果、梨、苜蓿、向日葵、番茄、西瓜、甜瓜等多种作物上开展蜜蜂授粉技术研究，包括对相关作物野生传粉昆虫调查、作物对蜜蜂授粉依赖度研究、作物开花生物学研究、蜜蜂采集方向性研究、不同蜂种不同授粉方式对授粉效果的影响、蜜蜂授粉增产机理、不同规模蜂场及不同摆放方式对蜜蜂授粉效果的影响、授粉蜂群最佳入场时间、授粉蜂最佳配置数量、蜜蜂诱导技术、蜜蜂携粉授粉技术等多项技术，切实解决了生产中存在的技术难题，形成的全面、系统的授粉技术规程与方案，为蜜蜂授粉技术的高效、合理利用提供了技术支撑。研究结果显示，蜜蜂为油菜授粉增产 10% ～ 47.5%，为苹果授粉增产幅度在 5% ～ 30%，为梨树授粉增产 15% ～ 30%，节约人工授粉成本 80% 以上，而且蜜蜂授粉相比激素授粉具有明显的提升果实品质的效果，获得了广大果农的普遍认可。

授粉研究室为多种作物进行蜜蜂授粉技术应用与示范。在新疆、甘肃等地建立蜜蜂为向日葵授粉示范点 14 个；在晋中、辽宁、吉林、河南建立梨树蜜蜂授粉示范点 8 个；在北京、山西、广西、吉林建立设施作物蜜蜂授粉技术示范点 4 个。在山西、河南、陕西等地建立苹果蜜蜂授粉技术示范点 5 个；面积 1 000hm$^2$，增产 20% ～ 75%，农民亩（1 亩 ≈ 667m$^2$。全书同）增收入 200 元以上；在四川、湖北、新疆等省建立油菜蜜蜂授粉示范基地 10 000hm$^2$，增加农民收入 2.2 亿元；设施草莓蜜蜂授粉在全国推广开来，为草莓种植户增加收益 10 倍以上；新疆巴旦木蜜蜂授粉技术、海南厚皮甜瓜、黑皮冬瓜蜜蜂授粉、浙江大棚西瓜蜜蜂授粉都得到很好的应用，为作物增产、提质效果明显，取得良好的社会效益和经济效益。

《蜜蜂授粉技术规程——油菜》《设施桃蜂授粉技术规程》《设施番茄熊蜂授粉技术规程》三个行业标准通过农业部组织的审定并已颁布。“保护地果菜蜜蜂授粉技术推广”2011 年获山西省科技进步奖三等奖。

**2. 授粉蜂种的开发利用**

熊蜂授粉被种植者广泛认识，特别是在设施茄科类作物的传粉已得到农户认可，随之而来的是市场需求指数增长，然而，由于熊蜂繁育技术掌握在商业化公司的手里，我国熊蜂工厂化繁育技术还存在很多缺陷，特别是本土熊蜂的工厂化繁育技术突破还处于初步阶段。

研究室重点开展本土熊蜂的饲养技术及开发利用，研究了饲料对蜂群生长发育的影响，筛选、优化出最适合的饲料配方。从捕获的野生熊蜂种中进行繁育，筛选出群势大、抗病性强、适应能力强、适合人工繁育的 6 个优势蜂种进行人工驯化，并对熊蜂发育过程中的生理机能进行解析，为熊蜂繁育技术的优化提供技术支撑，为本土熊蜂的利用奠定基础。

在熊蜂生殖方面，获得不同生殖状态下 miRNA 内参基因稳定表达情况；克隆并探索了产卵相关的主要基因。完成了不同状态下兰州蜂王肠道优势菌的变化、代谢物和通路分析；探索兰州熊蜂蜂王滞育过程中海藻糖代谢规律，初步建立实验室品系，并克隆兰州熊蜂膜结合海藻糖酶。“山西省熊蜂种质资源的调查及其筛选利用”2009 年获山西省科技进步奖二等奖，“蜂资源高效利用技术与产业化开发”2013 年获中国农业科学院科技成果奖二等奖。

**3. 开展蜜粉源植物数据库建设及有毒蜜源调查**

在蜂产业技术体系 23 个综合试验站的配合下，研究室对全国蜜粉源植物数据进行了全面更新，对中国主要蜜粉源植物信息导航系统进行升级和优化，尤其是对蜜粉源植物种植面积不断更新及细致补充。针对食用有毒蜜源造成的人、蜂中毒事件，对有毒蜜粉源植物的情况进行调查、增补，收集到有毒蜜粉源植物 51 种，对有毒蜜粉源植物的高发区进行预警，并收集相关有毒蜜粉源植物图片进行汇编，出版成册。

## 第三节　体系扶贫工作取得显著进展

2016 年是我国“十三五”规划开局之年，按照党中央的部署和农业农村部的要求，紧紧围绕“提高贫困群众自我发展能力实现脱贫增收”这一目标，以建立产业精准扶贫利益联结长效机制为主线，以精准化理念为核心要义，以分批分类理念为基础工具，深入开展蜂业扶贫工作，这三年来取得了积极的进展。国家蜂产业技术体系共有12位岗位科学家及16个综合试验站参与到蜂业扶贫的工作中，从供给侧改革入手，调整蜂农思维方式，转变营销理念，整体增加蜂农收入，实现脱贫目标。

## 一、开展的主要工作

### 1. 强化组织领导，明确工作任务

本着“加强领导是根本、把握精准是要义、增加投入是保障、各方参与是合力、群众参与是基础”五点经验，体系内部针对扶贫工作进行仔细的梳理、系统的总结，整理出带有规律性、经验性、可借鉴的东西，以进一步创新思路、完善措施，循序渐进发展生产。

牡丹江综合试验站与有关各方签订了扶贫协议书。该协议书除了将扶贫方案进行清楚表达外，在权利和义务方面，同时将望奎县扶贫办公室、扶贫包点单位望奎县民族宗教局和望奎县惠七镇慧七村村委会作为丙方在该协议上签字盖章，使扶贫工作对参与的社会各方都体现了义务和责任，是稳步推进国家现代蜂产业技术体系扶贫开发“规划到户、责任到人”的精准扶贫工作，加快贫困户脱贫步伐，尽快实现脱贫目标的组织和法律保障。

### 2. 依靠基层组织，扎实开展工作

“人心齐，泰山移”。各个综合试验站高度重视扶贫工作。与地方政府密切合作。与地方政府扶贫办公室、农业局、所在地乡镇政府合作，深入进行调研，选定帮扶对象，做好本底登记。制定扶贫方案、落实示范蜂场、相关企业和扶贫户。使体系的工作成为当地政府扶贫工作的一部分，发挥体系的专业优势，充分利用政府的行政资源。与当地养蜂行业组织、养蜂专业合作社、蜂业公司协作，发挥当地行业组织的地方优势和组织优势，建设示范蜂场，选择具有养蜂能力的贫困户，实施技术扶贫工作。密切与当地养蜂行业组织、专业合作社协作，发挥当地行业组织的优势。

### 3. 强化工作措施，抓好扶贫工作

**（1）深入实地调研、走访制定扶贫工作方案**。脱贫致富要尊重扶贫对象的主体地位，要紧紧围绕贫困群众需求来进行，要深入贫困群众，问需于民。蜂体系在收到农业农村部下发的“农业农村部14个特困连片区域”目

录后，体系立即确定了各片区负责人，岗位科学家立即同相关试验站经过深入走访和调研商定扶贫区域和扶贫方案。

（2）**狠抓技术培训工作**。俗话说“授人以鱼不如授人以渔”，什么是“渔”？就是能够彻底改变贫困的方法。充分发挥行政＋科研“1+1>2”的作用，聚集各方力量，形成政府主导、部门配合、专家参与的大协作格局。注重培训方式，注重实际效果。要本着“需要什么，培养什么；缺什么，补什么”的原则进行培训。在集中示范教学、个别辅导的基础上，采取灵活多样的方法进行培训。安排专家深入到农家院坝、蜂场进行观场讲解、现场辅导、现场操作示范进行培训；采取“走出去，请进来”的方式组织学员到效益较好的蜂农家蜂场考察学习培训，以拓展学员的视野，增长其见识。各岗位科学家和试验站依据当地情况编写各种培训手册并免费向蜂农发放。

（3）**建立扶贫示范蜂场**。蜂产业体系坚持示范引领，通过建设扶贫示范蜂场，以点带面，加速推进扶贫工作进展，逐步实现帮扶蜂农更“富有”、养蜂技术更“熟练”的目标。

固原综合试验站通过近3年的养蜂扶贫试验示范和实践探索，通过建立扶贫示范蜂场，由扶贫示范蜂场自主选择帮扶带动当地建档立卡贫困户，并从自己蜂场支持每户建档立卡贫困户少量蜂群（可支持5～10群，资金由综合试验站或政府相关部门补贴给扶贫示范蜂场），并要求扶贫示范蜂场手把手地帮扶指导建档立卡贫困户学习养蜂技术，直至学会并脱贫。如果建档立卡贫困户饲养的蜂群出现死亡现象，扶贫示范蜂场应从自己蜂场无偿提供蜂群予以补充，否则试验站或政府将取消对扶贫示范蜂场的支持。固原综合试验站建立的7家扶贫示范蜂场，目前蜂群饲养规模平均已达50群以上，年收入3万～10万元，20家建档立卡贫困户目前平均饲养蜜蜂20群左右，年平均收入3 000元以上。

（4）**配发种蜂及养蜂机具**。为贫困蜂农配发种蜂及养蜂机具，不仅能提高蜂群质量和贫困蜂农养蜂水平，而且减轻贫困户的劳动力成本，创造了更高的经济效益。

其中吉林综合试验站三年累计为大安县、通榆县提供种蜂王67只，改良蜂群 3 000 余群，更新了两个县现有蜂群血统结构，提高了抗病力和生产性能，蜂蜜产量提高 8%，越冬死亡率降低 5%。

（5）**为政府扶贫工作献言献策**。天水综合试验站积极推动地方政府发展蜂产业，一是帮助岷县编制蜂产业发展实施报告，推动地方蜂业产业的发展，项目已受到县委、县政府重视，县上为养蜂助推扶贫共投入资金 1 288 万元，带动贫困户 3 035 人，成立了岷县中蜂产业办公室，各乡镇设立了中蜂养殖技术专干，县乡技术推广联动，2018 年“百千万”中蜂养殖科技项目实施进展顺利；二是帮助麦积区筹划发展中蜂产业带动精准扶贫工程，区上资助 400 万元，购置 2 万套蜂箱发展中蜂产业；三是帮助筹划徽县培育中蜂繁育基地，为相关县区提供地方中蜂良种蜂群 12 000 群，全县为发展蜂产业，资助经费 600 万元；四是帮助陇南市编发展蜂产业规划；五是为陇南中蜂养殖培训基地进行长期中蜂养殖技术人才培训。

## 二、取得的主要成效

### 1. 以为增产增效特征的典型带动取得新进展

各综合试验站整合资金、集约力量、集中打造，涌现出一批授粉增产与扶贫并重的先进典型，辐射带动面广。固原综合试验站扶持的泾源县六盘山镇杨庄村史提高带动全村 42 户农民养蜂，其中建档立卡贫困户 10 余户，被群众选举为泾源县人民代表；泾源县泾河源镇北营村冶连荣饲养中蜂 200 余群，近两年每年收入都在 10 万元以上，被当地政府确定为致富带头人和泾源县政协委员；隆德县凤岭乡齐岔村柳文秀饲养中蜂 150 余群，自 2013 年起每年收入都在 10 万元以上，2016 年养蜂收入达 15 万元，并带动当地近 10 户贫困户饲养中蜂；原州区张易镇大店村残疾人王军成，在固原综合试验站和残联的支持下，办起了残疾人养蜂场，饲养中蜂 200 余群，带动原州区近 20 户残疾人贫困户饲养中蜂，都取得了很好的致富效果，被当地评选为人民代表。

### 2. 以增加收入为目标的模式创新取得新进展

以国家蜂产业技术体系为平台，推行“44221”“企业 + 专合社 + 集体经济 + 贫困户”等新型扶贫模式，带动贫困户收入增加。

晋中综合试验站总结出的“44221”饲养管理简化技术操作措施进行示范。此项技术是在提高蜂产品总产量、保证蜂产品质量为前提，提高人均饲养量，减轻饲养人员的劳动强度，获得规模化效益的蜜蜂养殖技术，也就是对现有的养殖技术进行简化操作，从而促进山西省蜂业发展的进程，提高养蜂产业化生产水平，推动蜂业的全面发展。

推广“企业 + 专合社 + 集体经济 + 贫困户”中蜂扶贫模式。成都综合试验站扶贫点青川县创新此扶贫模式。以瓦砾乡上河村中蜂产业园为例，县财政整合涉农资金 70 万元完成园区基础设施建设，川申农特产开发有限公司入驻园区后成立了蜀蕊蜂业专业合作社上河村分社，村集体以集体资金入股 10 万元，53 户贫困户以产业发展资金入股 15.9 万元，购置了 400 套蜂箱和蜂群；企业以技术、销售服务等入股。生产过程由合作社统一提供技术管理，村集体负责监管，吸纳有能力的贫困户入园务工。产品经检验合格后，公司按“保底价 + 协议价”进行收购；收购资金全部交给合作社分配（公司不参与该部分分红）。公司收购产品后经加工、包装上市销售，从第二年开始，公司将销售净利润的 5% 向合作社返利，村集体经济和贫困户进行二次分红。该模式既解决了部分贫困群众缺劳力、缺技术、缺销售渠道的问题，又使集体经济得以发展壮大，同时减轻了企业的资金压力，满足了企业规模化发展的需求。2018 年，该基地产蜜 3.7 吨，销售收入 28 万元，扣除成本后，村集体经济分红 7 万元，贫困户户均分红 2 000 余元。目前，全县已按照该模式建设中蜂基地 12 个，养殖中蜂 1 万余群，覆盖贫困户 500 余户、非贫困户 300 余户。

推广“代养分红”扶贫模式。吉林综合试验站与当地养蜂技术能手战洪杰合作，经双方商议，达成了一致意见，签订了代养扶贫协议。由吉林站提供蜜蜂 10 群，进行正常养蜂生产和繁殖，生产季过后，由代养户负责给当地贫困户每户分红 2 000 元的扶贫资金，达到养蜂户、困难户及扶贫工作共赢的一种扶贫模式。

推广“二送一包”“三三制”扶贫模式。在福建省武平县通过与县养蜂协会、武平县梁野仙养蜂专业合作社和石燎阁蜂业公司的合作扶贫形式，对贫困户采取“二送一包”的扶贫措施，即送蜂种、送技术、包销售；对残疾人发展养蜂采取“三三制”协议帮扶，即残疾人养蜂投入由县残联、合作社和残疾人各出三分之一。通过以上扶贫方式，累计帮助180多名残疾人和贫困户加入养蜂行业，有效促进残疾人、贫困户脱贫致富。2017年，通过合作社对接帮扶的16户贫困户实现脱贫，剩余对接的40户贫困户可望在今后1～2年内全面实现脱贫。

**3. 以品牌建设为导向的产业融合取得新进展**

重点解决蜂群的繁殖问题与产品销路问题，避免蜂群历年的无增值负效应及蜂产品增产后的滞销，影响扶贫效果。在技术和经营管理方面充分应用当地行业组织与专业合作社优势，争取政府扶贫资金和项目向合作社和企业倾斜，确保贫困户的蜂产品的回购，保障农户销售渠道。打造特色品牌，创新销售模式，充分利用和发掘互联网的营销优势，打造蜂产品的地方名牌。

晋中综合试验站扶贫点忻州市五台县，充分利用当地的地方标准和旅游资源，将蜂产品提质增效；吕梁市石楼县将该县的枣花蜜申请为优质地标产品，这样使得当地的枣花蜜的经济效益大幅度的提升，改变了以往优质的产品只能以原料的形势销售的局面。通过打造蜂产品优质品牌，提高养蜂经济效益。

**4. 以科技为支撑加速扶贫进程**

扶贫开发的实践充分证明，科教扶贫是扶贫的根本，脱贫致富必须紧紧依靠科技和教育。加强对这些贫困地区针对性强、影响力大的关键共性技术的研究，是当前扶贫攻坚工作的当务之急。蜂体系内部在制约贫困地区生产和经济发展的关键性技术上联合攻关，解决一批“瓶颈”技术问题，为扶贫攻坚开辟新的突破口。

吉林综合试验站在“十二五”工作基础上，近几年继续在省内养蜂主产区中试11号、12号蜜蜂配套系，结合在通榆县、大安市的应用实践，确定这两个配套系适合在吉林省养蜂主产区应用，具有繁殖力强、生产性能高、抗病力强、越冬性能好等优势，累计在省内推广1 500只以上，改良蜜蜂10万余群。

## 三、13个特困连片区域扶贫工作

以下对蜂产业技术体系13个特困连片区域扶贫工作分别进行介绍。

**1. 新疆南疆四地州**

此地区由岗位科学家石巍牵头，乌鲁木齐综合试验站负责实施。

2016—2018年期间，岗位科学家石巍及团队成员先后6次同乌鲁木齐综合试验站一起深入一线开展调研，针对当地养蜂技术人员少、少数民族大多不会养蜂的情况，在当地开展蜜蜂健康养殖技术和蜜蜂规模化饲养技术培训，三年间组织培训活动及相关会议九次，直接培训养蜂人员超过几百人次，对帮扶蜂场免费提供高产优质蜂王、蜂器具及书籍共计数万元。在关键季节深入帮扶蜂场，现场指导，长年接受技术咨询，提供蜂业技术支持。针对贫困户养蜂技术素质低的实际，采取多形式、多层次的工作办法组织养蜂贫困户参加技术培训，着力解决“想致富、没技术”的状况。

通过帮扶重点户及帮扶蜂场，由重点户、帮扶蜂场为纽带，以“带教代养”的形式帮助其他农户大力发展养蜂产业，并大力宣传，激发贫困户脱贫致富的热情，提升他们自强发展积极性。地方蜂业管理站对重点户及帮扶蜂场不定时走访考察，发现问题及时解决，根据实际需求筹集资金进行基础设施建设或改造，提供脱贫的硬基础。

2016—2018年针对新疆贫困地区的实际情况，岗位科学家石巍研究员团队将自行培育的‘中蜜一号’抗螨高产蜂种及新疆地区当地的优良地方蜂种——西域黑蜂引种至贫困地区帮扶蜂场，大大提高贫困蜂农的养蜂收入，现场指导培训蜂农，教授蜂农掌握种用蜂王高效繁育技术，采用小交尾箱进行育种扩繁，使得蜂农的养蜂水平日渐提高，养蜂效益较之前有极大提高。

在新疆蜂业技术管理总站、莎车县政府及相关部门、墨玉县政府及相关部门的协助下。经过实地考察，确定了2名重点扶贫对象并开展了相关的工作。

2017年，乌鲁木齐综合试验站分别给予莎车县、墨玉县扶贫资金各2.5万元，用于购置蜂箱、蜜蜂、摇蜜机等生产资料，通过与养蜂大户签订协议，由养蜂大户“带教代养”的形式帮助学徒（扶贫对象）学习养蜂技术，在此期间养蜂大户付给扶贫对象相应的劳动酬劳（双方协议）。莎车县帮扶对象买买提·马木提和墨玉县帮扶对象麦麦提·阿卜杜拉分别实现年利润2.4万元和1.2万元，顺利实现脱贫。2018年根据新疆维稳形势和扶贫任务的需要，经体系批准将养蜂扶贫示范任务落实在喀什地区疏附县萨依巴格乡，确定艾散江·艾力、伊司马伊力·买买提敏等4位维吾尔族农民参加2018年的养蜂扶贫示范试点工作，提供扶贫资金5万元，委托当地养蜂技术人员“带教代养”，经6个月学习期后均实现经济收入8 000元。

**2. 大兴安岭南麓山区**

此片区由岗位科学家薛运波研究员牵头，牡丹江综合试验站、吉林综合试验站负责实施。

通过对十一个贫困县自然资源进行梳理、排查建档立卡贫困户，牡丹江综合试验站在黑龙江省望奎县惠七镇慧七村确立了张广玉和孙文两个贫困户进行养蜂技术扶贫。试验站与有关各方签订了扶贫协议书。该协议书除了将扶贫方案进行清楚表达外，在权利和义务方面，将望奎县扶贫办公室、扶贫包点单位望奎县民族宗教局和望奎县惠七镇慧七村村委会作为丙方在该协议上签字盖章，使扶贫工作对参与的社会各方都体现了义务和责任。

2017年4月岗位科学家薛运波研究员到牡丹江综合试验站扶贫任务落地处慧七村张广玉和孙文处进行检查和指导工作，决定从岗位科学家项目资金中支出5万元用于贫困户蜂群上规模和良种、机具的支持。2016年牡丹江综合试验站站长高夫超连续到慧七村给贫困户送蜂王、巢框、巢础和代用饲料等生产资料，并现场进行技术指导。截至2016年9月底，张广玉生产月见草蜂蜜150千克，销售收入5 600元；孙文生产月见草蜂蜜240千克，销售收入近9 000元。

2018年，在上两个年度工作基础上，安排张广玉和孙文二位贫困户到牡丹江站实验蜂场参加学习和生产培训，在以临时用工3 000元/月开支的情况下，以每人现有蜂群20群、年扩繁8群，年底28群蜂仍归他们所有，蜂群的产值也归二位贫困户，张广玉和孙文师傅2018年纯收入8 000元/人年。张广玉和孙文二位师傅已摘帽脱贫。

牡丹江综合试验站向黑龙江省望奎县两户精准扶贫户张广玉和孙文发放20箱强群、相应的机具、蜂药和书籍资料。截至2017年9月底，张广玉生产月见草蜂蜜150千克，销售收入5 600元；孙文生产月见草蜜240千克，销售收入近9 000元。2017年两位贫困户的收入比2016年均提高10%以上。

在吉林省大安县则采取代养分红的模式进行科技扶贫工作，与当地养蜂技术能手战洪杰合作，经双方商议，达成了一致意见，签订了代养扶贫协议。由吉林站提供蜜蜂10群，进行正常养蜂生产和繁殖，生产季过后，由代养户负责给当地贫困户每户分红2 000元的扶贫资金，达到养蜂户、困难户及扶贫工作共赢的一种扶贫模式。代养户战洪杰的养蜂技术水平得到了明显提高，蜂群数量由10群繁殖到35群，加上自己原来的蜂群，总数达到80群，实现了其养蜂以来当年蜂群数量的最高峰，蜂产品纯收入3.5万元，出租蜜蜂授粉收入4 000元，总收入3.9万元。

在吉林省通榆县考察确定了适合养蜂的乡镇1个，通过县畜牧局联系，在现有贫困户中筛选1人，通过代养方式脱贫。吉林综合试验站提供抗逆高产11号、12号蜜蜂良种、针对该地区特点制订了养蜂技术规程，取得了明显效果。代养户战洪杰的养蜂技术水平得到了明显提高，蜂群数量由10群繁殖到35群，每年给贫困户麻桂环分红2 000元。

吉林综合试验站三年累计为大安县、通榆县提供种蜂王23只，改良蜂群2 000余群，更新了两个县现有蜂群血统结构，提高了抗病力和生产性能，蜂蜜产量提高8%，越冬死亡率降低5%。

**3. 六盘山区**

此地区由岗位科学家李建科教授牵头，固原综合试验站、天水综合试验站负责实施，延安综合试验站参加。

天水综合试验站2016年通过调查摸底，制订计划，对当地蜂业资源深入调查摸底的基础上，2017年在全县茶埠镇、清水镇和寺沟乡建立陈春生、梅松柏、张广庆3家中蜂养殖扶贫示范蜂场，由扶贫示范蜂场选定帮扶建档立卡贫困户进行养蜂扶贫，对选择的7个建档立卡户贫困户，组织座谈交流，以示范蜂场为平台，帮助贫困户示范带动饲养蜜蜂。帮助每个建档立卡贫困户养蜂 10 群，逐年增加。2018 年在前期基础上新增 2 个贫困户，共 3 个示范带动蜂场，各带动 3 个贫困户，带动贫困户达 9 个，他们是陈春生带动的陈冬生、王佛恒、黄尕狗；梅松柏带动的王新华、卢小明、孙彩花；张广庆带动的王哨家、包耀平、王和平，帮助每个建档立卡贫困户养蜂 15 群。2017 年国家蜂产业技术体系天水综合试验站共配发蜂箱 220 套，其中配发 3 个示范蜂场各 50 套，给帮扶带动的 7 个建档立卡贫困户 70 套，经费由示范户和贫困户共同承担，指导带动这些建档立卡贫困户发展养蜂。2018 年共配发蜂箱 240 套。给每个示范带动蜂场配发 35 套蜂箱。每个建档立卡贫困户配发 15 套蜂箱，共 9 个建档立卡贫困户共配发 135 套。

2016 年，固原综合试验站重点在认真调查摸底的基础上，在泾源县建立了 4 家扶贫示范蜂场，即六盘山镇史提高、蔡志鑫、新民乡笪志红、大湾乡何文敏 4 家扶贫示范蜂场，在隆德县建立了 3 家扶贫示范蜂场，即奠安乡郭宏平、城关镇王志刚、观庄乡杨旺 3 家扶贫示范蜂场。并每家支持蜂箱 40 套（单位资助 90%，个人承担 10%），7 家扶贫示范蜂场共计资助蜂箱 280 套。在泾源和隆德两个扶贫示范县共计培训蜂农 500 余人次。2017 年，试验站除继续做好已建立的 7 家扶贫示范蜂场的建设外，重点抓了建档立卡贫困户的扶贫落实和技术培训工作。为了将帮扶建档立卡贫困户的养蜂工作落到实处，并充分发挥扶贫示范蜂场的带动指导作用，进行精准扶贫。试验站要求扶贫示范蜂场自主选择带动扶持当地建档立卡贫困户 3 户，从自已蜂场支持每户建档立卡贫困户 10 群蜜蜂（支持蜂群资金由固原综合试验站补贴给扶贫示范蜂场），并要求扶贫示范蜂场手把手的帮扶指导建档立卡贫困户学习养蜂技术，直至学会并脱贫。如果建档立卡贫困户饲养的蜂群出现死亡现象，扶贫示范蜂场应从自已蜂场无偿提供蜂群予以补充，否则试验站将取消对扶贫示范蜂场的支持。2017 年资助每家扶贫示范蜂场蜂箱 20 套（单位资助 90%，个人承担 10%），7 家扶贫示范蜂场共计资助蜂箱 140 套，并落实帮扶史提荣、赵东升、朱志慧等 20 家建档立卡贫困户开展养蜂扶贫，每家扶持蜜蜂 10 箱，20 家建档立卡贫困户共扶持蜜蜂 400 箱。2018 年，资助每家扶贫示范蜂场资助蜂箱 30 套（单位资助 90%，个人承担 10%），7 家扶贫示范蜂场共计支持蜂箱 210 套；给每户建档立卡贫困户扶持蜂箱 10

套（单位资助90%，个人承担10%），20家建档立卡贫困户共计资助扶持蜂箱200套。

**4. 秦巴山区**

此地区由岗位科学家苏松坤教授、李熠研究员牵头，成都综合试验站、重庆综合试验站负责实施，天水综合试验站、延安综合试验站参加。

万源市在成都综合试验站技术扶贫帮扶下，将中蜂产业列为该县扶贫支柱产业，加强领导，安排1个市领导专门抓中蜂产业扶贫，加大配套政策项目支持，安排中蜂产业扶贫专项，贫困户养殖中蜂5群以上，每群补助300元，有力提高了贫困户养殖中蜂积极性，2017年养蜂受益贫困户约1 700户，发展中蜂9 162群，补助资金274.86万元。在云阳县帮扶了贫困户10户，发放蜂衣、蜂帽和割蜜刀等蜂机具30余套，养蜂书籍30余册。

根据秦巴山区传统棒棒巢饲养方式、养蜂技术水平低和养蜂时间少等情况，在岗位科学家苏松坤教授和李熠研究员的指导下，试验示范推广改进型传统棒棒巢蜂箱和格子蜂箱，在不增加技术难度和时间的情况下，大幅提高蜂蜜质量，增加收入，助农牧民脱贫奔康。示范地箐口县以前养殖数量少、蜂产品少。通过多次集中培训和现场指导，提高了蜂产品产量，促进了贫困户收入，使得贫困户对养蜂产业信心倍增。由原来5户蜂农、蜂群30余群发展成专业合作社，现在已经建立一个标准化养蜂场，蜂群达到240余群。蜂产品年产值达到15.36万元。

**5. 武陵山区**

此片区由岗位科学家胥保华教授牵头，重庆综合试验站负责实施。

试验站与武隆区畜牧兽医局、武隆区蜜园蜂蜜专业合作社的共同扶持了10户建卡贫困户发展养蜂，2017年为每户贫困户免费发放种蜂1群。武隆区畜牧兽医局针对贫困蜂农修建的中蜂规模场（50群以上），由政府按200元/平方米补助修建蜂棚，新引进蜂群按照50元/群予以补贴，其次蜂农新引进中蜂的一律按100元/群予以补助。通过以上措施，武隆2017年新建标准化蜂场22个，在贫困村发展贫困户引进蜂群3 168群，共计投入财政扶持资金80余万元。

重庆综合试验站在武隆区后坪乡建立了示范基地共1个；建立了84群

的中蜂示范场共 1 个；建立了养蜂示范户共 5 户。帮扶了贫困户 10 户，发放蜂群共计 188 群；创办了养蜂专业合作社和网络销售平台各 1 个。根据秦巴山区云阳县和武陵山区武隆县的实际情况，通过充分的调研，我们筛选适合贫困地区农民快速致富的饲养品种——中华蜜蜂；主要采用中蜂过箱技术、中蜂快速育王技术、中蜂采集蜂培育技术、成熟蜜生产技术和中蜂病虫害绿色防控技术，推广中蜂标准箱和遮阳棚；使每群蜂平均产值达到 1 000 元，每个贫困户饲养 10 群蜂，1 年实现脱贫。

**6. 乌蒙山区**

此片区由岗位科学家董坤教授牵头，红河综合试验站、成都综合试验站负责实施。

体系与武定县和雷波县共 12 个贫困户确定了通过蜂业扶贫的计划和任务。确定了蜂产业体系 + 示范蜂场 + 贫困户 + 企业的“嵌入式”产业扶贫模式。2017 年岗位科学家董坤教授先后 2 次带队对武定县进行养蜂技术精准扶贫培训工作，并亲自带队对 6 个体系精准贫困户及其他贫困户，共 37 户及其他养蜂户 46 户，进行养蜂基础知识及实作培训。经过一年的努力，贫困户在蜂群饲养规模和产蜜量上得到了不同程度的提升，12 个贫困户中养殖规模达到 15 ～ 35 群的有 5 户，达到 10 ～ 15 群的有 4 户，其中 5 ～ 10 群的有 3 户；12 个贫困户当中年收入达到 6 000 ～ 9 000 元的有 4 户，达到 1 000 ～ 6 000 元的有 5 户，800 ～ 1 000 元的有 3 户。目前，有个别贫困户已达到人年纯收入 2 800 元的脱贫目标。

**7. 滇桂黔石漠化区**

此片区由岗位科学家吴黎明研究员牵头，南宁综合试验站、红河综合试验站负责实施。

南宁试验站在桂林市龙胜各族自治县最终选择了 5 户贫困户作为该站“十三五”养蜂帮扶对象。每个贫困户养蜂 15 群，贫困户养蜂技术达到“养蜂工”初级水平。目前蜂群良好，但还没有生产出商品蜜。为贫困购买蜂群 75 群，每户 15 群；蜂箱 100 个，每户 20 个；摇蜜机一台，其他工具配套每户一套，饲料（白糖）0.3 万元。共投入资金 4.1 万元。

6 个精准扶贫户都完成 2017 年度 3 000 元收入脱贫目标，其中有 1 户养蜂 70 群以上，收入在 1.1 万元以上，5 户养蜂场 20 ～ 35 群，收入在 6 000 ～ 8 500 元。

罗平县蜜粉源植物资源丰富，养蜂历史悠久，蜂产业发展优势明显。在农业产业扶贫工作中，罗平县委、县政府将蜂产业确定为全县脱贫攻坚重点产业。依托“一窝蜂”产业孵化基地，整合 2017 年上海市新增援滇项目资金 780 万元，按照“企业找市场、合作社抓生产、贫困户有股份”的发展理念，以“支部 + 企业 + 合作社 + 基地 + 贫困户”的模式开展蜂产业脱贫工作。一是发展中蜂养殖。安排项目资金 440 万元，由农业局统一采购蜂群，为每户贫困户提供 5 群中蜂，以乡镇（街道）为单位成立蜜蜂养殖专业合作社，合作社建立养殖基地，贫困户以蜜蜂入股的方式将蜂群交由合作社在养殖基地集中饲养（托管），每户贫困户每年可实现纯收入 500 ～ 2 000 元；全县计划组建 20 个蜜蜂养殖专业合作社，建立 50 个蜜蜂养殖基地（场），目前合作社正在筹建和审批中，养殖基地（场）已经建好 36 个；发展蜜蜂养殖的 868 户贫困户中，有 771 户通过入股的形式将蜂群交由养殖基地（场）集中饲养（托管），有 97 户自行养殖；截至目前，蜂群已经全部到场组织饲养，2017 年，有 769 户不同程度实现收益，收益 1 500 元的有 99 户，收益 1 000 元的有 411 户，收益 750 元的有 20 户，收益 500 元的有 50 户，收益 375 元的有 189 户。二是扶持贫困户入股蜂业企业分红，安排项目资金 340 万元，扶持 261 户无力无业贫困户通过入股蜂业企业参与企业分红。2017—2020 年，每户贫困户每年可享受股金 8% 的分红，其中 197 户每户每年可分红 1 060 元，64 户每户每年可分红 1 000 元；2021—2026 年，贫困户所在村（居）委会每年可享受股金 8% 的分红，用于发展壮大村（居）委会的集体经济。截至目前，197 户贫困户 2017 年的分红收益 1 060 元和 64 户贫困户 2017 年的分红收益 1 000 元已经由企业兑现到贫困户手中。通过实施蜜蜂产业带动发展，实现 1 129 户 3 880 人建档立卡贫困户如期脱贫。

**8. 滇西边境山区**

此片区由岗位科学家董坤教授牵头，红河综合试验站负责实施。

红河综合试验站 2017 年在云南省楚雄州大姚县共进行 3 次养蜂技术精

准扶贫培训工作，4 月 27 日对 6 个体系精准贫困户及其他贫困户共 11 户进行实作培训，8 月 12—13 日由岗位科学家董坤教授带队对 6 户体系精准贫困户进行现场实作培训，10 月 14—15 日由岗位科学家董坤教授带队，对 6 个体系精准贫困户及其他贫困户共 37 户及其他养蜂户 46 户，进行养蜂基础知识及实作培训。实际发放养蜂物资蜂箱 30 个、养蜂用具巢础 6 包、白糖 6 袋、养蜂工具 6 套，共 36 件。其中 2 户养蜂场的蜂群数量已达 15 ～ 35 群，收入在 6 000 ～ 8 000 元，2 户 10 ～ 15 群，收入在 1 200 ～ 2 600 元，2 户 5 ～ 10 群，收入在 800 ～ 1 000 元。2 户完成了 2017 年度扶贫任务，4 户未完成扶贫目标。

**9. 燕山—太行山区**

此片区由岗位科学家徐书法研究员牵头，晋中综合试验站负责实施，北京综合试验站参加。

2017 年忻州市五台县进行技术培训 2 次，现场技术指导 6 场次，免费发放优质蜂王 20 只，各种技术资料 40 余册；忻州市五台县对城关镇、陈家庄乡、沟南乡、阳白乡所选定的贫困户面对面进行规模化饲养简化技术、快速春繁简化操作技术、蜂病防控技术及成熟蜜生产技术等的培训，进行手把手全方位技术传授和指导。同时建立贫困户信息平台，长期技术跟踪服务和督导，并选择当地有经验的养蜂师傅长期传授养蜂技术。通过当地政府与行业组织、养蜂协会的大力配合下，通过筛选，在忻州市五台县台城镇、沟南乡各选定 5 户贫困养蜂户，在忻州市五台县高洪口乡建立扶贫示范蜂场一处，贫困户蜂群数增加 2% ～ 5%，可增加直接经济效益 1 000 ～ 1 500 元。

五台县的扶贫方式为“政府 + 科研单位 + 龙头企业 + 贫困户”的方式。以县政府为主导，国家蜂产业体系晋中综合试验站实施，建立扶贫养蜂基地，归纳贫困养蜂户，以基地的形式统一管理，共同致富的方式。参与单位有五台县县政府、国家蜂产业体系晋中综合试验站、五台县扶贫办、五台县畜牧局、五台县养蜂产业协会、五台县台城镇、沟南乡的 10 户贫困户。一是充分利用体系的技术优势，实地考研，进行技术培训，现场指导，为此特聘国家蜂产业体系岗位专家徐书法研究员举办技术扶贫培训班 10 次。二是充分利用五台山蜂业公司的优势，由公司与体系试验站共同出资购买蜂箱、蜂具和资料，免费赠予贫困蜂农。三是充分利用协会的作用，采取就近选择有经验的养蜂师傅进行一对一的精准扶贫。只要是协会会员帮扶的贫困户脱贫，对该会员进行额外奖励，脱贫一户奖励一户，达到选定贫困户100%脱贫。

**10. 吕梁山区**

此片区由岗位科学家郭媛副研究员牵头，晋中综合试验站、延安综合试验站负责实施。

3年内特聘国家蜂产业体系岗位专家徐书法研究员、董捷研究员、郭媛副研究员、马卫华副研究员及晋中试验站技术人员举办技术扶贫培训班10次，参加人数400多人次，针对贫困户培训座谈调研及现场指导蜂农12次，发放养蜂资料200余份。共发放蜂箱50套；赠送蜂王30只；养蜂机具200余件；养蜂资料100余份。在吕梁市石楼县对于养蜂基础较差的镇，主要进行培训和现场指导；采取师傅带徒弟的方式，同时对当地的蜂种进行优化改良；对于养蜂基础较好的镇，采取培训和现场指导，同时与当地乡政府联合，组织建设贫困养蜂基地，以基地的形式统一管理，共同发展。

石楼县的扶贫方式为“政府+科研单位+基地+贫困户”的方式。以县政府为主导，国家蜂产业体系晋中综合试验站实施，建立扶贫养蜂基地，归纳贫困养蜂户，以基地的形式统一管理、共同致富的方式。选定石楼县城关镇、灵泉镇、小蒜镇的养蜂贫困户10户。现已在小蒜镇建成扶贫养蜂基地一处，归纳养蜂贫困户7户，另外两处正在建设当中，以基地的形式统一管理，共同致富的方式。充分利用当地的自然优势引进外援。石楼县是蜜源植物丰富、自然环境优越的地区。为此，通过不断的努力引进了中国质量万里行促进会，计划在该县建立优质蜂产品生产基地10处；引进山西农业大学计划建立优质蜂产品生产基地10处，为该县脱贫致富奠定了良好的基础。该地区的枣花蜜已申请为优质地标产品，使得当地的枣花蜜的经济效益大幅度的提升，改变了以往优质的产品只能以原料的形势销售的局面，使贫困户通过养蜂户均增加收入1 400元左右。

**11. 大别山区**

此片区由岗位科学家余林生教授牵头，新乡综合试验站、武汉综合试验站负责实施。

岗位科学家余林生教授牵头成立了团风县蜂产业扶贫技术小组，由朱黎站长任组长，武汉综合试验站负责制订具体实施扶贫计划，团风县锦春养蜂专业合作社参与。根据团风县蜂业实际情况，从供给侧改革入手，调整蜂农思维方式、转变营销理念，整体增加蜂场收益。

新乡综合试验站联合新乡县农业局，在 2016 年的工作基础上，由戴俊、曾昭堂等经验丰富、责任心强的师傅负责蜜蜂饲养技术传帮带的精准贫困户帮扶对象曾五周等，已经初见成效（已会养蜂 8 群），实现逐步脱贫。

武汉综合试验站针对通山县南林镇石门村进行中蜂精准扶贫，最终选择了 5 户贫困户开展技术指导培训。武汉站技术团队深入贫困户，以面对面指导和电话指导相结合；聘请了相邻崇阳县有 20 多年养蜂经验的胡伟师傅不定期进行现场指导，发现问题及时纠正，一般每月必须进村检查指导 2 次。每户先无偿发放 20 套蜂箱（每套 80 元），5 群中蜂（5 月底进户，平均 5 框，约每群 400 元），还有其他蜂机具。今年 5 户生产五倍子蜂蜜 5 ～ 20 千克 / 群，每千克售价 100 元；11 月取桂花蜜一次，5 ～ 15 千克 / 群，每千克售价 140 元，实现了当初制订的目标：第一年养蜂就有收入。

**12. 罗霄山区**

此片区由岗位科学家曾志将教授牵头，南昌综合试验站负责实施。

在罗霄山区——江西省石城县，根据贫困户建档，选定 10 户养蜂贫困户（中蜂和西蜂各 5 户）进行扶贫，提供实物：2016 年给每户赠送了 20 套蜂箱；2017 年给每户赠送了巢础 120 张，每组（中蜂和西方蜜蜂）优质蜂王 2 只；2018 年给每户赠送了 1 台全自动不锈钢摇蜜机。推动了石城县人民政府出台《石城县精确扶贫工作领导小组印发石城县 2017 年农业产业扶贫实验方案》文件，文件规定：贫困户发展蜜蜂养殖，饲养蜂群数 5 ～ 10 箱（含）的补助 200 元，饲养 10 ～ 30 箱（含）的补助 500 元，饲养 30 箱以上的补助 800 元。有力推进了石城县养蜂业发展和养蜂精准扶贫工作。针对荷花花粉销售问题，帮助石城县农业与粮食局起草《关于协调将荷花粉列入普通食品管理的请示（石农粮文〔2017〕19号）》报告。

国家蜂产业技术体系岗位科学家曾志将教授团队和南昌综合试验站团队定期对其运作模式、蜂产品销售、蜂产品产品质量监控进行指导。目前该合作社采取“五统一分”（统一供应良种饲料蜂药、统一执行无公害养殖技术标准、统一疫病防治和技术培训、统一品牌、统一销售产品、分户生产管理）的运作模式，为合作社社员115人蜂群饲养量8 000箱，提供产前、产中、产后一条龙服务，年产值超过2 000万元，该合作社被省农业厅评为省级农民合作社示范社。

**13. 原中央苏区**

此片区由岗位科学家周冰峰教授牵头，由岗位科学家陈大福副教授在福建省武平县和广州综合试验站赵红霞站长在广东省丰顺县的具体实施完成。

岗位科学家陈大福副教授团队依托于武平县养蜂协会、武平县梁野仙养蜂专业合作社和石燎阁蜂业公司具体实施扶贫技术工作方案，初步形成了“合作社＋公司＋基地＋农户”的模式。经武平县扶贫办介绍，全县共有239户贫困户。通过武平县养蜂协会的走访调查摸底，其中80余户具备养蜂脱贫的基本条件。根据实际情况，最终确定60户贫困户进行建档立卡。并以万安镇为中心，确定27户建档立卡困难户由合作扶贫的武平县梁野仙养蜂专业合作社进行“一对一”帮扶。对贫困户采取“二送一包”的扶贫措施，即送蜂种、送技术、包销售；对残疾人发展养蜂采取“三三制”协议帮扶，即残疾人养蜂投入由县残联、合作社和残疾人各出三分之一。通过以上扶贫方式，累计帮助180多名残疾人和贫困户加入养蜂行业，有效促进残疾人、贫困户脱贫致富。其中建档立卡贫困户60多户，养殖蜜蜂6 500多箱，2017年纯收入5万元以上的有8户，年纯收入超过3万元的有40多户。

广州综合试验站扶贫工作点是梅州市丰顺县，扶贫技术总负责人为国家蜂产业技术体系中华蜜蜂饲养岗位科学家周冰峰教授，协助单位是丰顺县畜牧兽医局和对口帮扶的广东省住建厅，具体扶贫对象丰顺县北斗镇拾荷村。本试验站特邀国家蜂产业技术体系专家陈大福副教授和广东省养蜂学会理事长罗岳雄研究员就扶贫村的养蜂现状及蜜源情况，分别从中蜂饲养技术和中蜂人工育王技术开展了两次深入浅出的理论培训，受到当地农户及蜂农的欢迎。发放了 50 套蜂箱、2 个摇蜜机、150 册中蜂高效饲养技术和蜜蜂病虫害防控的书籍，并及时与扶贫村和扶贫户的电话沟通，了解蜂群繁殖情况。

## 第四节　管理制度的创新

### 一、与十五个省市植保站密切合作，实施“蜜蜂授粉与病虫害绿色防控技术集成示范”项目

自 2014 年起，国家蜂产业技术体系就作为技术指导及技术支撑单位，参加了由农业农村部种植业司牵头组织的“蜜蜂授粉与病虫害绿色防控技术集成示范”项目，蜂体系的相关岗位科学家、综合试验站站长及其团队与全国十五个省市的植保站密切配合，负责指导与实施该项目的蜜蜂授粉增产提质技术，受到植保系统专家的一致好评。

2018 年度“蜜蜂授粉与病虫害绿色防控技术集成示范”项目总结会上，农业农村部种植业管理司植保植检处处长宁鸣辉对项目工作的组织和取得的成绩给予高度肯定，认为蜜蜂授粉与病虫害绿色防控技术集成示范项目有三好，一是蜜蜂授粉与植保结合的好；二是项目组织形式好，两者互通有无，共同推进；三是宣传效果好，部省县多级同时利用各种媒体进行宣传，得到社会的广泛认可。下一步的工作重点将加强绿色防控技术与蜜蜂授粉技术的集成并形成一定模式，推进蜂产业与种植业的协同发展；创新推广体制机制，促进技术的大面积应用。

### 二、牵头负责跨体系任务“主要虫媒作物蜂授粉技术规程及模式研究”

蜂体系牵头负责跨体系任务“主要虫媒作物蜂授粉技术规程及模式研究”，与燕麦荞麦、油菜、特色油料、西甜瓜、梨、桃、荔枝、龙眼、苜蓿等体系开展合作研究，取得显著成绩。

与西甜瓜体系合作研究，针对不同地理环境设计了不同的授粉模式，合力攻克了不同品种蜜蜂授粉比较试验、高温高湿环境下多形式放蜂授粉模式探索。2019 年，西甜瓜体系南宁试验站同蜂体系南宁试验站专家紧密配合，探索出了统一供应授粉蜂群与授粉蜂群回收寄养托管机制。这种定向供应与

回收授粉蜂群的寄养托管机制深受种植户和养蜂专业户的欢迎。与梨体系密切合作，开展梨树蜜蜂授粉技术研究，形成完善配套的实用技术，目前在山西运城盐湖区泓芝驿镇、龙居镇已经形成固定的技术示范点，可为当地梨农节约授粉成本 750 ～ 950 元 / 亩。

### 三、同中国养蜂学会合作，促进我国蜂产业持续健康发展

充分发挥国家蜂产业技术体系及中国养蜂学会两个国家级平台的作用并加强协作。为响应国际蜂联号召，倡导关爱蜜蜂、保护地球和加强国际蜜蜂文化交流并与国际接轨，中国养蜂学会决定从 2017 年起将每年 5 月 20 日确定为中国“世界蜜蜂日”。2017—2019 年蜂体系助力中国养蜂学会成功举办三届“世界蜜蜂日”活动，各综合试验站联合当地政府举行“世界蜜蜂日”各分会场活动。2018—2019 年度蜂体系同中国养蜂学会分别在浙江省龙泉市及宁夏回族自治区固原市成功举办“农民丰收节——蜂收节”活动，2019 年度在北京友谊宾馆成功举办“首届全国蜜蜂授粉产业发展大会”等活动。

## 第五节　体系文化的建设

从古至今，许多中外文人对蜜蜂都情有独钟。“蚕吐丝，蜂酿蜜，人不学，不如物”，古代流传的《三字经》，就充分体现了我们的祖先对蜜蜂的崇敬和赞颂。在蜜蜂的世界里，它们团结友爱、遵章守纪、勤奋劳动、无私奉献。它们用自己的智慧、集体的力量，汲取大自然的植物精华，创造出了甜美的食品。它们的精神，给人类以启迪，给人类以榜样。

蜂体系全员上下都在做着全世界最甜蜜的事业，同时又被蜜蜂精神所深深的打动。体系建立之初，就以“蜜蜂精神”作为体系文化的核心。蜜蜂精神指勤劳精神、团队精神、奉献精神、自律精神。

“采得百花成蜜后，不知辛苦为谁甜。”蜜蜂的一生，是勤劳的一生，奉献的一生。它们日出而作，日落而息。一直劳累到体衰力竭，才结束她只知奉献不知索取的一生。蜂体系原岗位科学家、山西省农业科学院园艺所研究员邵有全同志从事蜜蜂授粉相关研究近四十年，参加工作几十年来以岗为

家，从无节假日概念，为自己心爱的蜜蜂授粉事业倾注了大量心血和汗水。正是对事业的不懈追求，支持他度过了一个又一个难关，最终成为山西乃至全国蜜蜂授粉研究领域的一面旗帜。邵有全同志于 2013 年获得中央电视台全国十大农业科技人物“大地之子”的荣誉称号。

蜜蜂王国是一个母系的巾帼王朝。蜂群中处处体现着很强的组织性和纪律性。严明的纪律时刻约束着蜜蜂的各种行为。每只蜜蜂都各负其责，兢兢业业地做着分内的工作。没有懒惰，没有游手好闲，更没有浑浑噩噩，都在尽心尽力地忙碌着。蜜蜂内部机构精练，分工明确，协作高效，文明有序，非常具有团队精神。

产业技术体系像是蜂群，贯穿于产前、产中和产后的全产业链。例如，蜂产品的质量安全（农兽药残留）不单单是产后的问题，与蜂群健康（用药）密切相关，而蜂群健康又与蜂种、饲养管理密切相关，不从源头着手，单从加工角度是难以解决问题的。体系间各个岗站之间就更需要通力合作，使研究室之间、岗位科学家、岗位科学家同综合试验站之间既分工明确，又团结协作，做到分工不分家。

为方便岗位科学家、试验站站长之间的沟通与交流，在蜂体系建设之初就建立了首席科学家办公室，大家通过电话、邮件、短信、微信等始终保持密切联系，重大事项由执行专家组集体讨论研究决定。蜂体系的专家们极其珍惜体系的声誉和来之不易的工作机会，无论是深入山区调研、了解基层蜂业发展情况，还是组织蜂农培训、深入蜂场一线解决实际问题，大家都心往一处想，劲往一处使，努力上好每一堂培训课，回答好蜂农的每一个提问，解决好蜂农提出的每一个问题，确保在第一时间出现在应急事件现场，及时处理应急事件。

“蜜蜂精神”是蜂体系的精神，是事业之魂，也是蜂体系工作与生活中不断追求的信念和目标。每一位体系人，都要理解和读懂“蜜蜂精神”的实质，以“只愿香甜满人间”的蜜蜂精神激励自己，为了行业的繁荣，为了甜蜜的事业，为了体系的发展，努力做出自己的贡献。

# 第三章

# 体系十年所取得的经验与体会

## 第一节　首席科学家谈感受——中国农业科学院蜜蜂研究所吴杰研究员

自 2007 年起，国家启动了现代农业产业技术体系，这种连续资助的方式，稳定并扩大了我国农业产业研发与推广科技队伍，为我国农业产业的持续健康发展提供了保障。

国家蜂产业技术体系通过十年的发展，培养了一大批蜂产业的高端人才。通过蜂产业技术体系国家平台的建设，为各岗位科学家专心科研、扩大专业视野、了解和认识国情，提升专业水平和产业服务能力能力提供了条件和保障。岗位科学家们通过对前瞻性课题的跟踪探索与深入研究，为我国蜂产业技术的可持续发展奠定了坚实的理论基础。

综合试验站有了深入蜂产业一线的实力和动力。在农业农村部经费持续资助下，综合试验站在蜂业技术集成和蜂业技术示范方面发挥了重要作用，每年坚持不懈的养蜂技术培训与示范工作给全国的养蜂生产者带来了希望和信心。

具体来讲，国家蜂产业技术体系成立十年来所取得的经验与体会如下：

## 一、体系工作需要“顶天立地”

体系设立之初，提出“顶天立地，将成果写在大地上”的宗旨，要求各个体系以产品为单元，以研究和服务产业发展所存在的关键技术问题为导向，提出产品从农田到餐桌整个产业链的解决方案。这与以往许多科研课题有很大不同，一方面开展基础研究，从理论角度解释现有问题，另一方面开展应用研究，紧密结合生产实际提出课题研究方向，解决现实存在问题。这种双管齐下的研究方式，区别于一般科研课题高大上的模式，不再单纯追求高水平论文的发表，而是以更接地气的方式开展科学研究工作。

“立地”是本，“顶天”是为了“立地”。体系的根本宗旨是为产业服务，解决产业发展中遇到的实际问题，但有许多难题不是轻易就能解决的，需要基础性研究这一“顶天”的研究与储备来做基础。体系各个岗位科学家都和综合试验站进行了对接，有了更多的机会和时间深入一线养蜂场，接触到更多的养蜂员、养蜂合作社和基层养蜂协会组织，能更为全面真实地了解到养蜂一线的基本状况和技术需求。在课题选择之初本着一切从养蜂生产实际出发，以能够切实解决蜂农在养蜂生产中存在的问题为导向，更有利于解决养蜂生产中的实际问题。蜂体系运行十年来也一直秉承这一宗旨，完成的科技成果能够切中蜂农和产业发展的需求，并具有很大推广应用价值。

以蜂胶的真实性鉴别方法研究为例。受利益驱动，市场上出现了以杨树胶冒充蜂胶的现象，大量“假蜂胶”充斥着市场，严重困扰着蜂胶产业的发展。多年来，国内外许多学者采用了多种方法一直解决不了蜂胶真伪鉴别这一难题。作为体系的重点任务，国家蜂产业技术体系加工研究室主任胡福良教授团队开展了大量前瞻性的基础研究，通过探明蜂胶与杨树胶的差异成分与生物转化机制，完成了“顶天”之后，创立了基于水杨苷和邻苯二酚的蜂胶与杨树胶的鉴别方法，终于解决了这一技术难题，并完成了行业标准和国家标准的制定工作，从而实现了“立地”的目标。

## 二、体系建设需要“里应外合”

### 1. 做好团队内的培养与晋升

在团队建设过程中，人员结构的安排十分重要。不同研究方向的成员间可以实现研究领域的互补，不同梯次的成员构成也能保证整个课题研究任务主次分明，不同年龄段成员的安排，也能实现对青年科研人员的培养带动和保障事业后继有人、蓬勃发展的目标。团队成员具有较强的向心力和凝聚力，对课题安排的任务均能保质保量完成。

以产业经济研究室为例：蜂业经济可以说是从零开始的农业经济研究领域，在10年间的团队建设过程中，核心力量始终保持稳定并逐渐增加力量。团队成员的专业背景涵盖不同领域；成员年龄涵盖老中青三代，使蜂产业经济研究能够持续补充力量；研究团队力量结构梯队层次分明。因此，一个分工明确，团结协作的优良团队是开展农业科研工作的前提。

### 2. 做好体系内的协调与协作

产业技术体系是一个系统，贯穿于产前、产中和产后的全产业链。例如，蜂产品的质量安全（农兽药残留）不单单是产后的问题，与蜂群健康（用药）密切相关，而蜂群健康又与蜂种、饲养管理密切相关，不从源头着手，单从加工角度是难以解决问题的。体系间各个岗站之间就更需要通力合作，使研究室之间、岗位科学家、岗位科学家同综合试验站之间既分工明确，又团结协作，做到分工不分家。

整个蜂产业体系中的功能研究室、试验站、研究团队不仅要完成好重点任务和基础性工作，还要兼顾前瞻性研究和应急性任务。蜂业科研必须与养蜂生产实际紧密地联系，让科技成果尽快转化成生产力。围绕着体系重点任务，各个功能研究室与相关功能研究室的岗位科学家经常沟通，密切合作。在体系建设之初就建立了体系首席科学家办公室以方便岗位科学家、试验站站长之间的沟通与交流，大家通过电话、邮件、短信、微信等始终保持密切联系。

蜂体系的专家们极其珍惜体系的声誉和来之不易的工作机会，无论是深入山区调研、了解基层蜂业发展情况，还是组织蜂农培训、深入蜂场一线解决实际问题，大家都心往一处想，劲往一处使，努力上好每一堂培训课，回答好蜂农的每一个提问，解决好蜂农提出的每一个问题，确保在第一时间出现在应急事件现场，及时处理应急事件。专家们质朴、踏实的工作作风和严谨治学的学术风范得到业内人士的广泛认可与好评。

**3. 做好体系间的合作与学习**

蜂业的发展离不开种植业、饲养业的领、带、帮，蜂业的发展也有助于农作物增产、环境保护及资源的可持续发展。蜂产业技术体系建立后在技术体系层次上进行合作，达到全产业性的提升，实现农业全产业链的共赢；也能以现代农业技术体系为平台，为国家科技、政治、生态注入新鲜血液。

只有各学科通力合作才能很好地完成任务。从“十三五”开始，体系开始组织设置跨体系研究，包括蜜蜂在内的多个学科参与其中，进行联合攻关。蜂体系牵头负责跨体系任务——“主要虫媒作物蜂授粉技术规程及模式研究”，与燕麦荞麦、油菜、特色油料、西甜瓜、梨、桃、荔枝、龙眼、苜蓿等体系开展合作研究，取得显著成绩。2017 年与西甜瓜体系共同合作在广西北海银海区三合口农场开展实施的 1.8 万亩西甜瓜蜜蜂授粉技术示范应用，共计放蜂 6 000 余箱，每亩节支增收 1 500 元。辐射带动整个北海及广东湛江等邻近产区，南宁、百色、宜州等广西其他产区也在逐步扩大推广，授粉作物也由西甜瓜逐步扩大到苦瓜、南瓜等作物。蜜蜂授粉累计应用推广 10 多万亩，西甜瓜种植户冯辉友说：“推广这么多技术，最有用的是蜜蜂授粉技术。”

## 三、产业发展需要“示范带头”

研发新的农业科技成果是岗位专家主要职责，农业科技成果示范是综合试验站主要任务。岗位科学家与综合试验站合作开展科技成果示范培训，是新成果新技术转化为生产力的重要途径。

各综合试验站示范蜂场的建设是养蜂生产新技术研发、集成、示范、推广的重要基地。在综合试验站的配合下，凝练养蜂生产发展所需的关键技术。在关键技术突破或取得进展后，及时将成果就地进行转化。

**1. 中西方蜜蜂规模化养蜂技术示范**

天水综合试验站通过多年的实践摸索，总结形成了“准确选定示范基地，确保规模与效益，正确选点定户，确保示范推广”的技术推广思路，确立了“建基地，树示范、带蜂农、促发展”的路子，推动区域蜂产业不断发展，示范基地生产效益平均提高 20% 以上。示范基地县岷县打造了“政府 + 科技服务 + 蜂农”模式，唱响“养好十箱蜂，增收一万元”的口号，促进中蜂产业有了突破性的发展。五个示范县养殖基地的 14 个示范蜂场，2010—2017 年 7 年纯收入达 848.2 万元，辐射带动了周边区域养蜂发展，山区农民家庭养蜂积极性高涨。

体系成立的十年里，扬州综合试验站结合江苏省生产情况，在完成体系有关技术中试、技术示范等规定任务的基础上，积极将蜂王浆免移虫生产、人工替代饲料、优质蜂王培育、蜜蜂疾病防控等蜜蜂养殖规模化、集约化技术在各示范蜂场进行集成示范，同时积极组织多种形式的蜂农培训，范围遍及江苏省全部养蜂生产县和所有蜂农，经过长期培训后，目前规模化、集约化的饲养模式已成为江苏省养蜂的主流，蜂场规模在 200 群以上成为转地蜂场绝大多数。

**2. 高产抗逆蜂种试验示范**

蜂种可谓是“养蜂之本”，有了优良的蜂种，才能在同等投入的条件下有更大的产出。2009 年 1 月以来，红河综合试验站先后引进‘蜜浆双高产蜂’‘蜜胶蜂’‘抗白垩病蜂’‘美国意大利蜂’‘卡尼鄂拉蜂’‘抗蜂螨蜂’等 11 个品系，先后在试验站西方蜜蜂示范蜂场试验、中试，并在罗平、祥云、普洱和西双版纳三个示范区进行示范，在云南省立体气候、小气候环境多样性的条件下，基本解决了云南省不同区域小转地西方蜜蜂饲养的优良蜂种的区别使用问题。

**3. 蜜蜂为农作物授粉技术示范**

乌鲁木齐综合试验站针对当地生产实际，先后选取了巴旦木、香梨、苹果、红枣、向日葵、哈密瓜、西瓜、打瓜、南瓜、草莓等蜜蜂授粉效果比较显著的作物品种，建立蜜蜂授粉工作示范基地，并把它作为授粉示范工作的突破口，通过蜜蜂授粉，使向日葵净产量增产幅度达到 67%；巴旦木增产

300%；香梨增产 30%；苹果增产 32%；油菜增产 18% ~ 27.1%，千粒重增加 14%，出油率提高 10%；温室大棚草莓增产 27.08%，畸形果率降低 40%，增产效果都非常显著，带动全区蜜蜂授粉工作迅速展开。

2011 年以来，新疆地区蜜蜂为农作物授粉面积每年达 2 000 万亩以上，其中商业化授粉由 2010 年的 60 万亩达到目前的 450 万亩，为农作物授粉也成为蜂农创收的新途径，授粉蜂农收益可达到每群 80 ~ 200 元，用于制种作物授粉则可达到每群 400 元，蜂农授粉收入达 4 500 万元。全区参与商业化授粉的蜂群由 2010 年的 4 万群蜂增加到 2017 年的 30 万群蜂。

**4. 蜜蜂病虫害综合防治、病虫害预测预警技术示范**

北京综合试验站分别在密云、昌平、怀柔和平谷 4 个区建立蜜蜂病虫害监测点 12 个，定期不定期开展采样化验工作，为蜜蜂白垩病和蜂螨风险评估技术平台、农药对蜜蜂健康影响风险评估平台提供监测数据。在密云、昌平、门头沟、平谷、延庆设立了 5 个主产区固定蜂农蜂场观察点，每年上传蜜蜂病虫害与农药基础信息调查数据并配合开展了农药风险评估及机制研究过程监测与采样。

在密云区建立了安全绿色蜂药和病害综合防治示范区，示范蜂群 1 万群，推广新型蜂药抗病毒 1 号、甲酸杀螨气雾喷剂、中草药预防性药物和电加热雄蜂诱导杀螨巢脾等，有效地预防了蜜蜂细菌病和病毒病的发生，较好地控制了大蜂螨的危害。

## 四、扶贫工作需要“授人以渔”

养蜂业是促进贫困地区农民尽快脱贫的有效手段，在我国一些革命老区、贫困山区等地区的蜜粉源资源十分丰富，极其适合发展蜂业。养蜂业本身具有投资小、见效快、用工省、无污染、回报率高的特点，是确保农民就业增收、脱贫致富的适宜产业，目前许多地区已将发展养蜂作为群众重点脱贫致富产业，并取得初步成效。

俗话说“授人以鱼不如授人以渔”，什么是“渔”？就是能够彻底改变贫困的方法。充分发挥行政 + 科研“1+1>2”的作用，聚集各方力量，形成政府主导、部门配合、专家参与的大协作格局。按照中央的部署和农业农村部的要求，紧紧围绕“精准扶贫”的工作主线，以精准理念为核心要义，以分批分类理念为基础工具，深入开展蜂业扶贫工作，取得了积极的进展。

养蜂技能培训是提高蜂农科学管理蜂群、夺取产量高地的重要基础措施，是现代蜂产业技术体系长期开展的重要工作。秉承“因势利导，因地制宜，承上启下，精准对接”的原则，围绕“建基地，树典范，抓培训，重实效”的工作思路，以“哪里需要哪里服务，既要讲解也要示范”的工作方式来落实养蜂技术培训和示范蜂场建立，推动区域产业发展。培训根据季节特点、蜂农技术需求、实践要求等情况凝练重点，确保落地，做到入村、入场培训。

体系成立以来，吉林综合试验站将养蜂科技培训工作作为重中之重，每年都利用冬春农闲季节开展技术培训，传授先进的养蜂技术和理念。培训方式包括：集中培训、入户培训、观摩培训、电话咨询和网络咨询。试验站通过聘请省内外、体系内外知名蜂业专家授课，发放培训资料，进行现场技术指导等措施，先后在省内主要蜂业生产基地组织蜂业技术人员培训，10 年累计培训 1 万人次以上。

## 五、体系成果需要“深入人心”

在美国、英国、以色列、澳大利亚等农业发达国家，蜜蜂的主要社会功能是授粉，而在我国提到蜜蜂人们首先想到的是授粉的辅属产物——蜂产品。如何提高人们对于蜜蜂授粉的认识，让我国人民的菜篮子不再被激素等化学物质侵袭，让人们吃到真正的放心食品，是我们蜜蜂授粉科研工作者面临的迫切问题。我们研究出的实用技术，确保人们充分认识最直观有效的手段就是各种类型的示范宣传，包括建立示范基地，在示范点开展由种植户主导进行的蜜蜂授粉现场会，广大农民可以直接体会蜜蜂授粉在提质增效，节约成本等方面的作用。

体系工作开展十年来，蜜蜂授粉学科是其中最大的受益者，通过体系提供的各种渠道，蜜蜂授粉逐渐引起上至国家领导下至科研人员的重视和认可，但距离农民真正认识到蜜蜂授粉的重要性，能够全面推广这项技术还有很长的路要走。科研工作也要通过各类报纸、杂志、电子媒体等多种渠道进行宣传推广，使其能够深入人心。

海口综合试验站多年来持续开展热带农作物蜜蜂授粉增产技术研究与推广工作。在儋州示范县开展了黑皮冬瓜蜜蜂授粉技术示范推广，示范面积 30 000 余亩，组织授粉蜂群 6 998 群。为瓜农节本增效 705 万元，蜂农增加授粉收入 52.5 万元。2014 年 3 月 6 日，儋州电视台《乡村新发现》栏目以“小蜜蜂推动大产业”对儋州蜜蜂授粉示范县进行专题报道。海南日报于 3 月 8 日第 8 版头条《采遍田间不为蜜 蜂为瓜果做媒人》，对海口综合试验站的工作进行了宣传报道。3 月 31 日《人民日报》以《让蜜蜂下地干农活》为题对体系授粉工作进行了宣传报道。

2018 年 5 月 20 日，“5・20 世界蜜蜂日”中国（海南琼中）主会场活动由亚洲蜂业联合会、国家蜂产业技术体系、中国养蜂学会共同主办，琼中黎族苗族自治县人民政府、海南省蜂业学会、中国热带农业科学院环境与植物保护研究所共同承办的世界性的蜜蜂主题活动。活动以“践行‘两山’理念，放飞蜂业梦想”为主题，倡导“关爱蜜蜂 保护地球 保护人类健康”理念。中央电视台、中国科学报、凤凰网、海南电视台等多家媒体亲临琼中，共同报道这一重要节日。

## 第二节　岗位科学家谈感受

### 一、种质资源评价岗位——中国农业科学院蜜蜂研究所石巍研究员

蜂产业技术体系自 2008 年建立之初，其宗旨便是通过产学研一体化研究，着力解决我国蜂产业存在的突出问题，以提高我国养蜂业的经济效益、社会效益和蜂产品质量安全水平为已任。作为蜂产业技术体系中的一分子，十年来的经验与体会主要有如下 5 点。

**一是**功能实验室与主产区蜂业综合试验站密切结合的机构设置，并由本领域的岗位科学家作为带头人，将科研与产业的空间距离极大地缩短，信息实现无障碍沟通，信息和思维的碰撞和沟通可以促进科学研究的长足发展，同时也推动科技成果加速转化。

**二是**体系强调的是整体的协作和对行业关键问题的解决，这就需要整个

蜂产业技术体系中的功能研究室、综合试验站、研究团队的组织与协调，既要完成好重点任务和基础性工作，还要兼顾前瞻性研究和应急任务。科研与实际生产紧密联系，让科技成果尽快转化为现实生产力，进而提高养蜂经济效益。

**三是**农业属于一个多学科融合的领域，蜂业的发展离不开种植业、饲养业的领、带、帮，蜂业的发展也有助于农作物增产、环境保护及资源的可持续发展。蜂产业技术体系建立后在技术体系层次上进行合作，达到全产业性的提升，实现农业全产业链的共赢；也能以现代农业技术体系为平台，为国家科技、政治、生态注入新鲜血液。

**四是**对蜂业科研工作者的行为导向和服务意识提升。蜂产业的发展离不开蜂业专家、技术人员和一线劳动者的通力合作。科研人员在体系工作组织执行过程中，能够对蜂产业的现实情况进行调研，切实了解我国蜂产业的主体——蜂农的需求。结合专业特长制订研究具体方案和内容，有助于提高自己服务蜂产业、服务养蜂生产的能力。

**五是**加速育种技术与育种理论直接应用并指导生产。岗位科学家与育种场和示范蜂场能够直接面对面交流，进行深度合作。一方面把民间的好经验、好方法加以总结、提升，再验证推广；另一方面把新技术、新蜂种交给蜂场或育种场进行使用、评价，再改进推广。

## 二、大田作物授粉岗位——山西省农业科学院园艺研究所郭媛研究员

### 1. 课题选题应与生产实际紧密结合

体系设立之初，提出“顶天立地，将成果写在大地上”的宗旨，这与以往许多科研课题有很大不同，农业农村部科教司作为主管部门提倡：一方面开展基础研究，从理论角度解释现有问题，另一方面开展应用研究，紧密结合生产实际提出课题研究方向，解决现实存在问题。这种双管齐下的研究方式，区别于一般科研课题高大上的模式，不再单纯追求高水平论文的发表，而是以更接地气的方式开展研究。从课题选题开始，一切从实际生产出发，以能够切实解决农民生产中存在的问题为导向，更有利于解决生产实际问题。体系运行十年来也一直秉承这一宗旨，完成的成果能够切中农民需求，

并具有很大推广应用价值。

2. 蜜蜂授粉需要跨学科、跨体系合作

自然界中75%以上的作物需要昆虫传粉，蜜蜂是自然界最主要的传粉昆虫，蜜蜂和作物的协同进化决定了蜜蜂授粉的重要地位，也因此决定了蜜蜂授粉学科需要蜜蜂学科与植物学科结合开展研究。体系主管领导充分认识到现今许多研究内容都存在学科之间的交叉，只有各学科通力合作才能很好地完成任务，从“十三五”开始，体系开始设置跨体系研究，包括蜜蜂在内的多个学科参与其中，联合进行攻关。但因跨体系任务只是参与研究的各个岗位科学家的一个非重点任务，没有相应的经费支持及硬性的考核指标，加之各体系对蜜蜂授粉的需求及认识不同，致使各体系对待跨体系任务的积极性有很大差别，有的体系积极开展，有的体系并没有积极投入。

3. 宣传示范对于成果推广具有重要意义

体系开展十年来，蜜蜂授粉学科是其中很大的受益者，通过体系提供的各种渠道，蜜蜂授粉逐渐引起上至国家领导下至科研人员的重视和认可，但距离农民真正认识到蜜蜂授粉的重要性，能够全面推广这项技术还有很长的路要走。甚至许多学术界人士也并没有认识到蜜蜂授粉对于食品安全的重要性，对于农业可持续稳定发展的重要性。在美国、英国、以色列、澳大利亚等农业发达国家，蜜蜂的主要社会功能是授粉，而在我国提到蜜蜂人们首先想到的是授粉的辅属产物——蜂产品。如何提高人们对于蜜蜂授粉的认识，让我国人民的菜篮子不再被激素等化学物质侵袭，让人们吃到真正的放心食品，是我们蜜蜂授粉科研工作者面临的迫切问题。我们研究出的实用技术，让人们充分认识最直观有效的手段就是各种类型的示范宣传，包括建立示范基地，在示范点开展由种植户主导进行的蜜蜂授粉现场会，广大农民可以直接体会蜜蜂授粉在提质增效，节约成本等方面的作用。科研工作者也要通过各类报纸、杂志、电子媒体等多种渠道进行蜜蜂授粉的宣传推广，使其能够深入人心。

## 三、西方蜜蜂品种改良岗位——吉林省养蜂科学研究所薛运波研究员

一是认认真真对我国蜂产业进行调研，切实了解我国蜂产业的主体——

蜂农，想什么、要什么、为什么事闹心；二是一切从蜂产业现实出发，了解我国蜂情、花情、蜜情、病情、种情等，知道现实是什么情况；三是根据现实情况和蜂农的需求，结合自己专业特长制订研究具体方案和内容。这样才能让我们研究出来的成果接地气，蜂农才能喜欢，才能解决蜂产业的实际问题；四是把我们研究的成果尽快转化推广应用。把高深的理论和精尖技术，用我们朴素无华、客观生动的语言向蜂农进行讲解、培训和推广，让科技成果尽快转化成生产力，进而提高养蜂经济效益和社会与生态效益。最后，通过上述活动使我们自己在各方面也有进一步提高，原有的理论得到了进一步升华。

谈十年来的体会，我想到了蜜蜂的团队精神："蜂群内部分工明确，协作高效，文明有序，非常具有团队精神，一旦发现花朵，便呼朋引伴，播粉采蜜；群体，是蜜蜂赖以生存与发展的基础与保障，每一只蜜蜂均以群体为核心，以群体利益为最高宗旨，一切行动服从群体需要，齐心协力，众志成城，把一个蜜蜂王国经营的井然有序，生机勃勃。为了群体的利益及兴旺发展，蜜蜂们辛勤劳作，艰苦奋斗，总是力所能及地为群体积累财富；出巢的蜜蜂，在一定的范围内，总能准确地返回本群，如果本群被搬走，那些无家可归者便相邀结集在原址，痴心地期盼着回归自己的群体。依恋群体、热爱群体、维护群体是蜜蜂的一大特性，它们紧密团结在群体这一旗帜下，亲密无间相依相靠，纵然遇到再大风险也不分离。发生灾难时，蜜蜂们患难与共，生死相顾，忠实地聚集在一起，维系着群体的生机，实在是难能可贵蜜蜂精神"。体系的同志们不仅研究蜜蜂，而且无时无刻不发扬着蜜蜂精神，通过大家的共同努力，把蜂产业技术体系建设和营造的"蜂富多彩、蜂光无限"。

## 四、育种技术与方法岗位——福建农林大学蜂学学院苏松坤教授

### 1. 持续、稳定的经费资助为我国现代蜂业发展培育了一支强有力的科技研发队伍

在国家蜂产业技术体系启动之前，蜂产业科技人员的研发经费得不到保障，人心和队伍不稳，严重制约蜂业的科技研发和健康发展。但蜜蜂授粉对

现代农业的提质增效和对生态系统的保护优化具有非常重要的价值和意义。国家领导和相关部委对蜜蜂授粉的价值高度重视，出台了相关文件，并将蜂产业技术体系列入现代农业产业技术体系建设和资助范畴，有力地推动了蜂产业的科技进步，为蜂产业发展提供创新创造动能。作为蜂产业体系内的一名科技工作者，由衷地感激、感恩国家和相关部委对现代农业产业技术体系的资助和关怀，本人将更加尽心尽力、脚踏实地做好工作，为蜂产业发展添砖加瓦。

**2. 为解决产业发展问题而开展科技研发工作**

技术体系工作的定位就是面向产业，解决产业问题，为产业发展提供科技支撑，本人参加国家蜂产业技术体系的工作已有十年，十年来，我们积极深入基层一线调研产业急需解决的问题，了解掌握产业发展动态。比如针对蜂种混杂退化问题，开展了蜜蜂优质高产抗病蜂种的培育——‘蜂强 1 号’意蜂，并在对接的金华、扬州、新乡、红河、海口试验站所在浙江省、江苏省、河南省、云南省、海南省的中试示范蜂场进行了中试、示范推广，并向其他蜂场辐射推广，取得良好效果。该蜂种还在湖北荆门、安徽黄山等地中试和示范推广，表现出抗病力、繁殖速度优于当地原有蜂种的优良性状。开展了浙江、河南、江苏、云南、海南等地优良蜂种的保护和利用，研发蜜蜂优质高产抗病育种技术及配套的管理技术，与有丰富经验的老师傅、土专家交流学习，总结经验和实用技术，并与理论相结合，凝练升华，出版《蜂蜜王浆优质高产关键技术》和《蜜蜂优质高产抗病育种技术》，讲解蜂王浆蜂蜜优质高产配套技术、蜜蜂优质高产抗病育种技术、中华蜜蜂科学饲养技术、养蜂发展新模式、新做法、养蜂小技巧等内容，在浙江、福建、江西等 20 省市累计培训蜂农和蜂业从业人员 5 819 人次。

瞄准蜂学科技前沿和生物技术的新进展，我们开展了蜜蜂重要经济性状的分子标记筛选、分子标记辅助选育和分子机制探索的前瞻性研究工作，取得重要进展，为蜂产业的长足发展提供蜜蜂育种技术方面的科技支撑。

## 五、授粉昆虫繁殖岗位——中国农业科学院蜜蜂研究所吴杰研究员

2008 年 12 月 22 日，《农业部关于印发现代农业产业技术体系第二批建

设依托单位和岗位聘用人员名单的通知》发布，正式将蜂纳入第二批现代农业产业技术体系建设，我国蜂业科技界犹如久旱逢甘露，开启了一个全新的时代。本人作为蜂体系的授粉昆虫繁殖岗位科学家有幸入选，在体系专项资金的持续支持下，十年来本人所在的团队在传粉蜂生物学与授粉应用研究、人才培养、支撑产业发展等方面都取得了显著成绩，为我国授粉产业的健康发展做出了应有的贡献。

**1. 瞄准产业需求，加强科技攻关**

**一是完善本土熊蜂人工繁育技术，为工厂化繁育做支撑。**

针对野生传粉蜂人工饲养过程中出现的种质退化问题，开展传粉蜂繁殖生物学特性研究；优化传粉蜂人工繁育的饲料配方；改良传粉蜂人工繁育机具，提高传粉蜂人工繁育率，重点开展传粉蜂健康养殖技术的研究，从营养和蜂王质量角度，阐明影响熊蜂继代退化原因，揭示熊蜂繁殖的分子调控机制，明确肠道微生物与熊蜂宿主的协同进化关系，主要益生菌在熊蜂宿主中的发育、繁殖和免疫等方面的主要功能。

在资源调查及人工繁育利用方面：完成了华北、西北、青藏高原及南方部分地区的熊蜂资源考察任务，初步明确了我国这些地区的熊蜂组成及分布特性。目前已探明我国现有熊蜂蜂种在 115 种以上（全球 250 余种）。在此基础上，对有关熊蜂进行了人工驯化和授粉利用研究，筛选出具有良好商业化前景的熊蜂蜂种 6 种。同时，初步探明了不同饲料对小峰熊蜂生长发育的影响。

在蜜粉源植物方面：完成了我国养蜂主产区蜜粉源植物调查任务并实现了首次数据更新，利用 Access+ASP+IIS 技术，结合全国蜜粉源植物调查协作网 16 个成员单位收集的全国主要蜜粉源植物信息，建立了基于 RIA 技术的中国主要蜜粉源植物信息导航系统数据库，实现了可根据后台数据自动绘图的功能。

在熊蜂病虫害方面：研究了中国不同地区熊蜂微孢子虫的感染特性，首次发现熊蜂被来自其他寄主昆虫的微孢子虫 *N.thomsoni* 感染，发明了一项熊蜂微孢子虫的分子检测及快速鉴定技术；检测了熊蜂对蜂王病毒 *Black queen cell virus*（BQCV）和残翅病毒 *Deformed wing virus*（DWV）的感染情况。

在熊蜂分子生物学方面：克隆了熊蜂磷酸酯酶 A2（PLA2）、β 肌动蛋白（β-actin）、延伸因子 1a（EEF1a）、甘油醛-3-磷酸脱氢酶（GAPDH）、酸性核糖体蛋白 P2（RPP2）、精氨酸激酶（AK）、α-微管蛋白（TUB）等 7 个内参基因，同时还克隆了卵黄原蛋白、乙酰胆碱酯酶和海藻糖酶等基因的全长，重点研究了具有重要商业化前景的火红熊蜂的遗传多样性。

在熊蜂毒理学方面：明确了不同常用农药对不同熊蜂的急性毒性，明确了乙酰胆碱酯酶在熊蜂体内的时空表达特性，并研究了其对不同药剂的敏感性。初步探明了以吡虫啉为代表的新烟碱类农药对小蜂熊蜂生存、生殖及采集行为的亚致死效应。

**二是解析蜜蜂授粉增产提质机理，完善蜜蜂授粉技术，服务于大面积连片种植作物授粉，为授粉产业发展奠定基础。**

针对传粉蜂授粉机理不明确，开展蜜蜂为大田作物、设施作物授粉关键技术研究；熊蜂为设施作物授粉关键技术研究。从植物柱头花粉沉降数、花粉活性、柱头亲和性等相关因素着手，探索蜜蜂和熊蜂为农作物授粉机理。重点解决油菜、梨、桃等农作物蜜蜂授粉技术难题；设施茄科类作物熊蜂授粉技术、草莓蜜蜂和熊蜂授粉技术难题。

在四川、湖北、新疆和云南等 5 省建立油菜蜜蜂授粉基地 10 000 公顷，增产 10%～15%；在新疆、甘肃、宁夏、山西、陕西、辽宁、吉林和黑龙江建立蜜蜂为向日葵授粉示范点 14 个；制定并颁布的农业部行业标准 3 项；分别是《蜜蜂授粉技术规程 油菜》，标准号 NY/T 3044—2016；《设施桃蜂授粉技术规程》，标准号 NY/T 3046—20163；《设施番茄熊蜂授粉技术规程》标准号 NY/T 3045—2016。

包括进行了黄土高原油菜的开花生物学特性、油菜访花昆虫的调查及影响因素、蜜蜂采集油菜花的方向性及采集范围等项内容的研究，为油菜生产中合理、高效利用蜜蜂授粉提供了理论依据及技术指导。

我们对蜜蜂和昆虫授粉对油菜产量的影响进行了研究，2011 年的统计结果显示：在开放式授粉区域内油菜的产量高达 90.54 千克 / 亩，而对于没有蜜蜂授粉，但有其他昆虫授粉的区域，其产量为 75.32 千克 / 亩，而在没有其他小昆虫以及蜜蜂的授粉情况下，产量仅为 49.97 千克 / 亩，说明在油菜的授粉过程中，蜜蜂和其他传粉昆虫的贡献是不可或缺的。油菜产量与访花昆虫的数量级频次呈正相关。对于出油率等油菜籽质量则无明显相关性。

进行了设施桃不同蜂传粉效率的研究。研究结果表明，在密林熊蜂授粉区，距离蜂箱不同距离之间的桃坐果率基本一致，而在意大利蜜蜂授粉区，座果率随着授粉半径的增大而明显降低；密林熊蜂授粉区桃树的平均座果率略高于意大利蜜蜂授粉区；2 种蜂授粉的设施桃果实发育历期不同，密林熊蜂授粉区的桃果实比意大利蜜蜂授粉区提前 7d 左右成熟；经 2 种蜂传粉的设施桃果实营养品质差异不显著（$P>0.05$），但二者均明显优于人工授粉组（对照）；和意大利蜜蜂授粉相比，经密林熊蜂传粉后的桃树果实，单果重升高，畸形果率下降（$P<0.05$）。本研究认为中国密林熊蜂为设施桃的传粉效率优于意大利蜜蜂。

完成了梨树中华蜜蜂和意大利蜂授粉生物学差异比较；明确不同蜂群管理技术对意大利蜜蜂采集梨树的影响。主要集中在向日葵授粉蜂种的筛选和授粉强度的选择上，初步揭示了中华蜜蜂在向日葵场地的日活动规律及其采集花粉的偏好性。中华蜜蜂日活动规律的观察发现了两个采集高峰，分别发生在 8：00—9：00 和 18：00—21：00。在花粉采集偏好方面，中华蜜蜂更偏好于采集玉米花粉。已经制定完成《蜜蜂为向日葵授粉技术规范》。

**2. 追踪世界科技前沿，引领学科发展**

**（1）熊蜂肠道微生物方面取得突破性进展。**在熊蜂肠道微生物方面的研究取得了突破性进展，该研究对我国 28 种熊蜂的肠道细菌 16S 的 V6 ～ V8 区采用高通量测序，并结合经典生态学的分析方法进行研究，结果表明熊蜂肠道微生物存在两种保守的生态型（enterotypes）。一种是由 *Gilliamella* 和 *Snodgrassella* 菌群组成，这两类菌群在蜜蜂中也存在；另一种生态型主要是由环境性菌群组成，而且含有一些条件致病菌如 *Hafnia* 和 *Serratia*，研究揭示了熊蜂肠道微生物组具有两种固定的生态型（enterotypes），这是继发现人类和大猩猩的肠道微生物存在特定生态型后首次在传粉昆虫熊蜂上发现的，这将为今后深入研究传粉昆虫生物学提供了肠道微生物新视角。相关研究成果于 2015 年 8 月 3 日在线发表在《Current Biology》（5-Year Impact Factor：10.134）上。论文发表后立即被农业农村部中英文网站、中国科学报、中国农业科学院官方网站作为重要研究成果进行了报道，同时光明网、中国化工仪器网、科学网等新闻媒体也纷纷转载，因为其重要的科学价值，论文在“2015 中国科学家与 Cell Press”特刊中进行了报道。

**（2）熊蜂种质资源及分类演化研究方面。**我们研究得出全球巨熊蜂亚属为 22 种（含未命名 1 种），其蜂种分化主要包括两个阶段，青藏高原东部横断山脉的隆起为第一个分化时期，时间为 425 万～150 万年前；北方森林地区气候变冷引起了第二分化时期，时间为 30 万～120 万年前；物种分化分析表明，该亚属内食物专一性较强的物种主要集中于第二个分化类群，主要分布在北方森林地区或者高海拔地区，这种食物专一性可能与气候变冷有关；该亚属熊蜂的食物专一性与分布区域的生长季节长短（生长度日）呈一定相关性，同一物种分布于南部地区的食谱范围更广；生长度日是影响熊蜂食物专一性的重要指标，不管是不同种还是同一种，分布在不同区域的物种，其食物专一性都存在极显著差异（$F=19.9$，$P<0.01$）；本研究结果为深入研究中国熊蜂多样性特点、资源保护和开发利用奠定了基础。

**（3）熊蜂生殖分子调控机制方面。**完成了挖掘调控蜂王头部和卵巢生殖相关的 microRNA 分析及兰州熊蜂（*Bombus lantschouensis*）脂动激素（AKH）及其潜在受体 AKHR 基因的克隆、系统发生分析以及其在成年蜂王不同发育时期的表达时相分析，并在细胞水平上开展了受体信号转导分子机制研究。为下一步研究蜂王 AKH 及其受体在脂质代谢调控中的作用奠定了基础，探明了兰州熊蜂产卵与未产卵的血液蛋白质组差异及卵巢小 RNA 差异，并分析主要基因的表达变化。完成了兰州熊蜂海藻糖代谢相关基因克隆及海藻糖酶启动子区域克隆。

**3. 为政府决策提供咨询服务与技术支撑**

主编出版《奇妙高效的农作物增产技术——蜜蜂授粉》《蜂业救灾应急实用技术手册》，参与农业农村部组织的《畜牧法》《全国养蜂业“十二五”发展规划》《全国养蜂管理办法（试行）》《农业部关于加快蜜蜂授粉技术推广促进养蜂业持续健康发展的意见》《蜜蜂授粉技术规程》（试行）（农业部办公厅文件，农办牧〔2010〕8 号）的起草编制工作。同时，参与中国工程院重大咨询项目《中国养殖业可持续发展战略研究》，负责《中国蜂业可持续发展战略研究》的编写工作。

参与种植业司牵头组织的《蜜蜂授粉与绿色植保增产技术集成应用示范基地总体实施方案》的制定工作，为蜜蜂授粉技术的集成应用与示范提供了强有力的技术咨询与支撑。

配合农业农村部分别组织召开北京蜜蜂为西瓜授粉现场会、四川省什邡市蜜蜂为油菜授粉现场会，普及了蜜蜂授粉增产技术，扩大了社会影响。

**4. 人才培养成效显著**

体系成立之初，本团队仅有研究员 1 名、副研究员 2 名、助理研究员 2 名、在读硕士研究生 2 名。通过十年的发展，本团队已有研究员 2 名、副研究员 2 名、助理研究员 2 名、在读硕士、博士 8 名、聘用人员 2 名，其中，李继莲同志还荣获“中国农业科学院青年英才”称号。一个年龄结构合理、专业知识互补、富有创新精神的团队已经形成。

虽然我们取得了一些成绩，但是，我们也清楚地认识到离国家和产业对我们的要求还是有较大的差距，还存在许多不足。例如，目前我国本地熊蜂周年繁育技术尚未彻底解决；蜜蜂授粉技术的社会认知程度还不够高；蜜蜂为农作物授粉的配套技术还需要进一步优化；团队为产业服务的意识还需要进一步加强；研究成果需要进一步熟化后在生产实践中尽早应用、推广；全国传粉蜂生物学研究与应用的协作尚待进一步加强；蜜蜂授粉产业化的体制与机制还需要进一步探索。我们坚信，有农业农村部的正确领导和大力支持，有团队成员的共同努力，我们一定能够顺利完成农业农村部交给的任务。

## 六、寄生虫病防控岗位——中国农业科学院蜜蜂研究所徐书法研究员

本人非常幸运能够来到中国农业科学院蜜蜂研究所工作，也非常自豪成为蜜蜂大家庭中的一员。在大家的帮助下，本人从体系的一名团队成员，成为骨干，再幸运地成长为蜂产业体系的一名岗位专家，除了个人的坚持和努力外，离不开许多前辈、同事和朋友的帮助。回想起来，在本人成长的每个重要阶段都得到了许多人无私的帮助，得到了同行、老师和朋友们的支持和鼓励。这其中一定凝聚着大家对本人殷切的期待，深感使命的光荣，深知责任的重大，从入行的第一天起，从来没有过一丝倦怠。

**1. 养蜂爱蜂，做像蜜蜂一样勤劳的人**

体系十年的工作中，每天耳濡目染的是蜂学前辈在蜜蜂理论与养蜂技术上的高知酌见，每天看到的是体系科学家、试验站长以及团队成员辛勤工作的背影，时刻感受到的是体系全体人员与同行们对蜜蜂和蜂产业的深厚情怀。可以说我就是在这样一个大环境下不断成长的年轻的蜜蜂人。对于这样的一个集体本人除了敬佩还是敬佩，只有以向前辈学习、努力工作才感心安。在前辈的感召下，本人对蜜蜂的感情也越来越深，蜜蜂已经成为生活的一部分，并立志把探究蜜蜂生物学的奥秘和为蜂业生产提供技术支撑作为自己毕生的事来做。要像蜜蜂一样每天都勤奋地工作，只为酿出一杯甘甜的花蜜。

**2. 要在实践中发现问题，科研选题离不开生产实践**

参加体系工作另一个重要的体会就是，作为一名科研人员要善于从生产中发现问题和解决问题，这一点非常重要，因为科研选题恰恰是从生产中凝聚出来的。目前，养蜂生产中存在着一些突出的问题，其中包括蜂产品污染和残留问题、蜜蜂爬蜂综合征防治困难问题，一直以来悬而未决。而这些问题的归结点其实就是一个，蜂群得病以后，不能对症下药，也不能科学地精准用药。蜂群得病以后，养蜂人员滥用药和乱用药，导致蜂群病害不但没有缓解还造成了较大程度的蜂产品及环境污染，病原的耐药性和抗药性也随之加大，生产上损失较重。这一问题既是老问题，也是新问题。老问题是因为只要养蜂，蜂就有可能会出现病害，这也是自然规律；新问题是因为近些年来，随着人民生活水平的提高及人们对抗生素过量使用会对人体造成较大的毒副作用这一事实越来越清楚，消费者对蜂产品质量要求越来越高，同时国家对抗生素的过量使用和对部分抗生素的违禁使用把控也越来越严格，蜂业生产需要更有效的环境友好型绿色防控药物。而事实是，市场上针对蜜蜂病毒病、螨害等常见病长期以来特效药物严重缺乏。所以，几年来自己都是把解决大小蜂螨危害问题、防治蜜蜂爬蜂综合征问题、几种严重危害蜜蜂健康的寄生虫防控问题等生产上的关键问题和蜂农关心的技术问题作为自己工作的目标，把攻克蜜蜂螨害防治技术难关和防控蜜蜂重要病毒病技术作为自己科研的方向，每次蜂产业体系培训时都会更多地从生物防治的角度培训蜂农提高科学防治蜜蜂病害的技术水平，在现场指导时也对蜂农强调加强饲养管理，通过饲养强群来也防治病虫害的重要性，提高蜂农科学使用蜂药的技术水平，收到了较好的效果。

**3. 修学笃行，扎根蜂业**

本人很喜欢一句话，“古人学问无遗力，少壮工夫老始成。纸上得来终觉浅，绝知此事要躬行”。本人对这句话的理解是，修学的态度很重要的一点是要强调笃行。学有所得，就要努力践履所学，使所学最终有所落实，做到知行合一。作为最前线的一名蜂业科研人员，特别喜欢“笃”这个字，认为“笃”字有忠贞不渝，踏踏实实的含义，更有像蜜蜂一样的品格，做事一心一意，坚持不懈之意。做到“笃行”很难，需要有明确的目标、坚定的毅力，踏实肯干，才能真正做到笃行。为此，从来所里工作至今，每年都会有几十天到蜂企业、蜂业合作社或养蜂场去调研，与一线蜂业人员交流沟通，掌握和了解蜂业生产中存在的问题，用自己的所学为养蜂生产解决实际问题。几年下来，与来自全国各地的 500 多名蜂农成为朋友，为上万名蜂农和技术骨干培训养蜂防病技术上百次，现场指导 200 余次，免费发放蜜蜂病害防控药物上万群，免费发放技术指导资料 600 余份，免费为蜂农诊断蜂病上千份，几乎每天都会接听蜂农电话并耐心解答蜂农提出的问题。

而这些也仅仅做到了大家所说的“笃行”的一小部分。要想真正地成为一名合格的蜂业科研人员，真正做到修身笃行，更重要的是要扎根蜂业，把自己全部的努力和汗水都无私地奉献给蜂产业，为我国蜂产业做大做强贡献力量。

## 七、细菌病与真菌病防控岗位——福建农林大学陈大福教授

**1. 体系的成立解决了全生产过程的技术问题**

进入体系前，本岗位对技术开发关注范围较窄，基本上是针对一个点上的问题进行技术研究与开发。参加体系工作后，随着调查研究的深入，对我国养蜂业现状了解的更加全面，同时受其他岗位的启发，解决问题的思路也更加开阔与全面。不但考虑把病害控制住，同时还要考虑到对蜂群管理的影响、蜂产品的药物残留与污染、应用上的便捷性等问题。更加关注病害控

制对养蜂及产品的安全性问题，尽量避免解决了一个问题又带来新问题的弊端。

**2. 组织形式合理高效**

产业技术体系这种组织结构是科研领域的一大创新。十年实践的结果是：减少了层层架构，做到了管理的最大“扁平化”，打破了各参与单位之间的“篱笆墙”，运转灵活高效，实践结果喜人。如果没有产业体系这种协作形式，为一个产业整合全国各种性质的单位，建立一个综合研究体，全国一盘棋，抓住核心问题组织全国力量、发挥各自优势与特长，同心协力予以解决，这在体系成立之前几乎是不可能实现的。这是科研体制改革新形势下的一种新型全国大协作，充分调动了全体参与成员和依托单位的积极性，提高了研究和推广的能力与效率，改变了科研力量分散、仪器设备重复建设、使用低效，以及由于互不通气造成的重复研究、较难开展大范围的综合研究和推广等弊端。有以下 4 个有利方面。

**一是有利于全产业技术力量的整合。**没有产业体系，不可能整合全国的相关领域的专家合力解决产业问题。

**二是有利于各方面专家的分工协作。**体系成立后，体系内各岗位专家联系紧密，在许多技术研究与开发上可以十分便捷的相互支持，相互启发，同时发挥各自专长，依托单位、团队的技术优势、仪器设备优势，共同解决瓶颈问题，加速了科研进度。

**三是有利于科研紧密联系生产实践。**岗位科学家与试验站的通力合作，技术开发工作事半功倍。如本岗位在开发研究中蜂囊状幼虫病诊断与防控新技术过程中体会极深。从取样到新制剂研发、疗效试验、安全性试验等全过程都得到了许多试验站的大力支持。特别是试验数据的获得，没有试验站的支持，不可能在较短的时间内同时在几个省开展试验，在短期内获得大量试验数据、完善制剂组方、调整试验方案然后再次开展试验，最后获得成果（该制剂获得国家发明专利授权）。最后的推广应用，同样在试验站的辛勤工作下，取得了理想的结果。

**四是有利于新观念、新技术的推广应用，更好地为蜂农服务。**体系工作中一项重要任务就是技术培训，经过十年的工作，效果已经初步显现。从蜂病防控岗位来看，没有进行系统培训之前，绝大部分蜂农不具备常见蜂病的诊断知识，更没有安全、科学用药的意识。他们仅能将蜂病简单区分为“烂子病”（幼虫病）和“爬蜂病”（成蜂病）2种，这对于用药几乎没有参考价值。因此，在蜂群生病时就会乱用和滥用药物，甚至把一些禁用药物也用于治疗蜜蜂疾病，造成严重的蜂产品污染问题。经过十年的技术培训，一部分蜂农已经掌握了常见疾病的诊断方法，并在正确诊断的基础上合理用药，有效提升了蜂病防控水平，增强了安全用药的意识，也降低了蜂产品的污染风险。本岗位在体系中虽然只对接了5个试验站，但在23个综合试验站中，本岗位先后在17个试验站中工作过。试验站在安排试验蜂场、组织蜂农开展培训方面给予了最大的支持。如蜂农培训，十年来本岗位在17个试验站中，举办了200场左右的蜂农培训，接受培训的蜂农万余人次，使得病害防控的新理念、绿色蜂药应用、蜂病防控规范等迅速推广到生产第一线，在生产上立即应用，很快取得成效。近年来，中蜂囊状幼虫病在一些省份得到全面控制，蜂产品中抗生素污染的情况在全国范围内明显好转，新技术、新蜂药的推广，与持续不断、大力度的蜂农培训有很大的关系。

**3. 体系任务制订科学合理**

每一阶段体系任务的制订，都在各岗位与试验站间经过充分研究讨论，群策群力，高度凝练，形成了体系重点任务；各功能研究室在体系重点任务的主干上结合生产实际，提出功能研究室重点任务；各岗位再分解岗位研发任务，与各对接试验站充分研究沟通后下达小试、中试、推广任务。大家职责明确，分工协作。这种形式充分发扬了科研民主，任务实施过程中推诿扯皮现象基本不存在，最终保证了任务的按时保质完成。

**4. 科研经费资助持续稳定**

持续稳定的经费资助对产业生产技术问题的解决，以及新技术的开发都是极为重要。

**一是**岗位科学家与试验站不用把大量时间消耗在争取项目经费的过程中，同时可以制订一个较长期的科研与技术开发规划，安安心心、踏踏实实做好每一年的工作，完成每一个阶段性任务。蜂农既获得了产业技术提升，也获得了产品质量提升和生产水平提高，消费者获得最大的实惠。

**二是**有利于岗位科学家更全面的了解与掌握全国范围内蜂产业的实际状况。参加体系前的几十年，虽然借助一些机会跑了一些蜂场，接触了一些生产实际，但与体系工作这十年相比，连零头都不到。这十年来通过对各类蜂场、各种养蜂模式、各种产品生产的调研考察以及众多蜂农的访问座谈，本岗位对我国的蜂产业有了更全面的认识与体会，对蜂农的需求也有了更深切的感受。

由于加强了与养蜂一线的联系，使科学研究的目标更为明确。由于体系工作的需要和经费的支持，有了更多的机会和时间深入一线养蜂场，接触更多的养蜂员、合作社和基层协会组织，更为全面真实地了解到养蜂一线的基本状况和技术需求。因此，在体系岗位的研究内容中，相当一部分是来源于生产一线的需求，研究成果也能及时应用到生产第一线。在体系工作中总结出：蜂产品的污染主要是抗生素的残留，而抗生素的残留来源于蜜蜂病虫害的防治，蜜蜂的健康饲养是解决抗生素残留、生产安全蜂产品的关键的观点，提出一套蜜蜂健康养殖的新观念与关键要点。近年来通过培训进行大力推广，现已被广大蜂农接受和运用。

**三是**有利于岗位科学家和试验站站长自身的成长、团队发展和科研水平提高。参加体系工作十年来，通过优化组合，本岗位团队更趋合理，参与人员成长迅速。随着体系工作的深入，研究工作的不断积累，科研水平不断提升，发表文章的数量与质量都有了较大的提高，基本做到了体系提出的“顶天立地”的要求。因为有体系专项建设经费的支持，可以对本岗位相关的各种蜜蜂疾病及其病原系统地开展基础性研究，并取得较为丰硕的成果。10年来，共发表学术论文 52 篇（其中 SCI 收录 16 篇，中文权威期刊 12 篇），出版专著 4 部，获批专利 9 项。同时，也有更多的机会将科研成果放到蜂场去开展中试，以便在一线养蜂生产上应用和推广。

**四是**有利于完成农业农村部交办的其他任务。本岗位参加体系工作后，被遴选参加了农业农村部畜禽资源委员会蜜蜂分委会委员和农业农村部兽药评审中心蜂药评审专家。在全国蜜蜂资源普查的基础上，参加了畜禽资源委员会全国蜜蜂资源的现场审核工作，参加了《中国畜禽遗传资源志：蜜蜂志》分册的编写工作，按时保质完成任务；参加了资源委员会的藏区中蜂资源的调查。参加兽药评审中心《蜂药田间试验指南》的编写工作和新申报蜂药的评审工作。

## 八、营养品质评价岗位——浙江大学胡福良教授

时间过得真快，加入体系，成为“体系人”已经整整十年了。回顾这十年走过的道路和取得的成绩，真可谓感慨万千。可以这么说，是体系成就了我们团队，也是体系让我们融入行业。我们为能进入体系而感到庆幸，同时能为行业做出我们应有的贡献而感到欣慰。

**1. 行业需求是我们科研的原动力**

我国是世界第一蜂产品生产大国，但长期以来蜂产品质量存在着许多问题，其中最大的问题是假冒伪劣产品充斥市场，使真产品的价值难以体现，蜂农及蜂企的合法权益难以保障。以蜂胶为例，蜂胶的化学成分十分丰富，生理药理活性广泛，是近二十年来国内外蜂产品乃至天然产物研究开发的热点之一。然而，蜂胶的生产受到蜂种、采胶方式以及胶源情况的影响，产量相对较低，处于供不应求状况。我国蜂胶的植物来源主要以杨属和其杂交属的芽苞分泌物为主，因杨树芽提取物与杨树型蜂胶提取物在感官和理化指标上极其相似。受利益驱动，市场上出现了在蜂胶中掺入杨树胶，或以杨树胶冒充蜂胶的现象，大量“假蜂胶”充斥着市场，严重困扰着蜂胶产业的发展。而之前的蜂胶国家标准和行业标准在质量控制方面，主要针对类黄酮和多酚两大类成分，而这两类成分杨树芽提取物与杨树型蜂胶同时存在，这使得区分蜂胶和杨树胶变得相当困难。

在体系项目的资助下，经过多年攻关，我们创立了基于水杨苷和邻苯二酚的 HPLC 蜂胶与杨树胶的鉴别方法和多指标成分定量结合指纹图谱定性的中国蜂胶质量评价方法，该方法能准确有效地鉴别蜂胶与杨树胶，以及蜂胶中是否掺入杨树胶。在此基础上，我们牵头制定了蜂胶真伪鉴别和标志性成分检测的国家标准与行业标准，解决了困扰蜂胶行业十多年的技术难题，对净化蜂胶市场，打击假冒伪劣产品，促进蜂胶产业的健康发展发挥了重要作用。正是有了行业需求这一原动力，才使得我们的研究接地气、有成效。

**2. 体系为我们大协作，出大成果成为了可能**

蜂行业虽然不大，但“五脏俱全”，行业中存在的许多问题均涉及产前、产中和产后各个领域，之前大家都是单兵作战，各自为政，很难全方位地从根本上解决问题。比如，我国蜂产业长期存在的生产效率低、质量安全问题突出、加工工艺落后、产品附加值低等关键技术难题，需要多单位、多专家、全方位的合作。正是由于有体系这样的平台，使得这种合作成为了可能。我们与中国农业科学院蜜蜂研究所、河南科技学院等多家单位合作，取得了“蜂产品优质安全生产全程控制与增值加工新技术及其应用”成果。该成果包括通过多王同巢群组建和应用技术，多功能取浆机研制，巢内消毒、定量繁蜂技术，推动了蜂群健康管理和高效安全生产模式的变革；通过系列蜂产品质量安全评价技术的发明，蜂产品主要危害因子残留限量的设立和相应的识别技术的建立，为蜂产品质量安全监控和提升提供了技术支撑；通过蜂胶低温湿法超微粉碎技术、不结晶蜂蜜生产技术及装备和功能性复合蜂产品生产加工技术的发明，6 种功能性蜂产品的研制成功，显著提升了我国蜂产品深加工水平。该成果集成了授权发明专利 38 项，论文 86 篇（SCI 42 篇），著作 14 部，行业标准 9 项。成果技术在北京、四川、河北、浙江等 22 个省市的 1 100 余家养殖、加工、流通和监测单位应用，产生了巨大的社会经济效益。成果为提升我国蜂产品质量安全和深加工水平、促进国内外贸易、保障消费安全和蜂产业可持续发展做出了突出贡献。该成果荣获 2017 年度国家技术发明二等奖，这也是时隔 22 年我国蜂业界再次获得国家奖。可以说，没有体系的大协作、大联合是不可能出大成果的。

**3. 做好体系工作的几点体会**

**一是体系重点任务的设立要针对产业中存在的短板，解决产业的关键性瓶颈性问题。**

以蜂产品相关领域为例，虽然我国是世界第一养蜂大国，蜂产品的资源十分丰富，但长期以来存在着蜂产品质量差、兽药残留严重、假冒伪劣产品充斥市场和深加工技术落后、产品附加值低等突出问题。因此，亟待我们蜂产业技术体系研建一批蜂产品质量安全监测预警与全程控制技术标准，建立蜂产品真实性分析及溯源技术体系，研发新方法、新工艺、新产品，提高我国蜂产品质量安全水平，提升我国蜂产品加工技术水平和市场竞争力。因此，我们对“十二五”和“十三五”的重点任务分别有针对性地确定为“蜂产品质量安全与增值加工技术研究与示范”和“蜂产品安全监测预警与质量控制、评价关键技术及新产品开发”。通过联合攻关，成效显著，说明重点任务选对了。

**二是做好体系内外、研究室内外的协调与协作，做到既分工明确，又分工不分家。**

产业技术体系是一个系统工程，贯穿于产前、产中和产后的全产业链。比如，蜂产品的质量安全（农兽药残留）不单单是产后的问题，与蜂群健康（用药）密切相关，而蜂群健康又与蜂种、饲养管理密切相关，不从源头着手，单从加工角度是难以解决问题的。体系的工作还涉及与其他产业的联系与合作，比如，蜜蜂授粉就必须与作物、果蔬相关的体系合作。同一研究室内的各个岗位之间就更需要通力合作了。这就需要首席科学家、研究室主任做好协调工作，使体系之间、研究室之间、岗位专家之间既分工明确，又团结协作，分工不分家。

**三是做好体系工作需要“顶天立地”，但“立地”是本，“顶天”的目的是为了“立地”。**

体系的根本宗旨是为产业服务，解决产业的实际问题，但有许多难题不是轻易就能解决的，需要基础性研究这一“顶天”来做基础。以蜂胶的真实性鉴别为例，我国蜂胶的植物来源主要以杨属和其杂交属的芽孢分泌物为主，杨树胶（假蜂胶）与杨树型蜂胶提取物在感官和理化指标上极其相似，大量“假蜂胶”充斥着市场。多年来，国内外许多学者采用了多种方法一直解决不了蜂胶真伪鉴别这一难题。我们开展了大量前瞻性的基础研究，探明了蜂胶与杨树胶的差异成分与生物转化机制，完成了“顶天”之后，创立了基于水杨苷和邻苯二酚的蜂胶与杨树胶的鉴别方法，并牵头起草了国家标准，终于解决了这一技术难题，从而得以“立地”了。

## 九、药物残留监控岗位——中国农业科学院蜜蜂研究所吴黎明研究员

自 2008 年蜂产业技术体系成立以来，“兽药残留与控制”岗位全体成员

紧密围绕体系及本岗位各项任务，积极开展各项工作，按时足额或超额完成各项任务，取得了较好的成绩。

团队紧密围绕我国蜂产品质量安全系列问题，尤其是兽药残留现象突出、严重影响产品质量和国内外贸易的问题，在新型分析方法建立、兽药残留代谢及使用规范、高效低残留药物或消毒剂研发、蜂产品品质评价、蜂产品质量安全过程控制等方面展开了系统研究和应用，成果获 2017 年度国家技术发明奖二等奖、2014—2016 年度全国农牧渔业丰收奖一等奖、2014—2015 年度中华农业科技奖一等奖、2017 年度河南省科技进步奖二等奖和 2012 年度北京市科学技术奖三等奖，为有效提高我国蜂产品质量安全水平提供了技术支撑。

现将十年内积累的经验与心得体会总结如下。

**1. 稳定的经费支持使科研人员不用再为课题四处奔波，得以安心围绕产业需求和学科发展开展工作，促进了学科发展，解决了一些产业需求问题**

目前，我国的科研经费大致分为两类，一类是通过竞争获得的经费支持，占据了科研经费总量的很大份额，此类经费多数项目要求在短期内出成果，如 2 ～ 3 年或至多 3 ～ 5 年完成，未能或难于对长期稳定的科学研究与技术开发工作提供持续支持。第二类经费则是通过财政拨款，支持一些研究与开发平台及团队长期稳定的研发工作，如对国家重点实验室和一些国家或地方科研院所的定期拨款。

蜜蜂产业在畜牧业中属于小学科，在国民经济中处于弱势地位，在目前项目整合的背景下，很难单独获批竞争性大项目。2008 年以前，团队成员为申请课题疲于奔命，课题小而散，来什么课题做什么内容，常由于经费和课题任务等因素，难以围绕一个方向展开系统性研究，也无法对发现有苗头的技术难点进行深入挖掘，进而形成系统性成果。

以本岗位兽药残留代谢规律研究为例。兽药使用后除直接污染蜂产品，可在蜜蜂—巢脾—蜂产品系统中蓄积、代谢，并对贮存于其中的蜂产品造成二次污染，开展此项工作周期长，是一项偏基础性的工作，这在获得稳定支持经费前是很难实现和开展的工作。2008 年蜂产业技术体系建立后，在每年 70 万元经费的稳定支持下，团队围绕兽药残留与控制岗位主要任务，开展了历时 3 年以上的兽药在蜂巢系统及蜂产品中残留代谢规律研究，提出了四环素、红霉素和氟胺氰菊酯三种兽药的使用技术规范，有效缓解蜜蜂无药可用的现象，降低了蜂产品兽药残留超标率，提高了蜂产品质量安全水平，也促进了蜂产品质量安全学科的发展。

**2. 体系凝聚了行业内众多专家学者，大家相互借鉴学习，围绕着产业急需解决的问题，分工合作，迅速突破技术瓶颈和取得科研成果**

蜂产业技术体系集结了产前、产中和产后领域的全国知名专家，大家对本团队提出的问题和请求都给予了非常热情的解答和帮助，促进了团队工作的开展。

本岗位所在的病敌害防控研究室在研究室主任余林生教授的带领下，经常开展技术与经验交流，相互之间能借鉴到很多良好的经验并开启科研思路。如 2017 年下半年江浙一带出现蜜蜂不明原因死亡现象，病毒岗专家郑火青教授在初步查明治螨药物中可能存在高浓度农药的情况下，迅速召集细菌病新老两位岗位专家梁勤教授和陈大福教授、兽药残留岗位专家吴黎明研究员，于 2018 年元旦在浙江大学召开研讨会，并分派任务、分工协作，分别开展药物分析、蜂群室内毒性测试和蜂场现场测试等工作，查找到了可能的原因并采取针对性措施。2018 年在南方发现蜂箱小甲虫为害后，病虫害研究室主任余林生教授组织研究室专家在海南召开现场会，商讨防治和预防蔓延的对策，并向体系首席科学家和中国养蜂学会提交情况汇报。

研究室间不同岗位专家的合作促生了 2017 年度国家技术发明奖。围绕着优质蜂产品安全生产、加工与质量评价这个命题，本岗位连同蜂产品深加工岗位彭文君研究员、蜂产品评价岗位胡福良教授以及新乡综合试验站站长张中印教授为主的专家，联合其他相关体系内外专家，对存在的问题进行仔细剖析，分工合作，展开联合攻关，最终在产前高效蜂群饲养和蜂产品安全生产、产中蜂产品安全加工、产后蜂产品安全性评价等方面获得突破，形成的系统性成果获得国家技术发明二等奖，这是时隔 25 年来养蜂界再获国家奖，完全得益于体系内外专家们的精诚合作。

“一人多能”并不符合团队快速发展的需求，每个人聚焦不同的研究目标和任务，才是保障项目成功的关键。

**3. 体系凝聚了众多试验站、示范县和技术推广对象，使实验室技术能迅速用于生产实践，转化为生产力；同时，试验站提出的技术需求也为科研提供主方向**

农业科研的目标之一是为农业高效生产提供服务，其科研选题应扎根于生产实践，科研成果应用于大地。体系设置众多的试验站、示范县和技术推广对象，正好迎合和满足了这种需求。

岗位专家通过经常到试验站调研，甚至直接下到示范蜂场了解情况，与蜂农直接进行沟通是了解养蜂真实现状和需求的快捷途径；发放问卷调查也不失为一种办法。但无论哪种途径，都要想办法让蜂农把你当朋友，放下戒心才能得到真实信息，尤其是本岗位所在的兽药残留信息更是一个敏感话题。经过体系多年的宣传推广，多数蜂农对于兽药，尤其是禁用药物品种及其使用规定是清楚的，如果调查者高高在上或者当面记录，蜂农多半不会说实情。我们去蜂场时，通常要先跟他唠唠家常，站在他的立场上想问题，了解他为啥要用药，熟悉了蜂农之后自然也就说实话了。蜂农使用兽药的多半原因是预防疾病，也有蜂群染病乱用药的情况，其核心点就在于目前蜂群无适合药物可用。试验站和蜂场的这种需求，催生了本岗位"十三五"的重点研发任务，即蜂用消毒剂及其使用方法、无抗营养液研究。

试验站和试验蜂场为研究成果和材料的有效性验证提供了很好的平台。本岗位的群内消毒剂及其使用技术，有抗螨作用的发酵液提取物在几个试验站，尤其是新乡、金华、海口试验站得到了有效性试验，也为进一步推广应用奠定了基础。

**4. 凝神建设团队，延续发展力量**

我们团队牵头获得国家奖的事项彰显了一个道理："团队的力量是项目成功的最大因素。"人心齐，泰山移，"人和"是团队力量彰显必不可少的因素。"人和"并非简单意义上的"团结"，而是很多人的"坚持"和"放弃"。

团队为了长期发展，制订了较为完善的建设方案，由老同志指导青年科研人员完善计划。目前团队 5 个青年骨干中，一人入选中国农业科学院青年科技创新人才，其余四人均在入职两年内获得国家基金资助，指导的多名研究生获得国家奖学金和优秀学位论文奖；积极组织学术交流活动，动员团队成员和青年学者“走出去”，注重学科交叉，拓展科研视野；鼓励和协助青年人积极申报并主持各类项目，提高自主科研的能力。兽药残留与控制岗位已经形成了梯度合理的科研团队，为后续发展奠定了良好的基础。

**5. 宣传是彰显体系综合影响力的重要途径**

“酒香也怕巷子深”，尽管蜂体系 10 年来为我国蜂业发展做出的成绩和贡献为多数人认可，但依然有不和谐的声音传出。这可能是与个别人对体系工作的定位不清楚有关的，以为体系的经费就是直接的蜂农补贴，因此，加强体系宣传工作、扩大体系影响力至关重要。10 年来，我们团队在蜂产品质量过程控制、兽药残留规定和蜂群用药、兽药残留检测与控制、精准扶贫、蜜蜂文化等方面的宣传卓有成效。在各试验站和相关岗位专家的支持配合下，召开多期技术人员和蜂农培训会，相关活动通过电视台、报纸、杂志和网络媒体进行了及时的报道，并得到了良好的社会反应，其主要原因在于我们重视与杂志、媒体的交流与配合。

我们的获奖成果也通过各种媒介进行了有效宣传，扩大了体系知名度，也使成果能够扎根于产业。

**6. 岗位专家之间、岗位专家与试验站之间的合作仍需进一步加强**

学科交叉是促进科技进步和成果产出的有效途径，团队目前与部分岗位专家、试验站展开了紧密合作。下一步，应更大范围扩大体系专家、体系外专家间的合作，争取更大的产出。

## 十、病虫害风险评估与综合防控岗位——安徽农业大学余林生教授

以产业需求为技术导向，狠抓技术成果的产出以及应用推广和示范，确保成效的可跟踪和追溯，最终推动产业健康和可持续发展。在项目实施过程中课题组积累了大量组织管理经验与体会，主要为：

**1. 全面依托蜂产业技术体系团队，贴近蜂农，以最终推动行业技术储备和应用为目的研究和工作**

组建跨部门（中国农业科学院农业质量标准与检测技术研究所）跨学科（昆虫、信息、风险评估）团队，成立以岗位科学家总负责下的集体会商制，

岗位科学家对技术、管理和实施总体把关，指导项目开展和及时调整研究方向。同时项目全面依托在主产区设立的23个综合试验站，主要为金华、扬州、合肥、新乡、海口、泰安、武汉综合试验站来全面传递研究和工作，做到技术能真正为蜂产业解决客观存在的实际问题，同时做到技术成果能为蜂农所理解、接受和运用。

**2. 建立信息和资源管理平台，为产业可持续发展提供基础服务**

项目实施过程中注重阶段性成果的总结，同时将成果及时用于调整课题研究的整个过程中，虽然研究方向较新，且未有充足经验但也能保证课题质量和进度。另外，将所有与项目分工、进度、实施和成果相关的资源和信息在课题组内部及时共享，建立课题组信息和资源管理评估，便于动态管理项目进展，同时达到分工明确、布局合理、资源集成、成果共享的目的。为紧密围绕蜜蜂病虫害风险评估研究和工作，蜂产业技术体系2011年就开始研发“蜜蜂病虫害风险监测、评估及预警平台”，在充分整合现有蜜蜂病虫害相关信息基础上，充分调动23个和综合试验站积极上报我国蜜蜂病虫害实际发生和用药等相关信息，为实现蜜蜂病虫害风险评估积累重要的数据资源。

**3. 按产业技术体系相关规定办事**

课题主持单位和主要参与单位严格按照《现代农业产业技术体系信用管理办法》《现代农业产业技术体系人员考评办法》《现代农业产业技术体系建设专项资金管理试行办法》等规章制度办事，并对课题进行监督和管理。另外，对形成一定自主知识产权的成果严格管理，安徽农业大学独立承担部分归其独有，中国农业科学院农业质量标准与检测技术研究所部分研究成果与主持单位共同拥有。同时，制定相应的评价标准，每年对各子课题的实施和进度进行年度评估，旨在有效地促进课题顺利实施。

**4. 加强了与养蜂一线的联系，使科学研究目的性更为明确**

由于体系工作的需要和经费的支持，有了更多的机会和时间深入一线养蜂场，接触到更多的养蜂员、合作社和基层协会组织，更为全面真实地了解到养蜂一线的基本状况和技术需求。因而，在体系岗位的研究内容中，相当一部分是来源于生产一线的需求，研究成果也能及时应用到一线。稳定的经费支持使科研人员不用再为课题四处奔波，得以安心围绕产业需求和学科发展开展工作，促进了学科发展，解决了一些产业需求问题；体系凝聚了行业内众多专家学者，大家可以相互借鉴学习，围绕着产业急需解决的问题，分工合作，迅速突破技术瓶颈和取得科研成果；体系凝聚了众多试验站、示范县和技术推广对象，使实验室技术能迅速用于生产实践，转化为生产力；同时，试验站提出的技术需求也为科研提供主方向。

**5. 技术培训已见成效**

体系工作中一项重要任务就是技术培训，经过十年的工作，效果已经初步显现。没有进行系统培训之前，绝大部分蜂农不具备常见蜂病的诊断知识，更没有安全、科学用药的意识。在蜂群生病时就会乱用和滥用药物，甚至把一些禁用药物也用于治疗蜜蜂疾病，造成严重的蜂产品污染问题。经过十年的技术培训，一部分蜂农已经掌握了常见疾病的诊断方法，并在正确诊断的基础上合理用药，有效提升了蜂病防控水平，也降低了蜂产品的污染，增强了安全用药的意识。

养蜂专业化程度较低、养殖场地分散不固定、蜜蜂作为环境靶标生物的敏感性、登记蜂药较少及用药不规范、动物养殖与气候环境关联很强等使得蜂产业的行业特殊性非常明显。一旦病虫害发生就会导致用药违规、蜂产品中抗生素（抗菌药物）超标及蜂产品掺假等久治不绝的问题。因此，实施病虫害及农药影响蜜蜂健康风险评估的必要性也就更为迫切和突出，只有源头评价加以定向阻控才是解决蜂产业发展的根本出路。通过国家蜂产业技术体系近十年来的努力，在替代药物研发、病虫害定向防控和蜂产品中污染物筛查识别手段等技术层面，以及制度规范建设、研究方向明确和研发团队专业性提升等体系层面上均取得了一定成绩，也积累很多经验。同时也体会到在蜜蜂学科发展依然相对封闭，专业化研究团队依然薄弱，在学科融合与交叉上存在一定问题，既不利于研究也不利于成果产出。同时，欧盟等国外发达组织及国家通过设立专项来推进蜂产业发展，而我国目前尚未通过国家重大专项等关注该领域的发展。

## 十一、产品质量控制与安全评价岗位——中国农业科学院蜜蜂研究所李熠研究员

本人于2016年新增为体系岗位科学家，算是体系的一位新兵；但作为体系成立伊始即作为一名骨干参加体系工作的研究人员，体系见证了我个人的成长。随着上对农业农村部对体系的政策要求的逐步清晰，下对蜂业产业现状和科技需求的日益掌握，我对产业体系这份工作有了越来越多的认识，深感体系的创立是农业农村部在农业科技方面的大手笔、大贡献，尤其对蜂业科技的发展起到了不可估量的作用。不敢说经验，现从以下两个方面谈谈我的心得体会。

**1. 科学家要讲政治**

蜂业长期由于行业小，产值低，被视作非必须日常消费品，“粮食安全”“菜篮子工程”哪个筐都装不进去，导致蜂业在农业中长期处于无人过问的境地。但在2007年，随着习近平总书记对“蜜蜂授粉”的批示，加上近几年农业供给侧结构性改革和“健康中国2030年规划”的提出，以及扶贫攻坚工作的开展，蜂业获得前所未有的重视。2017年习近平总书记在给中国农业科学院建院60周年的贺信中提出“三个面向”“两个一流”和“一个整体跃升”的要求，为中国农业科技未来三十年提出了努力方向。作为蜂业行业的科技人员，尤其是蜂产业技术体系的岗位科学家，一定要把面向蜂业科技的主战场，面向蜂业的重大需求作为自身的重大使命，一定要把科技扶贫作为体系的重要工作。在体系首席科学家、执行专家组和功能研究室主任的带领下，把使命扛在肩上，把责任揽在身上，不忘初心，迎难而上，把本职工作做好。

作为产品质量控制与安全岗位科学家，讲政治主要体现在两个方面。

**一是**直面行业重大质量安全科技问题攻坚克难，不能回避。质量安全问题是当前困扰蜂业健康发展的核心问题，自2002年氯霉素事件造成欧盟禁运以来，国际国内对国产蜂蜜掺假和兽药残留问题的诟病不绝于耳，国际上每年进口蜂蜜以约70%的增幅冲击我国高端消费市场，在国内外消费者眼中，中国蜂产品业已成为“劣质产品”和“问题产品”的代名词。中国蜂业

由大变强举步维艰，蜂产品质量问题直接影响中国制造2025战略计划。国内蜂农和诚信经营的企业生存无比艰难，在这种情况下开发蜂蜜掺假鉴别技术和兽药残留快速检测方法，保护行业秩序，降低生产经营成本就是最大的政治，本岗位工作就需要突出使命担当，围绕当前困扰行业发展的这两大痼疾开展科技创新，保护行业健康发展。

**二是**食品安全问题一头关乎消费者健康，另一头关乎行业稳定，是敏感领域，说与不说都是讲政治，该说的时候一定要说，比如关于蜂王浆的雌激素不当言论，关于对蜂产品兽药残留抽检的解读，关于参与国家食药部门、卫生部门对蜂蜜相关标准和管理政策的制定，是一定要发声的。本岗位近五年的确在这方面做了一些工作，也清晰表达了体系的观点；不该说的也一定不能乱说，质量安全的数据和论点都是敏感的事物，不成熟的结论，不清晰的观点，说出去对行业添堵的论点都需要持非常谨慎的态度，这也是讲政治的表现。

2. **集中力量办大事**

体系的工作布局真正体现了产学研用结合，集中力量办大事的设计理念。

第一，长期坚持应用科技创新。体系在长期性应用科技创新方面体现出它独到的机制优势，本人所在单位之前的科研项目由于经费少，参与的单位和人员多，且不同的项目由于查重等要求，致使研究方向和研究内容不断地在调整，导致每个课题组实际从事课题研究的经费往往不足，对所研究的内容往往不够深入，不够彻底，对研究结果的应用投入也不够，导致每项研究往往是以发表了论文、专利就结题了账，最后关注的问题实际上还是没有解决。体系则不同，岗位科学家的任务一旦确定，至少可以有连续五年时间来开展研究，有些甚至可以延续十年以上。经费等资源的配置也可以由岗位专家自行确定，同时技术体系作为岗位工作，可以以该项工作为基础，推动相关研究项目的申报立项，不存在重复申报问题，即撬动多块科技资源集中对某项科技任务进行攻关。

第二，长期坚持所地企农四方合作。岗位科学家对接试验站的模式使至少是体系重大任务真正能做到走出实验室，落地在蜂业生产上，通过综合实验站的桥梁作用，一方面可以使科学家和企业合作变得更加顺利，对科技成果的实用性起到很好的矫正作用，另一方面企业和地方对技术的需求可以无障碍地由科学家接收到，为岗位下一步技术研发提供明确的方向，也使得科技成果具备高转化力。以产品溯源技术为例，科学家团队起始从事的是大宗蜜源洋槐、荔枝、椴树蜂蜜的鉴别，通过与试验站对接，发现虽然通过研究在技术上可以解决以上品种蜂蜜的区分，但现实生产中以上几个蜜种不存在相互假冒的问题，因此和各试验站对接后，团队调整了研究方向，转向研究冬蜜和乌桕蜜的鉴别，以及洋槐蜜和油菜蜜的鉴别技术问题。

## 十二、营养与饲料岗位——山东农业大学胥保华教授

体系成立 10 年来，本人作为岗位专家直接参与其中，遍尝苦乐甘甜，在以下 6 个方面取得一定的经验和体会。

**1. 充分认识体系设置的意义和工作要求**

正如张桃林副部长在 2016 年全国农业科技教育工作会议上指出的那样，国家现代农业产业技术体系要把握体系独特定位，在支撑产业发展、引领技术创新方面取得成效，说到底就是服务于产业发展，要立足于产业需要的关键技术进行突破。研发的关键技术必须实用，蜂农、企业真正能够用得上，所研究的关键技术成果要随时、就地进行转化。平时工作要以国家蜂产业技术体系建设为抓手，瞄准制约蜂产业发展的技术难题，调动各方面的力量，争取形成促进蜂业发展的合力。在体系建设过程中，要加强产学研的结合，注重产业信息收集、技术档案的建立，加大养蜂示范基地的建设力度。

**2. 善于创新工作机制和工作方法**

由于国家蜂产业技术体系建设涉及面广，协调方方面面的力量投入体系建设中来就显得很重要。尤其是在科研组织管理模式上，注重把行业内外的相关人员吸收到体系内工作，使产学研协作更加紧密，从而实现蜂产业的科技大协作，推动技术体系对现有条件和资源的整合利用。在体系建设过程中，无论是岗位专家还是团队成员，工作的心态必须平和，既不能工作拖沓，也不能急功近利。经费的使用要合理，钱花出去必须有成效、有价值。必须动员相关人员、蜂农等考察体系的建设情况（包括示范蜂场的建设），

召开现场会就是一个很好的推广方式。必须发挥政府的引导和推动作用，示范蜂场的示范作用。在人员管理方面，充分调动各位团队成员的积极性，在职称晋升、工作考核时对参加体系建设的人员在工作量核定、业绩考核标准方面予以适当考虑和关注。

**3. 搞清楚自己所在岗位的工作任务十分重要**

本人所在的岗位是蜜蜂营养与饲料。体系成立之初，全国蜂饲料产业存在无统一营养标准、饲料质量千差万别、饲喂效果参差不齐等问题；出于成本考虑，蜂农购买蜜蜂饲料的积极性不高；蜜蜂饲料生产企业规模小，设备落后，销售量少，效益低下；无论是饲料企业还是蜂农，配制蜜蜂饲料时缺乏理论依据，科学性不强，凭经验配制者居多。针对以上问题，蜜蜂营养与饲料岗位的重点任务是研究蜜蜂营养需要和饲料配比及加工工艺。我们也十分重视基础性工作，并适度开展了前瞻性研究工作。在基础性工作中，建立了蜜蜂饲料原料及成分数据库，为我国不同生态区域的蜜蜂饲粮配制提供了基础数据依据，主要包括蜂花粉、蜂蜜、维生素和矿物质原料的种类和成分数据。在前瞻性研究中，开展了蜜蜂抗逆、抗病以及与营养代谢相关基因的研究工作，分离克隆出 40 个蜜蜂抗氧化和营养代谢相关功能基因，根据不同基因的特征，通过多种胁迫条件下的表达特性分析，免疫组织化学定位、基因的抑菌活性及酶活性测定等生物学实验，并通过体外转录技术成功实现了部分基因功能的沉默，为进一步研究基因的功能打下了基础。

**4. 要了解产业发展的趋势并提出产业发展建议**

在开展技术研发和关键技术攻关的同时，了解产业发展趋势很重要。体系成立之初，我们团队就敏锐地意识到，今后蜂农使用蜜蜂配合饲料的积极性会有所提高，这样会使蜜蜂饲料生产企业增加产量，并不断调整配方，蜂饲料产业会有一个较大发展。随着对蜜蜂营养需要研究的不断深入，蜜蜂饲养标准的逐步建立，春繁饲料、复合维生素及矿物质添加剂、酶制剂、微生态制剂等的使用量已逐年增加，但蜂饲料产业要形成规模还有很长的路要走。蜂饲料产业与养蜂业的发展密切相关，在调查研究的基础上，本团队提出了蜂饲料产业发展建议：一是大力开发蜂饲料蛋白质饲料资源；二是加强蜂饲料营养基础研究；三是努力提高蜂饲料的质量。只有提高蜂饲料的质量，降低蜂饲料的成本，才能扩大销售量，从而更好地开发蜂饲料市场。

**5. 研究开发蜂农可用的产品和技术，重视技术培训**

本岗位的重点任务面向一线，因此我们开展了蜜蜂饲料研究，研发了西方蜜蜂春繁浓缩料、西方蜜蜂秋繁浓缩料、中华蜜蜂春繁浓缩料、西方蜜蜂预混合饲料等符合蜜蜂营养需要的代花粉饲料配方及工艺，制定了4项蜜蜂饲料企业标准。针对蜂农提出的果葡糖浆能否作为越冬饲料喂蜂的问题，本团队通过试验获得了明确的结果——果葡糖浆不能作为越冬饲料喂蜂。“十二五”期间共研发的6项蜜蜂饲喂和饲养装置获实用新型专利授权。在应用技术研究中，本团队制订了西方蜜蜂规模化定地饲养技术方案，该技术方案很好地与生产实际相结合，告知蜂农要根据各自蜂场的人员数量、年龄结构、文化程度、经济状况、生态环境尤其是蜜源条件，因地制宜组织实施。通过在江苏、山西、宁夏、山东等省区建立的8个西方蜜蜂规模化饲养示范蜂场，有力地扩大了技术传播。本团队综合以往和“十二五”期间对意大利蜜蜂春繁阶段、产浆阶段、越冬阶段和发育阶段营养需要的研究结果，提出了意大利蜜蜂在不同阶段的营养需要建议标准，有力地促进了养蜂生产。积极开展蜂业标准制定工作，本岗位专家团队起草制定的6项地方蜂业标准，已经由山东省质量技术监督局发布，对地方蜂产业发挥了重大作用。重视对蜂农的培训工作，本岗位团队已经在全国各地共开展蜂农技术培训蜂农上万人，培训内容主要是蜜蜂的健康养殖、福利饲养、基础管理和四季管理、营养与饲料、蜜蜂保种技术和系谱档案建立、标准化蜂场建设与巢蜜生产、养蜂生产方式选择等内容，推动了蜜蜂的健康养殖。

**6. 构建一支结构合理的技术研发服务团队**

要做好体系工作，必须有一支能攻关、善服务的科研团队。体系成立之初，本团队研发力量相对不足，我们根据情况及时吸收了山东农业大学生命科学院郭兴启教授加盟团队，大大增强了团队实力。人是第一要素，构建年龄、职称、学历、学缘结构合理的专家团队至关重要。我们团队年龄结构合理，目前团队成员有2名教授、4名博士。在分工方面，岗位专家负责组织落实和统筹安排岗位任务的执行和完成，其他成员分别负责重点任务、基础性工作和前瞻性研究等，有一名年轻成员负责团队体系运行中的事务性工作。相互配合，衔接有序，有力保证了体系任务的完成。

## 十三、蜂箱与蜂巢岗位——云南农业大学董坤教授

自体系成立以来，本团队围绕体系重点任务、基础性工作、前瞻性研究、应急性任务和扶贫任务五个方面，积极开展各项工作，按时完成各项任务，认真抓好团队建设，随整个蜂产业体系的建设和发展一道前行。"十一五"和"十二五"期间本团队在蜂箱与蜂巢岗位科学家和绍禹教授的带领下主要完成了华南、西南片区中蜂规模化饲养技术的集成与示范，使人均饲养规模得到了大幅度提升。"十三五"期间，本团队在董坤教授的带领下，主要开展了华南、西南片区中蜂健康高效养殖技术的集成与示范，在规模化饲养的基础上以期实现养蜂效益的进一步提升。现将十年里积累的经验与心得体会总结如下。

### 1. 工作开展有章可循

任何工作的开展都需要制订计划、抓好落实，才能取得成效。本团队在工作开展方面始终坚持年初有计划、年中考核、年末有总结的三步走方针，力求稳中求进、保质保量地完成每年的阶段性工作任务，自"十一五"以来我们围绕区域性中蜂蜂箱和智能化摇蜜机的设计与改进、中蜂规模化饲养技术方案和健康高效养殖技术方案的集成与示范了制订详细的年度计划和年度考核指标，并按期落实阶段性计划，总结阶段性成果。以区域性中蜂蜂箱的设计为例，从蜂箱设计理念的提出、蜂箱示意图的绘制，到实体蜂箱的制作、蜂箱试用效果试验的开展，再到新蜂箱的改进及推广，每一个环节都需要团队成员认真落实。我们团队在每年年初都会根据上一年工作完成的具体情况来制订本年度的工作计划，并于年中开展考核审查，主要针对上半年所完成任务的情况对接下来半年的工作进度进行一定的调整，从而实现对整体任务进度的合理把控，年末则对全年度的工作结果进行汇总，对于做得好的方面则继续保持，对于做得不好的方面需进行讨论并加以整改。

### 2. 团队建设经验

团队建设过程中要注重团队成员的培养，适时调整团队成员的年龄结构、职称结构，保持团队成员的相对稳定。十年来团队成员经过不断调整，

目前形成了平均年龄不超过45岁，由教授、副教授和讲师组成的年龄结构和职称结构相对合理的科研团队。今后本团队将继续加强对年轻人的培养，不断提高团队成员的职称和学历层次，以及从事蜂产业研发和技术推广的能力。本团队始终把握“开展团队建设、协调团队发展、弘扬团队精神”三项基本原则，是云南农业大学蜂学团队一直以来能够克服困难、稳速发展、服务社会的基础，我们始终相信团队的建设是开展工作的根本，并将团队建设作为一项常抓不懈的工作，以提高团队的凝聚力。

**3. 加强体系内、外交流与合作**

我们团队始终相信“闻道有先后、术业有专攻”，对于擅长的领域我们始终保持着“教学相长”的态度，对于不擅长的领域我们更愿意虚心求教，因此，在我们的工作过程中，有很多方面需要与体系内、体系外的团队进行合作，不论是开展研究调查、开展培训还是开展扶贫等方面我们与体系内外都曾开展过一些合作，这些合作的开展不仅拓宽了我们工作的思路，也加强了体系内外相互的联系，即提高了工作的效率，也提高了工作的质量。

在体系内，认真开展岗站合作及岗位专家之间的合作，例如与周冰峰教授、李建科教授、许金山教授分别就中蜂健康高效养殖技术集成与示范、蜂机具研制、中蜂资源保护与利用等方面所开展的联合协作，与对接的六个综合试验站在示范蜂场建设、蜂箱改进、废旧巢脾回收利用等方面加强协作，并召开了中华蜜蜂示范蜂场建设暨中蜂资源保护利用现场培训与交流会。为了扩大岗站体系内的交流与合作，我们团队坚持每年举办一次华南、西南片区中蜂示范蜂场建设的现场培训与经验交流会。“十二五”期间在岗位专家和绍禹教授的组织下，在对接综合试验站的参与下，分别在广东、广西、云南、重庆等省（市、区）举办，已举办了四次。这些会议对于示范蜂场之间是交流与学习的机会，同时也是我们与养蜂技术人员“教学相长”互相进步的机会。

在体系外，积极与云南省农业科学院、云南省农业厅以及蜜蜂杂志社等合作，在云南省各地州开展了中蜂健康高效技术培训及蜜蜂资源保护等活动，与云南农业大学大数据学院、机电工程学院的科研人员关于蜂机具的研制、蜂场与蜂群智能化管理系统的研发展开协作；另外还与省外一些科研单位和蜂业管理部门加强联系，如贵州农业科学院现代农业发展研究所、贵州省农委、重庆市农委，一起开展养蜂技术培训与推广、蜜粉源植物的调查与蜂产业发展规划的制定。

**4. 加强宣传报道，彰显体系影响力**

在做好体系工作的同时加强宣传报道的力度，是扩大体系工作社会影响的必由之路，"十一五"以来我们团队在中蜂规模化养殖和中蜂健康高效养殖技术培训、精准扶贫及蜜蜂文化打造、交流与宣传等方面做了很多工作，得到了社会和上级政府的认可，受到了社会各界的广泛关注和报道。以2017年为例，在云南罗平油菜花节期间举行的"中国国际蜜蜂文化节"，在曲靖市沾益区举办的云南省云贵中蜂遗传资源保护与利用培训班，在昆明举办的"彩云之南蜂业之旅两岸蜂业论坛"交流，在姚安举办的云南中蜂示范区示范场建设座谈会等活动在《蜜蜂杂志》、中国养蜂学会官网以及蜂讯网等杂志和网络媒体进行了及时的报道，并得到了良好的社会反应，其主要原因在于我们重视与杂志、媒体的交流与配合。同时，我们也积极参与蜜蜂文化村的建设，通过蜂旅结合的模式提升蜜蜂文化的宣传力度，如2017年5月20日在罗平鲁布革乡举办的欢庆"世界蜜蜂日"活动向小学生普及蜜蜂文化知识。目前来看，本岗位及团队成员围绕着蜂产业的发展及产业扶贫开展的主要活动都得到了媒体的及时报道，扩大了体系工作的社会影响力度。今后将继续保持与杂志、媒体的配合，在做好体系工作的同时注重宣传报道。

**5. 蜂业扶贫应持续推进，不能一蹴而就**

扶贫工作是我国现阶段重要的政治任务，对于实现全面建成小康社会具有重要的意义。自扶贫工作开展以来，我们按照体系要求，以"帮助贫困户掌握脱贫的方法，具备脱贫的能力"作为我们的目标，坚持为所帮扶的贫困地区长期提供技术和物资方面的支持。西南、华南地区由于地理位置特殊，气候环境独特，通过中蜂养殖的方式开展扶贫具有天然的优势和良好的效果，近些年来我们与红河、成都综合试验站一起，主要在乌蒙山区的雷波县、武定县和滇西边境山区大姚县开展中蜂扶贫，我们团队通过反复实地考察，不断讨论，最终落实了中蜂扶贫的详细计划，并有计划地开展了扶贫培训，以确保每一位有意愿通过中蜂脱贫的贫困户能够真正掌握脱贫的能力，并且帮助一部分已经脱贫的人员达到致富的目的。但一些政府部门认为养蜂很简单，为了扩大规模，在贫困户尚未掌握养蜂技术的情况，从外地大量购入蜜蜂，结果半年后只见蜂箱不见蜂。为了真正让贫困户掌握养蜂技术，我们认为扶贫先扶智，对于深度贫困的山区，我们一定要抓好当地技术骨干的培训，集中一段时间对有一定养蜂基础、兴趣高、接受能力强、文化程度高、愿意将养蜂技术再传授给他人的技术骨干人员进行系统培训，通过技术骨干的辐射带动才能起到明显的效果。

## 十四、转地饲养与机具设备岗位——中国农业科学院蜜蜂研究所李建科教授

**1. 蜂业机械化和规模化取得长足发展**

10 年前，我国蜂业机械化基本还处于萌芽阶段。养蜂车从无到有，到现在已经发展到第三代，在生产中取得良好效果，大幅提高了生产效益，降低了劳动强度。研发了一系列养蜂新机具，获得以新型养蜂车、太阳能摇蜜机、电动割蜜盖机、电动糖水搅拌和饲喂系统等专利 20 多项，出版《机械化养蜂》等系列丛书 13 本。建立示范蜂场 80 多个。形成了蜜蜂转地高效饲养技术，培训蜂农近 9 000 人次，对产业发展起到积极的推动作用。在机械化的推动下，饲养规模从 10 年前的人均 50 ～ 60 群，发展到目前的人均 120 群以上，规模效益提高 15% 以上。

**2. 应用基础研究推动产业发展，科技对产业贡上来新台阶**

10 年来，围绕产业的重大需求，围绕蜂王浆优质高产问题，开展了系统深入研究。第一，针对我国自主培育的蜂王浆高产蜜蜂开展高产机理研究，初步阐明调控蜂王浆高产的机理，这为我国优良基因资源的保护和开发利用奠定理论依据。第二，阐明了蜂王浆在高产的前提下实现优质生产的理论基础和时间依据。第三，深入挖掘了蜂王浆的功能蛋白成分，蜂王浆中鉴定出的蛋白质从 10 年前的 58 种，增加到目前的 156 种；同时也发现了评价了蜂王浆新鲜度的蛋白质标志物，并开发了快速检测仪器。第四，解析了浆蜂胚胎发育机理，为该优良种质资源的基因保存和改造利用提供理论依据。

在国际学术期刊发表论文 44 篇，累计影响因子约 200，平均约为 4.2；同时“蜂王浆高产机理与生化特征研究”获 2013 年度北京市自然科学 2 等奖。在体系的连续资助下，蜜蜂蛋白质组学形成了鲜明的具有国际优势的学科。

**3. 建立了稳定的科研和推广队伍，形成全国一盘棋，协调提升产业水平的良好格局。**

在体系的连续资助下，经过近 10 年的发展，稳定并扩大了我国农业产业研发与推广科技队伍，全国联动，形成了产、学、研共同发展的良好格局，为我国蜂产业持续健康发展提供了有效保障。

## 十五、西方蜜蜂饲养技术岗位——江西农业大学曾志将教授

**1. 主要经验**

一是国家启动现代农业产业技术体系，资助 50 个农业产业，这种连续资助方式，稳定并扩大了我国农业产业研发与推广科技队伍，为我国农业产业持续健康发展提供了保障。

二是研发新的农业科技成果是岗位专家主要职责，农业科技成果示范是综合试验站主要任务。岗位专家与综合试验站联合召开科技成果现场示范培训会，是成果生产转化重要途径。

三是如何把研究成果，转化为农民易看懂、易操作、易接受知识，发放一些技术明白纸，是推广实用技术有效途径。

**2. 十年所取得工作体会**

作为国家现代蜂产业技术体系西方蜜蜂饲养岗位专家，自从 2008 年我加入蜂产业技术体系以来，收获很多，感受也不少。现趁开展体系成立十年所取得经验与体会总结活动，先谈一谈自己的体会。

我是 1965 年出生在江西农村，可以说是生在新中国，长在红旗下。是党和国家几乎免费培养了我上小学、中学、大学和攻读博士学位，并被国家公派到法国留学。这种经历，让我多年来在心中一直有一种很朴实的想法：要为国家农业发展和农民致富做一点实实在在的事情，要研究并提供 1 ～ 2 项养蜂生产中急需实用技术。

我国是世界第一养蜂大国，养蜂业从事人员约 30 万人。我国传统蜂王

浆生产和育王主要靠手工操作，属于劳动力密集型产业。随着劳动力成本上升以及养蜂员队伍老龄化，视力下降，无法看清巢房内的小幼虫而放弃蜂王浆的生产，也不能进行人工育王。为了破解人工移虫这一技术瓶颈，在国家蜂产业技术体系连续资助下，我们选定“蜜蜂免移虫技术”这一目标，希望能为我国提供蜂业生产提供新的技术增长点，解决以上瓶颈问题，从而为国家蜂业健康发展做一点实实在在的事情。

多年来，我们一直在思考如何解决“蜜蜂免移虫技术”这一难题，经常夜不能寐，深感压力很大。但非常有幸的是，有国家现代蜂产业技术体系连续资助，不用为研究经费发愁，让我们专心从事研究工作；有前人从事过的相关研究工作，给了我们很多启发，让我们少走了很多弯路；有我对接综合试验站及相关的示范蜂场等大力协助，给了我们研究的动力。

在十年研究过程中，为了解决人工移虫难题，我们先后不断改进制作了 10 套模具，每套模具的改进，都让我们体会到研究的苦与乐。正是这种“可以失败，但不能放弃”信念激励着我们，积极探索并取得了可喜的进展。

与传统人工移虫生产蜂王浆的技术相比，蜜蜂免移虫产浆技术不需要人工寻找小幼虫脾和人工移虫，大大地减少了蜂王浆生产的工作时间，降低了劳动强度，极大地提高了蜂王浆生产效率。蜜蜂免移虫育王技术利用卵进行直接育王，培育的蜂王初生重、卵巢管数都显著高于人工移虫育王培育的蜂王。

蜜蜂免移虫产浆和育王技术，不需要进行人工移虫，解决了目前我国养蜂生产中劳动力成本上升和养蜂人员队伍老龄化等瓶颈，为我国推广一人多养饲养方法提供技术支撑。

## 十六、中华蜜蜂饲养技术岗位——福建农林大学周冰峰教授

### 1. 体系持续稳定的资助对我国蜂业发展十分重要

蜂产业技术体系拯救了我国蜂业。在体系建设前，重视蜂产业的地方政府很少，部分地方原有的蜂业技术管理机构正面临着撤并的局面。很多地方政府没有养蜂主管部门，农业部门没人了解当地的蜂产业，蜂产业基本处于自生自灭的状态。国家蜂产业技术体系建立后，在体系首席科学家、岗位科

学家、综合试验站的共同努力下，让社会和地方政府关注和重视蜂产业。很多地方政府将发展蜂业列入地方经济和扶贫工作的重要项目。

在国家蜂产业技术体系建设中，培养了一批蜂产业高端人才。自身的强烈体会，在蜂产业技术体系的国家平台上，使各岗位科学家有了专心在各自领域努力奋斗的基本条件，使我自己在专业领域快速成长。在体系工作中有机会广泛地深入基层，能够在全国范围内扩大专业视野，对我国蜂业有精准的了解和认识，提升了为蜂产业服务的专业水平和能力。前瞻课题领域的深入研究，为产业技术可持续发展奠定了坚实的科学基础。

综合试验站的设置，使我能够不分散精力地研发技术，免去了建设和管理示范蜂场的困扰。综合试验站有深入蜂产业第一线的实力和动力，能够协助本岗位开展技术调研、技术方案实施、技术方案的调整。岗位科学家的技术支撑，综合试验站在技术集成和技术示范发挥了重要作用。蜂产业技术体系代表国家农业农村部活动在养蜂人身边，给养蜂生产者带来关怀和信心。

**2. 示范蜂场是研发、集成、示范、推广养蜂生产新技术重要基地**

综合试验站示范蜂场的建设是养蜂生产新技术研发、集成、示范、推广的重要基地。在综合试验站的配合下，可以根据当地养蜂资源和条件，凝练养蜂生产发展所需的关键技术。在关键技术突破或取得进展后，能够及时将成果就地进行转化。综合试验站在蜂产业技术提升起到了非常重要的作用。

**3. 扩大蜂产业技术体系在社会上影响**

多年以来本岗位在蜜蜂养殖技术培训、精准扶贫及蜜蜂文化打造、交流与宣传等方面做了很多工作，得到了社会和地方政府的认可，受到了社会各界的广泛关注和报道，包括《福建日报》《蜂业杂志》和网络公众号。重视与媒体的配合，在做好体系工作的同时加强宣传报道，扩大体系工作的社会影响力度。

在本岗位的工作中，深入全国养蜂基层生产第一线，在全面了解我国蜜蜂饲养技术和养蜂生产动态和提高自身专业水平的同时，使地方政府和基层养蜂人了解了蜂产业技术体系作用，也了解了我国蜂产业基本情况。

**4. 体系工作需要加强内外合作**

本岗位在体系工作中，与行业组织、地方政府、养蜂企业合作，开展产业规划、技术咨询、技术培训、调研考察等专业技术服务，发挥体系在促进蜂产业发展中的作用。

本岗位带领团队成员，围绕着体系任务分工合作，既能提高工作效率，又有助于培养团队成员。本岗位在体系工作中，充分调动团队成员每个人的工作积极性，以国家蜂产业体系建设项目为依托，不断提高团队成员为蜂产业服务的能力、科研水平，以及为社会无私奉献的精神。建设一支学历层次高、年龄和职称结构合理、相对稳定的科研和技术研发团队。与功能研究室岗位科学家保持经常性联系，研讨技术集成中出现的问题，能够提高技术的研发水平。与相关功能研究室的岗位科学家经常沟通，密切合作，解决示范蜂场中的病害和蜂种问题。在体系建设之初，本功能研究室就建立了岗位科学家间的沟通渠道，通过电话、邮件、短信、微信始终保持密切联系。与对接的综合试验站保持通畅的沟通和交流，及时了解在技术方案实施中出现的问题，及时调整技术方案细节。

## 十七、产品加工岗位——中国农业科学院蜜蜂研究所彭文君研究员

党的十八届五中全会首次提出并制定“健康中国 2030”计划，推进健康中国建设，提高人民健康水平。产品加工作为国家蜜蜂产业技术体系中的重要岗位团队，紧密围绕蜂产品加工与功能发展的实际需要，开展具有保健功效的蜂产品深加工工艺、主要蜂产品功能组分的提取工艺和功能评价方面的研究；在蜂产品化学、加工、贮藏、药理等方面，完善蜂产品营养与药理价值科学体系，提高我国蜂产品加工技术水平，为提升人民的整体健康水平奠定坚实基础。

### 1. 团队运行管理机制创新

本科研团队实行团队负责人制。根据岗位设置要求和相关规定，团队负责人具有决定团队内部科研任务的协调、分配、考核等权利。团队负责人对体系首席负责，按照任务书完成任务，接受监督考核和民主评议。团队成员享有进修、交流、提高等权益，负有团结协作、保护知识产权等义务。

本团队建立合理的经费预算与执行管理机制，根据团队成员提出的科研计划及实施方案，科学合理预算审计，给予成员稳定的经费支持，鼓励申报

国家自然科学基金等国家竞争性项目。团队内部定期开展学术交流、课题进展总结等，负责人掌握总体进度情况下，提出进一步的实施方案。团队成员享有培训、访问、学习等提升能力的机会，同时合理配置有效的科技资源，确保各岗位人员能够投入绝大部分精力开展长期、连续、稳定的科研任务，专心于团队科研计划的实施。

**2. 学科交叉、国际合作创新**

本团队支持建立学科交叉、国际合作机制的创新与建立，尤其是与国际同行建立长效合作机制，促进不同研究方向、领域的交流合作。国家蜜蜂产业技术体系项目实施以来，项目组共派出骨干科研人员合作交流 7 人次，引进国际知名科学家 9 人次，极大地促进了学科交叉融合与国际合作，为提升团队的整体科研水平及合作领域奠定了坚实基础。

经过多年的探索，项目组逐渐总结出有关学科交叉及国际合作经验。高水平跨学科交叉国际合作创新合作是吸引和稳定高层次科研人才的创新机制，其内涵建设是有志于迈向“世界一流科研团队”者需要思考的核心问题。眼界决定高度，胸襟决定深度和广度。科学的决策与规划、以人为本的管理艺术、完善透明的管理体制、充分信任学术带头人大胆实践等综合因素共同构成高水平跨学科交叉创新机制的基础。学术带头人放眼全球的战略性眼光、明确的平台建设目标、科学的学术定位、饱满的科研热情、不畏艰难的昂扬斗志则是高层次跨学科交叉创新体制机制成功的关键。

**3. 扶贫任务进展**

按照农业农村部发布的《环京津贫困地区发展特色农业扶贫共同行动》工作部署，本团队针对阜平县养蜂业生产及产业发展的实际技术需求，结合本所学科、技术、成果、人才、平台等优势条件，制定了具体的扶贫工作方案。并于 2017—2018 年先后组织团队赴阜平实地调研养蜂业现状及存在的问题，并进行养蜂技术培训，现场解决蜂农的实际困难。2017 年 5 月应云南省大关县政府邀请，本团队组织 3 名专家对当地的养蜂情况、蜜粉源、蜂产品销售等进行了详细调研，与当地政府、蜂农和蜂产品加工企业座谈，提出具体的扶贫解决方案。最后，3 位专家就蜂群饲养、病害防治及蜂产品质量监控等进行了技术培训。

## 十八、产业经济岗位——中国农业科学院农业经济与发展研究所赵芝俊研究员

总体来讲从事体系工作十年来取得了巨大的收获，具体来讲可以概括为如下 4 个方面。

**1. 坚强团队建设是做好研究工作的基础和保障**

打造全国第一支优秀的蜂产业经济研究团队是我们的既定目标。多年来我们根据工作需要，按照不同专业背景，年龄结构，梯队层次来组建团队。团队成员的专业背景包括农业经济、产业经济、农产品质量安全、蜂业饲养管理技术、法律等不同领域；团队成员年龄涵盖老中青三代，使蜂产业经济研究能够持续补充力量；研究团队力量结构分为以中国农科院农经所人员为主的核心力量和以地方各涉农院校为辅的外围力量两个梯队层次。各团队成员有明确的分工，核心力量成员主要以宏观和全局性蜂业经济问题研究为主，外围力量以区域性特色蜂业经济研究为主。

在工作中，我们非常重视工作的计划性和目标考核，同时注重将每一项研究任务进行细化，分配到每一位团队成员，严格按照时间计划督促团队成员的研究进展，按时召开年中进展会和年终总结会，工作计划的履行对体系任务的完成提供了可靠保障。

**2. 坚持问题导向才能不断为解决现实问题提供解决方案**

产业技术体系作为产业发展的重要支撑，如何通过深入系统的研究为产业的健康稳定和可持续发展提供理论和实践支撑是一向最基本的要求。因此，蜂业经济研究团队的每一项成果都是建立在深入调查的基础上，在现实中找问题，为解决现实问题寻找解决方案。在这方面我们除了注重寻找全局性制约因素，也通过设置区域课题组的方式，寻着和探讨解决区域蜂业发展面临的问题。如针对地方特色农业发展与蜜蜂授粉的关系，我们开展了四川猕猴桃授粉的经济问题研究，也开展了山西、河南和吉林李树蜜蜂授粉问题研究，为地方经济发展奠定了重要基础。

**3. 重视蜂业经济研究的基础型工作**

针对蜂业经济研究起步晚，缺乏基础的统计资料等现实，从团队组建伊

始，我们就根据课题研究的需要，在全国 12 个省，每个省 5 个重点县，每个县选择确定了 10 ～ 12 户有代表性的蜂农作为我们的固定观察点，每年开展跟踪性调研工作，10 年来积累了大量的一手资料，为把握蜂业经济发展趋势，寻找存在的问题，为提出有针对性的解决方案奠定了重要基础。此外，我们从 2013 年开始在全国 6 个大中城市建立了蜂产品市场调研基点，每年开展蜂产品市场基础数据调研。也从 2010 年开始建立了蜂产品国际贸易数据库的建设等。这些为保障科研的顺利进行奠定良好基础。

**4. 与其他蜂业技术岗位专家加强交流**

蜂业经济研究离不开蜂业技术研究，因此，蜂业经济研究团队积极做好与其他蜂业技术岗位专家的交流合作。一是通过体系组织的会议、考察实践等活动向技术岗位专家学习蜂业技术知识；二是积极解决技术岗位专家已经关注到但尚不能解决的蜂业经济问题，通过多方交流，打开思路，为蜂产业经济问题做出诊断。

## 十九、生物活性物质利用岗位——中国农业科学院蜜蜂研究所董捷研究员

不知不觉中，体系已经成立 10 年，从开始的陌生，到慢慢地融入，以至于现在的归属感，心得多多，体会满满，充满感激，不知从何说起……

体系的岗位设置，非常理性和民主，尊重个人的研究方向和研究意愿，同时又很全面。我的岗位是蜂产品生物活性物质，这完全是根据大学和研究生期间的专业以及我的工作确定的，自从加入了体系，极大地扩大了我的视野。

**1. 体系是一个非常好的平台**

在这个平台上，让我这样的普通科研人员，有机会接触消费者、蜂农、企业家、接触蜂产业技术体系各个专业的学者以及其他行业的学者，让我认识大家，同时也给了每一个体系成员展示自我的机会。可以说，体系在为每一位成员扬名。

**一是更加了解蜂产品消费者在应用中遇到的问题。**我作为体系蜂产品保健方面的岗位科学家分别与解放军总医院营养科赵霖教授以及中国农业大

学的胡小松教授两次应邀参加 CCTV–2《健康之路》节目直播，并且创下了 2008—2009 年《健康之路》收视最高记录。至此，很多观众会提出各种各样的蜂产品保健和使用方面的问题，要求我解答，对我的科研工作是非常大的压力和动力，也迫使我思考很多过去没有想过甚至都不知道的问题。比如有的企业和消费者会直接打电话问我，“生葱不可共蜜食之，杀人”，杀不杀人？能不能这样吃？为什么以糖为主要成分的蜂蜜保健效果那么好？蜂蜜保健到底是什么成分在起作用？蜂蜜为什么有滋补作用？蜂蜜为什么能止痛？蜂蜜为什么能解毒？蜂王浆中是否有激素？对人体是否有害？救人性命的蜂王浆争议为什么那么大？我们应该怎样应用？

**二是能够有机会了解蜂产品生产的各个环节。**人的正确思想是从哪里来的？只能从实践中来。在实验室做实验室是一种实践，但是有局限，而了解蜂产品的生产及其各个环节，是更广阔的实践。有利于我们更好地研究蜂产品，特别是在地大物博的中国，南北方差异很大，如果不深入蜂场，了解一线蜂产品生产情况，自己的研究很可能是以偏概全的。在体系的这个平台上，体系的各个试验站为体系人提供了这样的机会，带我去深山蜂场，配合我的各种调研、科研取样工作。

**三是参加行业内外的各种学术会议。**体系的持续资助，使科研人员有了固定的经费参加各种学术活动，我们的团队，从 2008 年以来，参加各种学术会议，多数经费来自体系的资助。

聆听其他行业的报告，给我很多启示，聆听蜂行业的报告，从育种、饲养、蜜蜂营养、病虫害防治等全方位了解养蜂业，让我们研究和思考更上一个台阶，更有针对性和问题导向。

一个好的会议，与读书思考有共通的之处，都是交流。读书是与书的作者单方面的交流，而会议是面对面的交流，是更直接更好的交流平台，会议让体系人增进了交流和了解。

**2. 思考问题的角度逐渐开阔——能从行业的角度思考问题**

2018 中国蜂产品行业大会上，国际蜂蜜委员会主席、德国国际质量服务公司总经理、资深的蜂蜜检测专家贝克·古得润尼尔玛博士在给大会发来的致辞中指出：“来自中国商贸的蜂蜜和中国蜂农生产的蜂蜜完全不是一回事！我们得到的来自中国第一线蜂农生产的蜂蜜样品，质量好到让我们瞠目，它们的蜂蜜指纹图谱与国际标准线完全吻合，全都是标杆级蜂蜜”。我们不禁要想，这到底是为什么？

这里面有多少养蜂层面的问题？多少科技层面的问题？多少管理层面的问题？多少道德层面的问题？应该如何监管这个行业？如何让优质蜂蜜顺利流向市场？这里面需要调研和思考的问题实在是太多了。那么我们从科研的角度应该做些什么？

麦卢卡蜂蜜真的那么神奇吗？如果从蜜源植物资源、蜂种资源、蜂蜜品种、生产利用的历史和养蜂规模等方面全面考量，中国的蜂蜜是无与伦比的，因为最有特色，并且品种最为丰富的。且不说中国还是世界第一养蜂大国，蜂蜜产量最高，每年约 40 万吨。那么我们怎样去宣传和研究中国的蜂蜜？是不是也要走麦卢卡的道路？能否做到既不盲目排外，也不妄自菲薄，发出中国人自己的声音。

带着思考和对行业的问题意识去开展研究工作，10 年来，我们的团队从技术层面，解决了一些行业的实际问题，并且应用于企业。比如“蜂蜜特征指纹图谱技术”“蜂胶特征指纹图谱技术”，都已经在企业得到应用，并且起到了一定的净化市场的作用。

**3. 文化自信、独立思考和独立见解**

体系是学术的平台，那么什么是学术？就是学和术。学是科学性的一面，术是艺术的一面。学术是创造、传承真知的科学与艺术。此时此刻我正在重庆参加“第八届中国畜牧科技论坛”，体系岗位科学家薛云波研究员的大会发言与我有些不谋而合，他认为，养蜂业的产业链是不完整的，如果没有蜜蜂文化的融入，就不会有更高的层次。

中国是世界上蜂蜜资源最好的国家：蜂种、蜜源植物、蜂群和蜂产品产量；同时对蜂蜜的认识和应用也是最早的，最早的文字记载见于《神农本草经》。

蜂蜜和蜂王浆是由蜜蜂酿造分泌的，是自然的馈赠，因此蜂产品营养学可以是诗意的、灵动的、亲近自然的“活的知识”。物有其性，性有其用，通过仰观俯察，体察万物来穷究物理，利用蜂产品的自然属性，观蜜蜂而知蜂蜜和蜂王浆妙用，也是中医的思维方式，它能回答人们的很多疑问：以糖为主的蜂蜜保健效果为什么那么好？救人性命的蜂王浆争议为什么那么大？我们应该怎样应用？等等。对这种思维方式应该兼容并包，与现代科学互为启发。

这其实就是蜜蜂文化，也是我们国家的传统文化。中国古代，有着无比先进发达的科学，英国学者李约瑟在《中国科学技术史》一书中，列举了从1世纪到18世纪由中国传到欧洲等地的重要发明，就有26项之多。他们在接受东方文明，在学习中国传统的思维方式，而我们已经把它遗忘了。

中国的古人正是用这种思想来解读蜂蜜的，以往的学者，只是简单地引用《神农本草经》《本草纲目》等书中对蜂蜜的描述，我翻阅陶弘景的《神农本草经集注》，徐大椿（徐灵胎）的《神农本草经百种录》，张仲景的《伤寒论》《金匮要略》，李时珍的《本草纲目》，王孟英的《随息居饮食谱》等经典书籍，对我国的蜜蜂文化进行了认真的解读，并进行了宣讲。发现这些古籍中详细地记载了蜂蜜的性质、食用方法、保健功能和食用禁忌等。古人的这些思想，甚至解释了很多用科学暂时无法解释的问题。我的工作得到了很多体系专家的支持，首先是我的研究室主任胡福良老师，他把自己的讲课幻灯片分享给我，鼓励我走出去；曾志将老师坚持让我在2018年蜂产品信息会上做大会发言；郑永惠、娄德龙和罗文华为我提供各种机会；颜志立、赵红霞老师看了我的幻灯片后，给予了很大的肯定和鼓励……一次一次地补充完善，我的工作受到了越来越多的认可。我非常感谢这些虚怀若谷，兼容并包体系专家，在他们身上也让我感受到了体系宽容的氛围和学术精神，使我们在蜂行业的研究上能够“不忘本来、吸收外来、面向未来”，不盲目排外，也绝不妄自菲薄。感恩体系让我成长！

## 二十、保健功能开发岗位——福建农林大学缪晓青教授

### 1. 团队建设

体系成立十年来，本岗位科学家团队紧紧围绕蜂产品医疗保健功能开发分工协作持续开展科研和推广工作，这种连续资助方式为我国蜂产业的持续健康发展和蜂业高级科技人才培养提供了保障。

岗位科学家缪晓青教授组织落实岗位任务的完成与研发新成果及指导博硕士研究生科研团队等；吴珍红研究员负责蜂产品加工研发与设备技术及产品标准（需要）数据库、建立产品原料及加工品质指标数据库等，建立蜂产品加工技术档案，建立研究进展档案，承担部分研究生指导与人员培训任务；史培颖副教授负责蜂产品药性研究与部分制药等工作；程林兵副主任医师负责蜂产品及其药用制品临床药效研究观察，承担部分培训任务等；杨文超讲师部分承担重点任务中新蜂产品加工技术研发与参数数据整理等，承担部分研究生指导与人员培训任务；陈文彬助理研究员部分承担加工技术与设备研制与数据分析；徐晓兰讲师承担蜂产品的分子鉴定等研究等；缪婧教授负责产品工艺与新设备研发及市场策划等；黄仁才电子工程师负责智能化蜂场建设等；陈昌利助理研究员负责蜂产品制药等；博士、硕士 20 多人承担部分科研任务等。

在研究生培养方面，实行每周一次读书报告活动，研究生阅读 SCI 收录相关文献并提出自己的观点和看法，团队教师给予点评并结合研究生的实验，提出新的想法和思路，拓展团队成员和研究生的科研思路，及时掌握科技前沿动态。

**2. 为体系科学家和跨学科的学术交流与科研合作提供了众多平台**

本岗位立足蜂产品医疗保健功能开发与体系内岗位科学家及综合试验站、校内菌草国家地方联合工程实验室、黄红麻体系岗位科学家等专家，与福建省神蜂科技开发有限公司等企业开展技术交流与合作，拓展蜂产品的应用外延，增加蜂产品的附加值。

同时，还进行跨学科合作建立了多种平台，2009 年经共青团中央批准建立全国青年创业就业见习实习基地；2010 年与中国工程院院士庞国芳研究员等建立省市级院士专家工作站；2011 年经国家发改委批准建立天然生物毒国家地方联合工程实验室；2012 年经教育部批准建立蜂产品加工与应用教育部工程研究中心；2013 年经农业部批准建立了农业部福建蜜蜂生物学科学观察实验站；2015 年经中国科协批准建立全国科普教育基地；还建立了省市级多种科研公共平台与科普教育基地等，产生较大的影响。本岗位科学家缪晓青教授 2013 年被东盟国际跨学科学术委员会评选为该委员会中国大陆唯一代表委员。

岗位成员黄仁才等应用自己对电子技术的特长与海口综合试验站站长高景林研究员合作，提出了智能蜂箱、蜂场建设理念，并在今年“5.20”海南国际蜜蜂节主会场上展出成果。

**3. 全力协助处理突发应急事件，通过筹办各类大型会议、媒体科普宣传等方式扩大蜂产品的影响力**

与110建立联动体系，应急解决市民蜂毒过敏及胡蜂扰民事件（接警10多次/年）；2014年本岗位与省防疫站联动处理有毒植物蜂蜜事件，2014年10月6日下午，三明泰宁朱口镇渠高村19名村民因为食用野蜂蜜发生中毒，送医后，3人抢救无效死亡。14名中毒村民在三明市医院治疗，2名在泰宁县医院观察，当地政府已介入事件调查，并协调医院积极救治中毒村民。事发后，蜂蜜样品被送到福建省农林大学蜂疗研究所（本岗位）检验。21时，送检结果已初步出来，这款野蜂蜜含有的有毒物质主要来自雷公藤（俗称“断肠草”）和博落回的花粉，为及时抢救中毒村民赢得宝贵时间，同时，也为识别有毒蜂蜜建立了标准方法。

2009年3月在福建省福州市西湖宾馆成功举办了“2009蜂业两会”，会上对2008年的蜂业发展成果进行了总结，对2009年我国蜂业市场形势进行了预测，并共商应对国际金融危机影响之计，促进我国蜂业持续健康发展。2009年12月来自全国各地的蜂疗高层人才汇集福州，讨论我国蜂疗的现状、所面临的问题及对策，为本岗位研究内容之一。2009年12月24—25日CCTV-7组织采编《科技苑——蜂毒采集》，普及先进的蜜蜂毒采集技术与加工技术，100万人次收视，产生较好影响。国家科协以科技工作纪事形式在著名文学杂志《十月》2009年第四期，中篇小说《蜂神传奇》进行了报道，扩大了蜂产品应用开发的影响力。2010年8月7日，应深圳市政府邀请，在2010年第52场“深圳市民文化大讲堂”以蜜蜂为题材作了“创新成就梦想”专题讲座，反响强烈，被《光明日报》报道。2010年12月18—20日，海峡两岸首届蜂疗高峰论坛暨蜂疗保健专委会成立30周年大会在福建农林大学校内召开，与会代表对蜂疗的技能和相关机理展开了讨论。2011年1月4日，缪晓青教授做客福建省农业科学院主办的为福建省委省政府为民办实事项目秀农网，讲授蜜蜂越冬管理技术，取得了良好的社会效益。2011 年 3 月 16 日，CCTV-7 农广天地栏目采编了《蜂毒的提取与加工技术》，介绍了传统的采毒方法（对蜜蜂损害较大），蜂毒的纯度与活性低，操作也比较烦琐，而利用蜂毒自动采集器，既不伤害蜜蜂，又可采集高纯度的蜂毒。2011 年 05 月 17 日，录制福建海峡电视台《生活接力棒》节目；2011 年 6 月 15 日《福建农业科技信息网》上做了题为“如何延长蜂蜜保持期”的远程农村实用技术培训，有受众达数百万。2011 年 7 月 9—11 日缪晓青带队到尤溪县开发“海西春雨活动”并做题为“蜜蜂度夏管理与夏蜜加工暨关爱健康”的专题讲座。蜂农们认真听取讲座，会后深入农户解决蜂农生产上疑难问题。2011 年 8 月 18 日 CCTV-10《我爱发明——魔力发明秀·战蛇蜂》介绍了缪晓青教授发明的蜜蜂电子取毒器有效减少蜜蜂的死亡率等问题。2011 年 10 月 12 日福建经济广播电台——蜂产品与人类健康，听众达数百万。取得良好的社会效益。2012 年分别在开封主持组织全国蜂疗学术研讨会，在镇江主办国际蜂疗研讨会。2014 年 5 月 10—16 日，主持率团赴台参加第三届海峡两岸蜂疗高峰论坛；2015 年 6 月 17—18 日，主办“蜂飞两岸，造福人类”第七届海峡科技专家论坛第七专题分会蜜蜂及蜂疗研讨会，共吸引了海峡两岸 300 多名学者、科研人员、蜂疗爱好者等前来交流。其中，21 位分别来自我国的台湾蜜蜂与蜂产品学会和中华亚太蜂针研究会的嘉宾。

**4. 产学研结合推进合作企业高水平建设发展**

本岗位十分重视产学研合作，有效推进合作企业“福建省神蜂科技开发有限公司”往高水平发展，也为蜂学教育提供良好教学实践基地，在业界与科教界都产生了较好的影响，不仅合作成功建立了多个国家、部省级科研教育平台以及新本科专业与蜂学博士点等，提高教学质量与水平，为此，2014 年获得福建省教学成果二等奖；企业也由此成为省级（2016—2020 年）重点龙头企业、国家高新技术企业（2016—2019 年）、福建省创新试点企业、全国科普教育基地（2015—2019 年）以及科技观光企业等，合作企业也成功成为学校科研成果转化基地与教学实践基地，作为学校一个重要亮点与名片，同时，也为学校赢得近 1 000 万元成果转化收入，并还经常性接待各方来访专家与领导参观交流。

**5. 人才培训和科普宣传**

本岗位人才培训和科普宣传形式多样，有慕名而来的申报蜂疗、蜂产品加工等专业技术培训班的；有单位组织而来的（学生、专业人士、蜂农、国外学员、社区居民等）蜂产品和蜂疗兴趣爱好者；有专业技术交流培训的；有相关专业人才与专家学者到平台进行实验研究与学习的（博士后工作学习等）；有科技下乡进行技术培训；有跟班学习培训；有长期、有短期的等。这几年来每年几乎都有几百名蜂学、食品、中药等不同专业，不同学校的学生来参加实习培训等；每年受外交部委托有十多个国家，如拉美、加勒比及南太地区经济体制改革研修班和拉美、加勒比及南太地区等学员团组来参观学习与培训；此外，每年培养20多名博、硕士研究生等。

**6. 科技扶贫**

本岗位每年都有组织团队人员带学生三下乡，到福建柘荣（国家级贫困县）等地进行养蜂技术培训与蜂疗义诊服务，除了给贫困户送钱送物外，组织培训伤残贫困党员户带头养蜂，脱贫致富，深受好评，影响不断扩大。2011年11月22—28日完成了对西藏林芝地区的蜂业状况考察工作和相关的援藏合作事宜。与林芝县色定村异彩种养业专业合作社签订了蜂学专业教学实习基地的协议以及大学生就业创业见习基地合同，福建神蜂科技开发有限公司也与对方签订了合作事宜。2018年8—11月，先后受中国农业科学院蜜蜂所邀赴陕西秦岭国家级贫困县宁陕县，受福州市政府邀请赴甘肃定西东西部扶贫，受海南儋州政府之邀赴儋州考查调研蜂疗康养扶贫田园综合体项目。

## 二十一、中华蜜蜂品种保护与改良岗位——重庆师范大学许金山教授

自2017年进入国家蜂产业体系以来，我在首席科学家吴杰研究员、科室主任石巍研究员和众多前辈的指导帮助下，以及与试验站的通力合作下，在近两年的工作和学习中，收获颇丰。在蜂产业体系成立十年之际，结合自己在蜜蜂科研和产业应用等方面的工作实践，谈谈一些经验和体会。

**1. 平台融通资源，共享驱动创新**

国家蜂产业体系汇聚了国内顶尖的蜂业专家和人才队伍，作为蜂产业体系的一员，我深感荣幸。2017 年加入国家蜂产业体系，我对接了天水、南宁、金华、成都、重庆 5 个综合试验站。围绕体系重点任务蜜蜂健康高效养殖展开工作。我团队与对接试验站重点开展了中华蜜蜂抗寒研究和素材筛选等系列工作。对接试验站在样本采集、实验蜂场选择等方面给予了极大的支持。蜂产业体系将全国的蜜蜂资源联通共享，建立了良好的合作机制，这为我们各岗位、试验站开展工作提供了最为坚实的保障。

科学研究和产业应用不能闭门造车，在蜂产业体系的大平台上，我们得以走出去，引回来。蜂产业体系内和跨体系的重要学术会议和活动，拓宽了我们的眼界，为建立良好的合作关系搭建了广阔的平台资源。2017 年蜂产业体系首席科学家吴杰研究员访问我校蜜蜂团队，并对我们的工作和团队建设提出了宝贵意见。 经过一年多的筹备，我团队于 2018 年获批在我校建立活性物质生物技术教育部工程研究中心中蜂种质资源创新基地，并于 2018 年 7 月建成使用。

虽然进入体系时间不久，但是在国家蜂产业体系的平台支撑下，通过整合多方资源，我团队得以快速发展。目前，我团队已经建成使用的基地有：中华蜜蜂标准化饲养基地一个、活性物质生物技术教育部工程研究中心中蜂种质资源创新基地一个、重庆城口县大巴山中蜂保种基地一个、智能蜂业大数据中心一个。这些基地的建成使用将对我们的科研工作和产业应用产生积极的作用。

**2. 基础研究十年磨一剑、品种保护任重而道远**

近年来我团队开展了中华蜜蜂种质资源调查和改良工作。先期完成了重庆中蜂种质形态与生产性状鉴定与评价工作，完成了重庆 4 大山区 139 个地理样本的调查和微卫星鉴定，获得了 218 条微卫星分子标记序列，为利用中华蜜蜂微卫星引物研究中蜂遗传多样性提供新的路径。

针对目前我国中蜂种质资源的鉴定及保护现状，对种质资源进行规模化和精准化鉴定评价，发掘能够满足现代育种需求的优异资源和关键基因，已经成为发展方向。我团队进行了积极的探索，初步搭建了重庆中华蜜蜂种质资源快速检索鉴定系统，但构建完善的种质资源鉴定评价、共享利用体系还需进一步的努力。

我国中华蜜蜂分布范围非常广泛，有九大地理型，这些地理型的遗传背景有待于进一步清晰，我研究团队近两年来对我国中华蜜蜂主要栖息区对进行样本采集、形态解剖，在此基础上开展全基因组 SNP 和微卫星鉴定，为中华蜜蜂抗性品系的建立提供素材基础。中华蜜蜂因其种群独特性在育种环节不可控因素较多，使品种选育难度大，进度相对缓慢，因此建立智能化和信息化育种系统尤为重要，我们团队将在体系资助下朝此方向努力。

在区域化中蜂品种保护方面，我们与城口县农业委员会合作共建了重庆市大巴山中蜂原种保种基地，该保种基地保有蜂群 200 群，是目前渝东北片区保种体量最大、设施最为完善的专业化中蜂保种基地。该保种基地采用“产—学—研”的模式，与地方政府、企业建立多方联动机制，高校根据企业的技术需求提供技术支持，该模式使得当地优良特色中蜂种质资源的得到了充分利用，提高了管理部门对蜂业的管控能力。目前，重庆多个贫困区县普遍存在当地原生中蜂种质资源保护难题，很难对特色的中蜂资源加以充分利用。因此，参考现有的保种模式，因地制宜建立区域化保护区和核心保种场是解决这一难题有效路径。

**3. 产业应用是导向，助推蜂产品研发**

在产业扶贫上，我受聘组建“重庆城口县中蜂产业扶贫科技特派员服务团队”，并担任城口中蜂扶贫团团长；针对重庆市 18 个深度贫困乡镇的中蜂产业扶贫工作，担任了重庆市蜂业专家服务团队第三组组长。为助推地方蜂产业发展，支撑企业产品研发，协助打造特色中蜂蜂蜜品牌，我团队先后指导开发优质中蜂产品 2 个，技术指导县级龙头企业 2 家，帮助企业申请注册“花相惜”“花千源”等中蜂蜂蜜注册商标。从 2018 年 6 月开始，在重庆市城口县东安镇兴隆村中蜂养殖场发现常有黑熊频繁出动偷食蜂蜜，为减少黑熊给蜂农带来的经济损失，我团队设计了自动化蜂场预警系统，并投入使用。系统投入使用后成功拍摄到黑熊偷食蜜蜂、蜂蜜的高清视频。中央电视台新闻频道、中文国际频道及多家省级电视台等主流媒体先后给予报道。这为城口生态环境和中蜂蜂蜜带来积极的宣传效果。

**4. 紧跟大数据步伐，创新是出路**

目前，我国蜂产业发展已经达到一定水平，但传统的生产方式仍然占据主导，生产过程的标准化和规范化有待进一步的完善。其中，蜂产品质量的全程追溯仍然基础薄弱，蜜蜂饲养管理记录或档案缺少规范，很难达到溯源分析和产品质量管理的标准。生产企业或管理部门对蜂业从业者的养殖流程、蜜源地生态环境等信息的掌控与利用的效率较低，特别是对于蜂业数据的深度挖掘和分析缺少科学手段和技术平台。

**5. 以人为本、注重人才培养、薪火相传**

在养蜂培训当中，我们发现从业人员年龄老化，因此积极培养中青年养蜂从业人员，以人为本、注重人才培养、薪火相传以实体兴业。

在西南少数民族聚居地、贫困区县宜开展中青年养蜂从业人员培训计划，长期有序地开展各类培训班、现场指导、创业创新专项活动，引导和带动中青年人从事养蜂行业。结合各地科技特派员制度、科技部三区人才计划，积极选派专业技术过硬、吃苦耐劳的科技人才扎根贫困地区，协办或领办养蜂合作社、企业等经济实体，打造区域性特色蜂产品品牌，带动从业人员脱贫致富。

在今后实际培训过程中，不仅需要集中培训和现场实际操作，还需要与参训的蜂农进行现场互动交流，就蜂农提出的中蜂养殖实际操作中遇到的问题，进行一一解答，并通过现场实际操作，让养蜂户们更好地掌握了中蜂养殖技术，以点带面，让更多的蜂农学以致用，共同致富。

路漫漫其修远兮，吾将上下而求索！蜜蜂基础研究需要我辈十年磨一剑、砥砺前行，蜜蜂产业应用更需要我们紧跟时代步伐，创新思维模式，心系蜂农、以科技为驱动，以实业铸就辉煌！

## 二十二、病毒病防控岗位——浙江大学郑火青副教授

2017 年我有幸加入蜂产业技术体系，承担“病毒病防控”岗位的工作。成为蜂体系一员后，深感责任重大，不仅要力求在科研上有所突破，还要能服务于产业，务实地促进产业的发展。一年多来，始终牢记使命，围绕任务书，认真开展工作，有以下心得体会。

**1. 农业产业技术体系是现代农业的强大科技支撑**

现代农业产业技术体系依托中央和地方科研优势力量和资源，与产业直接对接，引导农业科研和技术推广人员直接为产业服务，为农业现代化提供了强大的科技支撑，在三农发展和乡村振兴过程中发挥着重要作用。通过体系建设，还可以集中优势科研力量，聚焦产业热点、难点问题，形成合力，重点解决。

体系的设置能使产业相关的科技人员聚焦产业，深入基层，直接服务产业发展和农民需要，大大提高了科技服务农业的效率。例如，通过体系组织的技术培训，每年就可使数万农民直接得到来自科技人员的技术服务。

**2. 农业产业技术体系是农业科技人员的重要平台**

体系经费的支持，将体系内的农业科技人员从繁缛的课题申请、结题等环节中解放出来，使得农业科技人员可以集中更多精力解决产业面临的实际问题，更加高效，也使得工作更有延续性，不仅能针对临时突发的一些技术问题，也能剑指长期困扰产业发展的技术难点。同时，一个产业的发展涉及很多的技术需求，体系基本涵盖了产业内主要的领域，这些领域内或领域间的科技人员在体系内可以形成交叉合作，加速工作进展。例如，蜜蜂病毒病涉及蜂种、饲养管理、营养、环境、寄生虫病、蜂产品质量安全等众多因素，病毒病的防控需要从多角度考虑，体系平台为多领域间的合作提供了更多的机会。

**3. 农业科技人员要把握好应用研究和基础研究的平衡**

产业的发展急需一些技术的应用，对应用研究提出了更高的要求。但从长远来看，农业的发展离不开对一些科学问题的探究，需要长期基础研究的积累。因此，体系内岗位科学家应兼顾应用研究和基础研究，不仅力求通过科技推动产业发展，还要促进农业科学的进步。

本岗位是 2017 年新增岗位，缺少工作积累，尚未有重大进展，深感惭愧。但一年多来，已深刻体会到农业产业技术体系在农业产业现代化中所能发挥的重要作用，也亲历和目睹了蜂体系科技人员不辞艰辛、深入基层进行技术服务的场景。相信，农业产业技术体系的建设将进一步推动农业产业现代化，助推乡村振兴，营造和谐农业生态。本人将围绕体系建设任务，带领团队成员，努力工作，积极进取，服务产业，做到无愧于民。

## 二十三、设施作物授粉——山西省农业科学院园艺研究所马卫华副研究员

蜂产业作为现代农业的重要组成成分之一，在为“三农”服务、为促进我国生态农业可持续发展方面发挥着越来越要的作用。

2017 年国家蜂产业技术体系进入“十三五”，在运行一年之时新增岗位之际，由多年团队研究工作的积累做铺垫，经个人的认真准备和努力，有幸进入蜂产业技术体系，承担设施作物授粉岗位的工作。

虽然先前也在蜜蜂授粉岗位的团队中，但多在科研一线，并不了解体系的情况，进入体系后，了解到研究领域有育种、授粉、病虫害防治、蜂具等，涉及的单位有国家级科研单位、省级及地区级科研单位、大学、蜜蜂原种场以及相关企业，遍布全国 21 个省或直辖市，从不同角度、不同层面和不同地域，并且有研究有推广，从上而下自成体系，形成了基本覆盖全国的网络，从而推动整个蜂产业的发展。

承担设施作物授粉的这两年，始终重视整个团队的建设，发挥每个团队成员的积极性和能动性。全体团队成员各司其职，在各自负责的专业领域，根据试验的时效性，做好试验前期准备工作，及时开展工作；相关科研人员在工作中及时沟通和交流，发现问题及时提出，经过讨论和分析，尽早解决。在大家交流的过程中，丰富了自身知识结构，拓宽了思路，提升自身的科研能力和水平。

科研试验，只有在一线，才能了解试验过程的问题和困难，及时有效的采取应对措施，解决问题。作为授粉岗位，就需要站到地头，这样才能知道农民的需求，找到问题症结所在，帮助农民解决实际问题。设施作物授粉，由于封闭环境通气不好，冬季时棚内温度高，外界温度低，易感冒，夏季时中午温度高易中暑，但团队人员齐心协力克服困难完成试验任务，这也让我很感动。另外设施作物研究的成本相对较高，由于属于反季节果蔬，上市价格较高，做试验的成本也增加。经验之谈就是选择试验样地是尽可能地选择园区或合作社、或连片的种植户，思想积极，或雇工费钱忙不过来，愿意尝

试蜜蜂授粉的温室进行试验。

两年来在进行蜜蜂授粉科研工作的同时，还需要关注产业的发展，我们也投入了大量的经历和时间，开展蜜蜂授粉技术推广下乡，为农民带来技术的同时，通过蜜蜂授粉提高产业的经济收入，在自己能力范围内推动产业的发展。通过我们的实践和推广，蜜蜂授粉技术已被部分瓜果菜生产者所接受，认识到了蜜蜂传花授粉所产生的显著作用，部分地区种植大户自愿花钱租用蜜蜂为自己的作物授粉。这为大力发展授粉产业、积极开展授粉项目掀开了新的一页。团队成员还参加了山西汾西、交城等地的三区科技人才服务工作，为当地扶贫工作提供技术指导。

体系的平台，聚集了各方面的专家，便于进行科研交流和合作。参加体系组织的学术交流，在了解其他科研单位动态的同时，拓宽了自己的视野，激发了自己的一些思路，从而提升了自身的科研能力和交往能力。另外蜜蜂授粉研究工作不仅仅局限于蜂学领域，其实它还是蜂与植物合作的过程，涉及植物学领域，这都需要学习和交流，为了更好地开展蜜蜂授粉技术研究工作，需要各领域的互相配合和通力合作。

经过先前基础和这两年的努力，我们在设施作物蜂授粉方面虽然也取得了一定的成绩，但实际生产应用发展、宣传和推广方面才刚刚起步，今后还需要更加努力。目前我国设施作物蜂授粉研究比较局限，主要集中在蜜蜂授粉效果、授粉技术和授粉蜂种资源与保护等方面的研究，因此我国蜜蜂授粉产业存在着巨大的发展空间和潜力。今后我们将借鉴国内外同行的先进科研理念，探讨蜜蜂授粉机理和产业化发展，积极摸索蜜蜂授粉产业化发展的路子。

自 2017 年 7 月承担设施作物授粉岗位的任务以来，团队人员紧锣密鼓地进行了设施油桃、西甜瓜、大豆杂交制种蜜蜂授粉技术研究，并针对授粉过程中存在的其他问题开展相关研究，设施作物种植情况和使用农药情况摸底调研等方面做了大量的工作，同时为农户提供蜜蜂授粉技术指导，边研究边示范，获得了良好的效果。期间团队发表了 7 篇相关学术论文，获得了 1 项地方标准和 1 项发明专利。这些深化了蜜蜂授粉技术的应用和推广，对他们的生产实践给予指导的同时，也给他们带来了可观的经济效益。

设施农业封闭或半封闭的环境，内环境温度低、湿度大、日照短、昆虫少，致使授粉不良，导致作物坐果率低、果实品质差。而授粉是设施农业发展关键点之一，关系到设施农业的高产优质，从而影响设施农业的发展。影响设施内蜂群授粉的主要因素有棚室温湿度、蜂群采集、作物开花泌蜜吐粉情况等。针对设施内授粉存在的问题，本岗位通过对设施环境因子进行监测，对不同作物进行不同蜂授粉筛选，并针对授粉过程中存在的其他问题开展相关研究，将蜜蜂授粉技术配套应用到设施农业生产中，为种植户和授粉蜂场提供实用技术同时采取了建立蜜蜂授粉增产技术示范点的方法，进行技术培训和指导，得到了当地人们对蜜蜂授粉技术的认可，真正让蜜蜂授粉作为设施农业的一项重要生产措施来使用，避免了人工授粉的不均匀性和激素污染，改善果实品质，降低了农民劳动强度，提高了农业生产效率，使农民增产增收，获得更大的经济效益，推动设施作物蜜蜂授粉的利用，促进蜜蜂授粉产业化，推进绿色农业的发展。

杂交大豆的不育系繁育和制种产量低，已成为制约杂交大豆产业化的瓶颈。因蜜蜂具有群体大、好管理、易饲养等优点，所以采用蜜蜂授粉为杂交大豆授粉是最有效和最经济的手段。本岗位通过将蜜蜂授粉技术组装配套应用到杂交大豆规模化制种和产业化生产中，不仅解决大豆杂交种授粉结实的技术难题，提高杂交大豆的制种产量，而且还可以在杂交大豆生产田中应用推广，提高杂交大豆结实率和产量，加快杂交大豆育种速度和实现杂交大豆规模化、产业化发展。

通过对五个省份部分地区的设施作物的种植情况、授粉情况以及农药使用情况进行了调查；对设施作物用药情况广西、山西、吉林等地的调查发现，主要用药是杀菌剂、杀虫剂、除草剂，杀虫剂有阿维菌素、吡虫啉、氯吡硫磷（毒死蜱）、辛硫磷、啶虫脒，杀菌剂有多菌灵、氟硅唑，除草剂有草甘膦，并且了解了农户的需求、蜜蜂授粉带来的收益以及存在问题，为下一步工作的开展和其他研究者提供了基础数据。

通过对国内外的设施作物蜜蜂授粉研发情况进行关注和跟踪，为设施作物蜂授粉技术的研究奠定了很好的基础，为设施作物蜂授粉科研工作者与决策者提供数据参考。同时收集整理了我国从事设施蜜蜂授粉研究的机构、人员、论文、成果等信息，并用文献计量学的方法对国内设施作物蜂授粉研究专题文献进行了分析，了解我国设施作物蜜蜂授粉现状，揭示了国内该领域研究的动态变化和基本态势，以此为相关科研人员进行相关研究提供信息参考。

进行蜜蜂授粉科研工作的同时，我们也投入了大量的经历和时间，认真开展蜜蜂授粉技术推广下乡和技术指导，为农民带来实惠和便利。在山西省、广西壮族自治区、湖北省等各县市共计举办蜜蜂授粉暨综合管理技术培训 500 人次。通过我们的实践和推广，蜜蜂授粉技术已被部分瓜果菜生产者所接受，认识到了蜜蜂传花授粉所产生的显著作用，部分地区种植大户自愿花钱租用蜜蜂为自己的作物授粉。这为大力发展授粉产业、积极开展授粉项目掀开了新的一页。团队成员还参加了山西汾西、交城等地的三区科技人才服务工作，为当地扶贫工作提供技术指导。

蜂授粉作为一项高效益、无污染、可持续发展的增产技术，随着我国设施农业的快速发展，设施农业对蜂授粉提出了强烈需求，设施作物对蜂类授粉的依赖性日渐增强，这为蜂类授粉研究提供了广阔的发展潜力，从而推进我国设施农业的发展，促进农业产业的结构调整。

2018 年是蜂产业技术体系项目“十三五”运行的第 3 个年头，也是关键年份，让我们继续发扬吃苦耐劳，潜心研究的科研品质，努力做好体系的各项工作，为“十三五”蜂产业体系项目顺利完成和设施作物蜂授粉产业的发展贡献自己的绵薄之力！

## 第三节　综合试验站站长谈感受

### 一、北京综合试验站站长刘进祖研究员

体系成立十年来，受到了农业农村部领导的高度重视和深切关怀。北京综合试验站的工作更得到首席科学家、功能研究室主任和对接岗位专家的大力支持，得到了兄弟试验站的热情帮助，取得了一定的成绩，也获得了很多宝贵的经验与体会。

**1. 高度整合各方资源，行业内部形成合力**

体系的组织结构，把全国有一定基础和实力的蜂业科研机构、大专院校、管理部门和经济实体（企业、合作社、示范基地、养蜂大户）紧密的团结在一起，相互合作，相互促进，整合了政策、人员、设备、物资、数据、基地等多方资源形成了高度统一、高度融合的产业科研与示范推广体系，真正在行业领域形成了合力，攻坚克难，取得了一系列的科研成果，创造了全国蜂业发展由粗放的规模数量型向精细的质量效益型推进的良好局面，这在我国蜂业史上是前所未有的一大盛世。

**2. 科研成果多点开花，发展水平全面提高**

有体系资金和创新机制作为保障支撑，蜂产业科研成果遍布了各个领域，新技术、新工艺、新蜂药、新蜂具、新蜂种、新专利、新标准不断推出，高质量、高水平、高影响因子的核心期刊、SCI 论文层出不穷。蜜蜂健康高效养殖技术、免移虫王浆生产技术、创意图文巢蜜生产技术、自流蜜生产技术、新材质蜂箱、新型放蜂车辆等新的饲养生产方式和新式蜂机具的广泛应用，为蜜蜂养殖业插上了科技的翅膀，为实现规模化、智能化、标准化生产奠定了坚实的基础。蜜蜂病虫害科学综合防治技术、新型中草药和生物制剂的研发、蜂产品检测技术的不断升级更新、蜂产品可溯源监控手段的日新月异，给蜂产品的质量安全提供了最坚强的保障。应用蜜蜂和工厂化繁育的熊蜂，给设施草莓、西瓜、番茄、青椒、茄子等蔬菜制种还有大田果树，如苹果、桃树、枣树、杏树、樱桃、梨树、巴旦木以及其他作物油菜、向日葵等授粉，开展技术研究，完善技术手段，制定授粉国家、行业和地方标准，大大提高农作物的产量和品质，降低农作物的农药残留，为整个现代农业的发展作出了巨大的贡献。蜜蜂优良品种的选育和推广应用，大大提高了蜂群的抗逆性和生产能力，蜂产品生产效率屡攀新高。蜂产品加工技术和应用研究取得突破，蜂产品深加工技术、新工艺、新设备、新剂型和复合产品的开发，扭转了蜂产品企业产品单一、同质化竞争现象严重等问题，开创了企业创新发展的新格局。此外，蜂业基础理论研究，在分子生物学、蛋白质组学、免疫分析技术等高新技术应用的帮助下，大大缩短了与国外发达国家理论研究的差距，取得了很多重大的开创性的研究成果，为产业发展提供了强有力的理论支撑。蜂业政策、蜂业经济的研究也是成效显著，有效指引了产业发展的方向，提供了产业发展的持续动力。

**3. 示范推广热火朝天，成果落地取得效益**

多年以来，总结体系工作的经验，在北京市实施采取了“管理部门”+“科研单位”→“养蜂专业合作社”→“养蜂农户（示范基地）”的逐级推广和管理模式。这种以养蜂专业社为中心的管理模式，便于对分散的养蜂农户进行组织和管理，便于技术、良种的推广与示范，收到了良好的实际效果。

体系的科研成果需要落地生根，真正为产业发展服务，为蜂农增收致富服务，为消费者的健康安全服务。北京综合试验站建成了12个示范基地，精心选择了当地年富力强、责任心强、养蜂技术过硬、有一定文化基础、在某一个或多个技术领域有突出优势且愿意带动周边养蜂户共同发展的养蜂场，开展了体系技术的专项试验，特别是主推技术和主推品种的应用，其中蜜蜂、熊蜂设施作物授粉技术的示范走在了全国的前列。通过技术示范，带动周边地区蜂场的养蜂生产效率和产值都有大幅度的提高，涌现出一批典型的致富能手，如开展高科技养蜂技术和创意图文巢蜜生产的杨奇师傅、开展蜂产品溯源管理和气象、视频监控技术示范的王全生师傅、开展蜂授粉专业化经营的王凤明师傅和李万江师傅、开展蜜蜂高效转地饲养和蜜蜂授粉两项技术同时示范的齐建华师傅，通过技术示范应用，年收入达到了20万～100万元，真正给养蜂致富树立了典型，创造了榜样。

**4. 政策引领产业富民，科技助推精准扶贫**

通过体系平台，获得大量的行业信息和数据，并以此为基础制订了行业发展规划并向相关区县、相关部门提出了很多有效的政策建议，促成全市和各区县纷纷出台了养蜂扶持政策并在全国首先推出了蜂业气象指数保险，不仅提高了养蜂户的生产积极性，而且降低了养蜂气象风险，保证了一定的收益，引领了一大批农户通过养蜂走上了致富的道路，养蜂年收入超过10万元的大户、专业户屡见不鲜。

2016年起，承担了体系扶贫任务，北京综合试验站启动了蜂产业精准扶贫工程，通过科技先导，对低收入户、养蜂大户、产业合作社和龙头企业给予技术支持，特别是支持龙头企业、合作组织、养蜂大户建设各类“蜂产业示范基地”，包括蜜蜂养殖、蜂产品加工、蜜蜂授粉、蜜蜂文化旅游等基地，多渠道开发就业岗位，吸纳低收入人口在家就地就近就业。大力发展新型蜂业经营主体，重点拓展五种产业带动模式：菜单式托管、订单帮扶、电商销售、股份合作和大户带动模式，引导并支持低收入户加入新型经营主体，建立“风险共担，利益共享”的经营机制，推广“保底收益 + 按股分红”等模式，让低收入户共享发展收益，保障低收入户。

**5. 团队成员精诚协作，人才培养坚持不懈**

建立了有效的团队组织管理模式，由综合试验站站长本人总体负责试验站建设，由业务副站长具体负责技术研发和试验推广工作，由生产科、技术开发服务部、办公室及各区县蜂业主管人员为组员，分别承担组织、联络、沟通、技术指导、总结、数据采集分析、技术资料编写、信息报送、技术体系平台及工作动态管理等具体工作，责任清晰，分工明确。

在体系工作的锻炼和培养下，体系的人才队伍培养建设也取得新成果，我站所属团队成员及参加体系工作的有 1 位同志通过了国家林业局组织的教授级高级工程师评审、5 位同志先后通过了市农委组织的高级工程师评审（目前参加体系工作已经有高级技术职称成员 7 人，其中正高级 2 人，是本站成立初期的 3 倍还多），2 位同志成为了北京市评标专家，可以为体系贡献更大的力量。

2010 年起，北京市开展了“蜂业乡土专家行动计划”，在北京市 11 个养蜂重点区县选取了 160 名养蜂大户作为培养对象，采取“专家指导、集中培训和热线咨询”等方式进行专业培训，大力推广蜂业实用新技术，使他们熟练掌握各种科学养蜂实用技能，收到了很好的效果。“蜂业乡土专家”活动的开展，对蜂业科技推广应用、蜂业生产规模化发展和剩余劳动力就业具有积极的推动和促进作用。

十年间北京综合试验站共举办技术培训班 200 多期，培训养蜂农户约 2 万人次。聘请了体系首席科学家、岗位专家、试验站站长以及京内、外省市（甚至国外）蜂业科研机构和大专院校的蜂业专家为到场的养蜂农户讲课，对提高养蜂农户的饲养管理水平、提高生产抗风险能力具有积极的推动作用。

6. 存在问题亟待解决，展望未来干劲十足

十年来，体系自身不断改革、提升、完善自我，取得了十分显著的成效，但是依然存在着一些不足，比如，岗位专家与对接试验站的联系不够紧密，没有特别完善的对接机制；跨体系合作任务之外的跨体系交流不够活跃；体系每年经费的明细科目预算都一致，实际科研和试验示范都需要更灵活的调整机制，把钱用在实际需要的地方，而不是凑数；另外，经费到位经常不及时，有时甚至晚半年还多，造成经费与任务不同步、不相符等。我本人相信“乘风破浪应有时，直挂云帆济沧海”，更是充满信心，干劲十足！未来体系工作在总结之前经验、教训的基础上，一定会以更加完善、更加科学、更加合理的新风貌，对产业发展继续提纲挈领，保驾护航！

## 二、晋中综合试验站站长郑永惠畜牧师

晋中综合试验站自从承担现代农业产业技术体系（蜂）建设项目任务以来，认真按体系任务要求进行工作，努力做好蜂产业技术体系的建设，新技术的试验示范和推广及技术集成。努力与地方农业、畜牧、技术推广主管部门密切合作，为当地蜂产业发展发挥技术核心、技术支撑与纽带作用。近几年的工作中我站先后进行了蜜蜂规模化饲养技术的研究、探讨与推广，优良蜜蜂品种的选育与推广，优质蜂产品生产，蜜蜂健康高效饲养技术推广，蜜蜂病虫害防控，蜜蜂营养学研究，蜜蜂大田与设施农业授粉等技术的试验示范与推广应用。

晋中综合试验站在山西省下设有 5 个试验示范市县，16 个试验示范蜂场。旨在创建山西省养蜂新型产业体系，以科学技术推动山西养蜂业发展的进程，提高养蜂经济效益，塑造良好的体系形象。

1. 科学化、规模化发展

中华蜜蜂科学化、规模化饲养技术推广应用。通过我站的努力工作，从 2008 年建站至今，以山西省晋城市阳城县和沁水县为核心区域，推广科学化、规模化标准化饲养管理技术。宣导中华蜜蜂过箱饲养技术，阳城沁水两县过箱饲养中华蜜蜂共计达到 23 200 箱，辐射带动周边市县规模化过箱饲

养中华蜜蜂13 000箱左右，建立中华蜜蜂规模化蜂场4个。与此同时推广中华蜜蜂人工育王技术、巢蜜生产技术、中华蜜蜂代用花粉应用技术、中蜂囊状幼虫病防控、中蜂轮回换种保种等技术。在此期间人工育王2 000余只，生产巢蜜1 800多千克。在巢蜜生产过程中，发明了艺术性巢蜜（即在巢蜜上刻字）。同时申报发明专利两项。

西方蜜蜂科学化、规模化饲养技术推广应用。以晋中综合试验站下设的山西省晋城市阳城县和沁水县，运城市临猗县，晋中市灵石县，忻州市忻府区和吕梁市石楼县为核心区域，推广科学化、规模化标准化饲养管理技术，健康高效养殖技术，蜜蜂简化操作技术，蜜蜂室内越冬技术，蜜蜂春季单脾开繁技术，蜂螨绿色防控技术，蜜蜂白垩病防治技术，蜜蜂全年饲养管理44 221技术，优质蜂王系统培育技术，蜜蜂花粉代用品试验示范及应用等。共建立120箱以上规模化试验示范蜂场17个。辐射带动阳泉、平定、昔阳、寿阳、太谷、榆社、介休、汾西、永和、万荣、吉县、长治、五台、陵川、朔州、平陆、泽州等22周边个市县近1 000多养蜂户。

**2.优良蜂种推广**

根据山西广大地区蜜蜂养殖的特点，晋中综合试验站主要推广的是‘中蜜一号’优良抗螨蜂种。以我站下设的5个试验示范市县为中心，向周边市县辐射带动，在此期间，累计推广‘中蜜一号’优良蜂种34 820群，推广的方式以免费赠送蜂王、输送王台、移虫和输送卵虫脾等。辐射带动阳泉、平定、昔阳、寿阳等17个市县500多养蜂户。经试验统计和蜂农反馈，‘中蜜一号’优良抗螨蜂种蜂螨寄生率比对照组低26.8%，产蜜量提高0.6千克。蜂农反映‘中蜜一号’优良抗螨蜂种比周边蜂场产蜜量提高15%以上，抗螨效果明显。

**3.健康高效养殖技术集成与示范**

我们在蜜蜂健康高效养殖技术集成与示范过程中进行了以下工作。

协助岗位科学家开展抗螨蜂种评价。在我站下设的5个试验示范市县全面进行了采集与抗螨效果的调查与评价，主要以山西省运城市的临猗县和晋中市的灵石县共计推广‘中蜜一号’593只蜂王，王台1 700个；移虫9 200只；卵虫输送200脾，总计推广10 540只。通过调查统计‘中蜜一号’抗螨蜂种的抗螨效果明显，蜂螨寄生率比对比组降低 26.8%；产量提高 0.6 千克。

高效育王与供种技术研究。协助岗位科学家开展无王哺育技术的中试工作，微型交尾群中试工作，提高育王效率。无王育王技术在我场 3 个育种蜂场进行，培育蜂王 200 只。无王群哺育技术中试工作，采用 13 ～ 15 足框蜂以上的健康强群进行，我们采取不断抽取带幼蜂封盖子脾补充哺育群的方法进行连续批量育王。结合不断抽取带幼蜂封盖子脾补充哺育群的方法，对不同体色的蜂种进行了无王育王试验，实验结果为，黄色蜂种优于黑色蜂种，黄色蜂种无王群可连续哺育 5 ～ 8 框王台；黑色蜂种可连续哺育 4 ～ 5 框王台，同时进行了无脾小型交尾箱的试验。通过反复试验无脾小型交尾箱与有脾小型交尾箱的交尾成功率并无多大差别，有脾小型交尾箱成功率 65%；无脾小形交尾箱成功率 62%。

建立蜜蜂健康养殖技术体系。一是建立西方蜜蜂健康养殖技术体系。通过对蜜蜂发育、巢温变化、蜜蜂营养、蜜源环境等基础理论的深入研究，从改善蜂巢的内外环境、保持蜂巢内粉蜜贮备充足、控制人为的过度取蜜和过度的蜜蜂群势增长、提高蜜蜂健康程度入手。在石楼示范县，对西方蜜蜂蜂箱进行了通风改造，已解决门面房枣花期因巢温过高，影响蜂群的正常采集与繁殖的问题。另外我们对西方蜜蜂的框架进行了改进，并申报了专利。二是建立中华蜜蜂健康养殖技术体系。我们对中华蜜蜂饲养管理措施和中华蜜蜂蜂箱进行了改进，以解决中华蜜蜂过箱后易出现的易患病、群势弱、产品质量低等问题，集成中华蜜蜂健康养殖技术。提高中华蜜蜂的生产能力。与此同时，我站在阳城试验示范县中蜂饲养分布区，对中华蜜蜂蜂箱进行了改进，解决了中华蜜蜂生产巢蜜难的问题。改进了传统的蜂桶蜂桶。引导蜂农生产成熟蜜及中蜂巢蜜的生产，对于过箱饲养的中蜂群，加强蜂群饲养管理措施，做到饲养强群，群均产量稳步提升（如阳城县中蜂过箱中蜂群年产达到 20 千克，最高产 30 千克；木桶饲养中蜂年产达 7.5 千克）。

**4. 蜂机具改造**

中华蜜蜂蜂箱改造。一是进行中华蜜蜂过箱饲养技术推广应用，阳城沁水两县过箱饲养中华蜜蜂共计 23 200 箱，辐射带动周边市县规模化过箱饲养中华蜜蜂 13 000 箱左右，建立中华蜜蜂规模化蜂场 4 个。与此同时，推广中华蜜蜂人工育王技术、巢蜜生产技术、中华蜜蜂代用花粉应用技术、中蜂囊状幼虫病防控、中蜂轮回换种保种等技术。在此期间人工育王 2 000 余只，生产巢蜜 1 800 多千克。二是研发适应本地区中华蜜蜂饲养的蜂箱。引进鸽子窝蜂箱，改造浅继箱，进行巢蜜生产。三是改造了传统的蜂箱，引导蜂农生产成熟蜜及中蜂巢蜜的生产，使得蜂群单产提高了 15 ～ 20 千克。

西方蜜蜂简化操作与机具改造。通过对蜜蜂发育、巢温变化、蜜蜂营养、蜜源环境等基础理论的深入研究，从改善蜂巢的内外环境、保持蜂巢内粉蜜贮备充足、控制人为的过度取蜜和过度的蜜蜂群势增长、提高蜜蜂健康程度入手，对蜂箱进行了研究，对蜂箱盖进行了改造，发明了“三方蜂箱盖”，解决了蜂箱的防水、防晒、通风的作用，并取得了专利，在石楼示范县，对西方蜜蜂蜂箱进行了通风改造，已解决枣花期因巢温过高，影响蜂群的正常采集与繁殖。另外我们对西方蜜蜂的框架进行了改进，并申请了专利。

**5. 调查研究**

饲料生产现状与代用花粉应用。山西省蜂饲料企业有两家，各种饲料及添加剂的年产量和使用量 60 ～ 70 吨；蜜蜂代饲料主要有豆粉、花粉沫、代花粉、自产蜂花粉。我站示范县历年蜜蜂饲料调查情况如下：阳城示范县示范蜂场饲喂代用花粉年均 3 吨，约占全县 25%；临猗示范县示范蜂场饲喂代花粉饲料年均 450 千克，约占全县 20%；石楼示范县示范蜂场年均 2 500 千克，约占全县 32%；忻州示范县示范蜂场饲喂花粉沫年均 2 吨，代花粉饲喂量很少；灵石示范县饲喂代用粉年均约 1 吨，约占全县 10%。蜜蜂饲料支出占蜂场支出比例为 12% 左右；自配与购买蜜蜂饲料比例 5%。

蜜蜂授粉现状调查。我们多次深入梨树产区，与果农进行了座谈，了解到蜜蜂对梨树授粉的必要性。对当地枣树蜜蜂授粉现状进行了调查，并与相关枣树种植人员进行了有关授粉管理和授粉技术的交流和座谈，详细地讲解了蜜蜂授粉对枣树的益处。对我区设施农业种植情况与蜜蜂授粉情况进行了多次深入的调查，为设施农业蜜蜂授粉存在的一些具体问题做了具体的分析与指导。我们对 42 个自然村，62 个养蜂户进行了蜂产业体系调查调查，对病虫害防治、养殖技术、养蜂用具、蜂种信息、蜜蜂授粉技术和蜂产品信息等进行了详细的调查。

有毒蜜源植物调查。通过本站各示范县调查各示范县境内主要有毒蜜粉源植物，收集有毒蜜粉源植物相关文字和图片资料，重点是山西境内有毒蜜粉源植物，完成有毒蜜粉源植物调查及我国主要蜜粉源植物年度调查，编写了《常见有毒蜜粉源植物手册》，并发放示范县养蜂户。

完善年度蜜蜂资源动态监控数据调查。完成当年度地区蜜蜂资源动态监控的数据调查工作，蜜蜂资源动态监控以每一个蜜蜂活动周期为单位，重点调查本年度指定蜂场的蜂群群势变化情况，特别是在越冬期前后的蜂群变化。将该数据进行收集、整理并入库。

**6. 蜜蜂授粉试验示范**

进行苹果、梨树蜜蜂授粉示范。我们协助体系岗位科学家邵有全研究员开展梨树蜜蜂授粉的强制授粉、蜂群不同时间进场、诱导、不同时段脱粉等研究试验示范；参试蜂群 150 群，参加的技术人员 6 人，共计 54 人次。2013 年 4 月 10 日，我们协助农业部蜜蜂授粉行业专项与在山西省运城市临猗县举办了“全国苹果蜜蜂授粉现场会”，有来自四川、云南、河北、广西、陕西及本地蜂群 5 700 多群，授粉面积达 3 万多亩，蜂产业技术体系首席科学家吴杰研究员及部分岗位科学家和全体试验站站长一行人 190 人员参加了现场会。与山西省农业科学院园艺所技术人员于山西省晋中市祁县古县镇刚上村共同进行了梨树授粉树配置不足条件下蜜蜂授粉技术研究——蜜蜂携带花粉技术的试验，同时进行了诱导试验、蜂群不同配置情况下的授粉试验，租用授粉蜂群 100 群进行试验示范，参加技术人员 5 人，累计 20 人次。对我地区苹果、梨树和枣树蜜蜂授粉现状和设施农业种植情况与蜜蜂授粉情况进行了多次深入的调查。就设施农业而言，其种植种类比较多，有草莓、黄瓜、礼品西瓜、洋香瓜、茄子、油桃等作物。此外，还开展了关于蜜蜂授粉的面积和各种授粉经济作物的花期的调查。

## 三、兴城综合试验站站长袁春颖高级畜牧师

**1. 省市县三级联动，为蜂农更好地服务**

多年来，兴城站开展蜜蜂技术推广示范时，都是省、市、县蜂业主管部门三级联动，以蜂业主管部门技术引导的方式展开。这种有地方政府参与的技术推广方式，人们更加信任和认可，保障了新技术的顺利推广。同时，技术推广都是选择示范蜂场，应用新技术，用示范蜂场增产增收的实例，带动当地其他蜂场应用新技术。例如，朝阳县新地村的刘发来和桑树志示范蜂场，分别饲养蜜蜂 200 群。他们根据当地的蜜源和气候特点，槐花期间不采蜜只以繁蜂为主（因槐花蜜源流蜜不稳定，十年有七年歉收），一年只采荆条蜜，2013—2016 年连续四年每群均产超过 75 千克。在这两家示范蜂场的带动下，周边蜂场也纷纷效仿，他们每年的经济效益都增加 40% 左右。

**2. 蜜蜂授粉技术示范应用，是一项实用惠民技术**

通过多年推广蜜蜂为梨树、向日葵、苹果和草莓等授粉技术，蜜蜂饲养户增加了收益，种植户节省劳动力和生产成本，夺得了高产，二者实现了双赢。几年来的推广成果证明，蜜蜂授粉技术是一项实用、惠民技术，被大多数农民接受和认可，并且现在已成自然扩张式的发展势头。

**3. 发挥蜂协的力量，促进养蜂产业的发展**

我们做技术推广时，与当地的蜂业协会或合作社合作，在他们的示范带动下，使推广工作更简洁高效。比如蜂种推广和蜜蜂授粉技术示范时，都先在当地蜂业协会带头人的蜂场示范，取得好的效果后，很快被当地其他蜂场认可，这样推广程辐射式发展，加速了推广进程。

**4. 蜜蜂病害监测点定期上报的方式，省时省力**

在 2015 年以前，蜜蜂病害监测，主要是以兴城站技术人员实地考察为主。这样费时、费力，工作效率也不高。自 2016 年开始，兴城站在朝阳市、葫芦岛和本溪市的 10 个县区选择了 30 个病害监测点，在县级蜂业主管部门的配合下，每年监测点半个月上报一次蜜蜂健康情况，实时监测蜜蜂病害的发生。这样省时、省力，大大提高了工作效率。

**5. 与龙头企业合作，推动蜜蜂产业发展**

兴城站在推广高产技术的同时，也积极与龙头企业合社，给蜂农和企业搭建沟通的平台，使蜂农的好产品有处可销，能取得更好的经济收益。同时，也为企业寻找到了好的货源。这样，保障了蜜蜂产品生产、销售环节健康发展。

## 四、吉林综合试验站站长牛庆生研究员

**1. 取得的经验**

**一是发展地方蜜蜂产业须因地制宜，确定最佳养蜂模式。**中国地大物博，蜜源气候差距较大，不同地区适合不同的养蜂模式，发展地方蜜蜂产业不可“一刀切”，必须因地制宜，才能使效益最大化，产业可持续。自然资源条件较好，拥有大宗蜜源和多种辅助蜜源，适合采取定地养蜂模式；蜜源条件中等的地域，外来蜂群较少，患病机会少，但蜜粉饲料缺乏时需补充饲喂，宜加强杂花蜜源的利用和多种蜂产品生产，促进蜂群繁殖，采取定地结合小转地方式；蜜源条件较差，无可被利用的蜜源，可采用长期转地饲养的养蜂模式。

**二是积极解决养蜂大小年现象，增加养蜂积极性。**椴树等蜜源植物大小年现象明显，小年时往往颗粒无收，极大地影响饲养积极性，对产业发展不利。科学利用大小年现象，实现大年丰收，小年通过采收多种蜂产品或繁殖蜂群等方式保证有收入，是养蜂科技扶贫中的一项重要工作。

**三是抓住养蜂培训契机，多形式开展技术服务。**体系成立以来，吉林综合试验站将养蜂科技培训工作作为重中之重，根据东北农业生产特点，利用冬春季节集中进行技术培训，利用蜜蜂饲养节点进行现场培训，两种培训交错进行。直接培训包括集中培训、入户培训、观摩培训，辅助培训，有效利用三农信息服务咨询平台、蜂业服务微信平台等，随时随地对养蜂者进行技术指导。

**四是促进示范县和示范基地建设，推动产业发展。**吉林省蜂蜜年蕴藏量 10 万吨以上，可放养蜜蜂 80 万群，现全省养蜂 33 万群左右，发展空间较大，而积极建设示范县和示范基地，加强与当地蜂业主管部门、蜂企业、

合作社等之间的横向联系，无偿投入良种、技术等，进行科研项目合作，建成专家大院若干，推动建成良种繁育基地、“蜂蜜之乡”等，并以此为核心，辐射带动周边蜂场，达到以点带面的示范作用，是发展地方蜜蜂产业的必经之路。

**五是采取典型示范效应，培养当地养蜂致富带头人。**“火车跑得快，全靠车头带”，千言万语不如一个实际致富者的带动力量更为强大。地方产业发展，技术人员不可能长期蹲守，技术辅导也往往鞭长莫及，必须高瞻远瞩，逐步打破传统农耕思想，重点培养出当地的产业带头人，示范推动产业发展，产业发展事半功倍。

**六是改良蜂种，经济效益决定饲养积极性。**“一只好王，千斤蜜糖”，在试验站建设过程中，积极推广抗病高产优良种王，改良地方蜂种血统结构，减少蜂群损失，提高蜂群产量，增加农民收入，从而促进养蜂发展。截至目前，吉林站已向全国 30 个省、市、区推广良种蜂王 12 万多只，在吉林省内通过产业扶贫、技术扶持等方式推广良种遍布长白山区，极大地促进了农民养蜂的积极性。

**七是搞好蜜蜂产业扶贫，助推山区蜂业发展。**养蜂投入小，见效快，适合不同人群饲养，能够增加农民收入，改善农民体质，是山区精准扶贫工作大有可为的产业。吉林省地处长白山脉，资源丰富，发展养蜂业得天独厚，吉林综合试验站先后在汪清县复兴镇金苍村、柳河县柳南乡西腰沟村和安口镇、通榆县边昭镇西站村等深度贫困地区进行养蜂技术产业扶贫，无偿转化科技成果，免费提供技术、物资和良种支持，进行集中技术培训，派出专业人员多次进行现场技术指导，取得了良好的扶贫成效，并辐射带动周边蜂农致富，得到了当地农民的高度认可。其中西腰沟村 5 户贫困户仅 2016 年一年就生产优质蜂蜜 4 500 余千克，通过多种途径，户均实现销售蜂蜜收入 34 800 多元。

**八是重视科学研究，以研究促生产。**科学技术是养蜂第一生产力，是促进蜂业发展的根本之一。加强良种收集和繁育工作，可获得适合地方蜂业发展的优良蜂种，促进效益最大化；加强蜜蜂授粉技术研究，可与当地果蔬作物相辅相成，互增收入，保障食品健康；加强先进蜂机具、蜂药等研究，可对蜂群繁殖和发展起到巨大的帮扶作用，增加饲养积极性。

**九是蜜蜂疫病防治决定养蜂发展延续性。**养蜂实践中，蜂群患病初期不易察觉，爬蜂满地时往往束手无策，进而滥施滥用化学药物，严重伤害蜜蜂体质、污染产品安全，有时即使确诊也无法根治，对蜜蜂饲养积极性造成极大影响。近年来，小蜂螨在北方蜂群中广泛传播，成为北方蜂业发展最大的障碍之一。因此养蜂科技扶贫，要时刻注意蜂病的传播和流行，要着重检查贫困户蜂群的病敌害情况，教会蜂农如何积极防御疾病，进行健康养殖，防患于未然。

**十是重视人才队伍建设，保障蜂业可持续发展。**吉林综合试验站抓住体系调研、培训、扶贫等机会，积极培养和锻炼新人。经过试验站的不懈努力和人才自身的不断成长，逐步实现试验站"血液"不断更新，在养蜂科研方面，已培养出国务院特殊津贴专家、吉林省拔尖创新人才、国家畜禽遗传资源委员会委员、博士、硕士等多个人才；在蜜蜂饲养方面，从实际需要出发，在临时聘用人员中，培养出了一批专业养蜂技术人员队伍，负责蜜蜂保种、繁育等实际工作；在对外交流方面，为蜂产业技术体系培养蜜蜂人工授精、蜜蜂形态鉴定及良种饲养技术人才120余人次，为韩国、新西兰、新加坡等国家培养蜜蜂人工授精技术5人次以上。

2. **心得体会**

**一是充分调研，产业工作做牢做实。**兵法有云："知己知彼，百战不殆"。组织调研队伍，深入各地进行养蜂户蜂群饲养规模、群势、种性、病敌害等，了解转地放蜂情况，蜂产品生产及经营情况等，进入深山实地调查椴树生长情况、辅助蜜源开花泌蜜情况等，预测椴树泌蜜年景，并根据调研结果，"对症下药"，研究制订出最佳的养蜂模式，以期达到预期效果。

**二是做地方工作，必须与老百姓交朋友。**老百姓对一些新技术、新设备或者新蜂种等，往往持怀疑态度，欲推广和示范，必须取得他们的信任，要在试验测试、产品中试、技术推广和调查研究等过程中取得良好的配合效果，就必须和农民做朋友，"混"熟了，自然就一切水到渠成，体系工作也就更容易开展。

**三是加强合作，达成共赢。**"一个好汉三个帮"，要想将体系工作做好做强，就需要不断提升自我水平，而与体系内、体系间建立多渠道的合作关系，资源互补，互相学习，就能一日千里，合作共赢。吉林站与其他试验站在多方面进行技术等合作，与梨体系也进行了初步合作，均获益匪浅。

**四是利用试验站特色，发挥技术优势。**我站在蜜蜂育种方面具有一定的技术优势，就在项目资助、技术开发研究、示范推广等方面优先进行育种相关研究，建设蜜蜂繁育基地，发展蜜蜂人工授精技术，培养蜜蜂饲养技术人员，研制蜜蜂人工授精仪等蜜蜂育种设备，资助蜜蜂育种相关分子生物学、细胞生物学等科学研究，并将取得的各项科研成果进行技术示范推广。

**五是建设养蜂合作社，扶持地方产业发展。**试验站投入再多，也难以长期持久，毕竟需要扶持的地域较多。而地方蜂业组织的辐射带动作用，却不可小觑。有了地方蜂业组织，地区蜜蜂产业发展便有了“娘家”，便可以同进退，共富裕。汪清县根据我所的技术优势、地方的资源优势和养蜂户的意愿，把养蜂产业作为汪清县脱贫攻坚的辅助产业，锐意谋划，深入实地，研究对策，建设扶贫示范点，在汪清县复兴镇建立了“金业养蜂创业基地”，发挥产业辐射带动作用，取得了明显成效。

**六是抓住机遇和挑战，实现蜂业可持续发展。**蜂业发展系于广大蜂业人员之手，科技扶贫是蜜蜂产业发展、产业宣传不可轻视的机遇，蜂业虽然在国民眼中“轻若鸿毛”，但通过精准扶贫工作，其优良的扶贫形象和巨大的生态作用必将重新走进千家万户，蜜蜂产业在生态环保、授粉和绿色食品等领域的发展会更加快速，因此，蜂业从业人员有义务也有责任将蜜蜂产业扶贫工作做好、做稳、做实，为蜂业的可持续发展奠定良好的基础。

### 五、牡丹江综合试验站站长高夫超研究员

2008 年，为全面贯彻落实党的“十七大”和中央 1 号文件精神，加快现代蜜蜂产业体系建设步伐，提升国家、区域创新能力和养蜂业科技自主创新能力，为现代养蜂业和社会主义新农村建设提供强有力的科技支撑，在实施优势蜂产品区域布局规划的基础上，国家蜜蜂产业技术研发中心决定在黑龙江省设立牡丹江综合试验站，依托单位为黑龙江省农业科学院牡丹江分院。牡丹江综合试验站的设立，坚定了黑龙江省农业科学院牡丹江分院作为

黑龙江省养蜂业发展科技支撑的信心。

牡丹江综合试验站现有研究人员 5 名，其中高级职称 2 人、中级职称 3 人、硕士 1 人；拥有蜜蜂育种、保护、产品加工和授粉 4 个专业实验室；建成可承接国家蜂业科研、中试功能完备的 200 群的核心实验蜂场一个、作业室和标准化越冬池各一个；在黑龙江省蜂业主产区建立了 9 个市县的主要技术服务区，并组织建设了由各市县蜂业管理人员、技术服务人员、加工企业管理人员、协会合作社负责人和典型蜂农组成的技术骨干队伍 120 人；通过网络建立了黑龙江省蜂业信息发布平台 3 个。

为了拓展蜜蜂研究所的研究领域、培养人才、提高研究水平，牡丹江综合试验站通过内引外联的方式，与国内相关院校和科研单位建立了广泛的工作关系。与扬州大学合作开展黑龙江省自然基金项目“东北黑蜂遗传多样性研究”。与黑龙江省野生动物研究所合作开展黑龙江省森工总局攻关项目“东北黑蜂优良品系培育与强群饲养技术研究”。与东北林业大学合作开展黑龙江省科技厅重点攻关项目“东北黑蜂优良种源培育与有机蜂产品基地建设”。“十二五”期间，高夫超主编的《养蜂技术》一书被选入全国高职大专教材，并参与编著《中国蜂业发展战略》。

建站以来，牡丹江综合试验站先后为黑龙江省蚕蜂技术指导总站、牡丹江市蚕蜂技术指导站、鸡西市蚕蜂技术指导站、饶河东北黑蜂国家级自然保护区等 11 个县市制订了蜂业发展规划，并参与修订了《东北黑蜂国家级标准》。

从 2013 年开始，牡丹江综合试验站连续 6 年开展了“中国椴树蜜产情预测分析会”。该会在我国椴树蜜主产区发挥了重要的指导生产作用，也是蜂产品加工企业制订产能计划的重要依据。

扶贫工作业绩突出。国家蜂产业技术体系牡丹江试验站结合“十三五”产业技术体系行业工作调研，重点对黑龙江省大兴安岭南麓地区的 11 个国家级贫困县进行产业踏查。通过对 11 个贫困县自然资源进行梳理、排查建档立卡贫困户，根据资源许可、贫困户积极主动、当地政府配合的原则，牡丹江综合试验站在黑龙江省望奎县惠七镇慧七村确立了张广玉和孙文两个贫困户进行养蜂技术扶贫。扶贫不光是作为专业人员的政治任务，更是检验

"十一五"和"十二五"工作成效的计量衡。

本着"加强领导是根本、把握精准是要义、增加投入是保障、各方参与是合力、群众参与是基础"五点经验，牡丹江综合试验站与有关各方签订了扶贫协议书。该协议书除了将扶贫方案进行清楚表达外，在权利和义务方面，牡丹江综合试验站将望奎县扶贫办公室、扶贫包点单位望奎县民族宗教局和望奎县惠七镇慧七村村委会作为丙方在该协议上签字盖章，使扶贫工作对参与的社会各方都体现了义务和责任，是稳步推进国家现代蜂产业技术体系扶贫开发"规划到户责任到人"的精准扶贫工作，加快贫困户脱贫步伐，尽快实现脱贫目标的组织和法律保障。

2016 年 7 月 2 日，牡丹江试验站将实验蜂场的 20 箱强群、相应的机具、蜂药和书籍资料送到黑龙江省望奎县惠七镇慧七村张广玉和孙文家里，每户 10 箱蜂。站长高夫超连夜送蜂并对送达的蜂群进行整理，现场对扶贫对象进行指导，强调近期工作要点。考虑到二位贫困户缺乏养蜂经验，高夫超又找到当地具有养蜂经验的张师傅负责日常技术帮扶，并对张师傅在蜂种更新和新蜂药使用等方面予以支持。

7 月 20 日、8 月 6 日和 9 月 13 日，高夫超连续到慧七村给贫困户送蜂王、巢框、巢础和代用饲料等生产资料，并现场进行技术指导。截至 2016 年 9 月底，张广玉生产月见草蜂蜜 130 千克，销售收入 5 200 元；孙文生产月见草蜜 220 千克，销售收入 8 600 元。两个贫困户实现当年脱贫的目标。看到该可喜成绩，本着习总书记"坚定信心、找对路子""因地制宜、科学规划、分类指导、因势利导"的重要指示，望奎县扶贫办和包县单位绥化市体育局与黑龙江省农科院牡丹江分院蜜蜂研究所协商，将养蜂作为望奎县重点扶贫技术在域内推广。蜜蜂研究所的扶贫经验得到国家蜂产业技术体系首席科学家吴杰研究员和扶贫工作对接岗位科学家薛运波研究员的肯定。

2017 年 4 月，我们根据扶贫项目运行情况，即"鞋子合不合脚，自己穿了才知道"的扶贫经验，我们对扶贫户的工作方式进行了调整。通过沟通和协商，决定两位贫困户在生产期到蜜蜂研究所实验蜂场进行生产学习，在按临时用工开支的情况下，其所属的 10 群蜂的收入仍归个人所有。俗话说"授人以鱼不如授人以渔"，什么是"渔"？就是能够彻底改变贫困的方法。

该工作得到当地政府、贫困户和体系的支持。2017 年两位贫困户的收入比 2016 年提高 10% 以上，达到了“六个精准”：扶贫对象精准、项目安排精准、资金使用精准、措施到户精准、因村派人精准、脱贫成效精准的要求。我们针对扶贫工作进行仔细的梳理、系统的总结，整理出带有规律性、经验性、可借鉴的东西，以进一步创新思路、完善措施，循序渐进发展生产。在扶贫技术可行、科研人员精力允许的情况下，牡丹江分院蜜蜂研究所在黑龙江省泰来县又增加了两户贫困户进行扶贫，该工作得到了领导的支持和当地政府的热烈欢迎。

牡丹江综合试验站经过多年的不懈努力，已建成科研架构完整，平台设施完备，研究基础扎实，研究能力和水平与国内专业蜂业科研单位比肩的研发示范平台综合体。

## 六、扬州综合试验站站长吉挺教授

2008 年我们有幸成为国家蜂产业技术体系试验站的成员，并担负起体系在江苏地区的技术中试与示范工作。自承担体系项目任务后，在首席科学家及各对接科学家及兄弟试验站站长的指导、支持与帮助下，扬州综合试验站顺利地完成体系下达的各项任务，并在体系经费的资助下，有目的、有步骤地开展了江苏省养蜂技术推广及服务工作，为江苏省养蜂健康有序发展贡献了一份力量，同时自己在个人事业上也取得进步。十年来我深深感受到在体系大家庭所给予的温暖，现将多年来工作的体会与些许经验汇报如下。

### 1. 严格按照任务书的内容，完成技术中试与示范是综合试验站工作的主体

体系自成立之初就确定了岗位科学家与综合试验站之间的职责与工作分工，不承担基础科研任务，而全部精力用于养蜂技术中试与示范推广，其中体系所确定的项目书是试验站全部工作的纲领。只有清楚地认识到这一点才能更好地完成体系任务。多年来为了科学、准确、完整地完成体系下达的整体任务及分年度考核目标，我注意从以下几方面做好工作。

**一是选择好示范蜂场是做好体系工作的前提条件。**示范蜂场选择的好坏

直接关系到体系工作的质量。对示范蜂场的选择我遵循以下几个原则：养蜂者个人素质十分重要，要忠厚老实、勤劳踏实、有一定技术基础和文化知识；本人有进行技术改良的意愿和抗风险思想准备；蜂场自身具有特色，或者蜂种、或者饲养管理抑或蜜粉源环境条件等；蜂群数不少于140群，有一定的规模。正因为有这些条件的限制，所以在整个十年间，扬州站所承接的体系任务只在少数的示范蜂场进行，却基本圆满完成各项任务。

**二是保持与对接岗位科学家的紧密联系是做好体系工作的技术保证。**试验站所承接各个技术均来自于所对接的岗位科学家，增加对所对接的岗位科学家的服务意识才能保证各项任务不打折扣的完成。多年来扬州站紧密联系所对接的岗位科学家，多次邀请到江苏各个示范基地进行技术指导与技术培训，在工作中我们还做到以下几点：真实反映中试及示范情况，尤其是反馈在中试过程效果不理想的情况，以便让岗位科学家及时了解情况，并完成技术改进工作；做好蜂农与岗位科学家的联系纽带，要将蜂农在养蜂生产中的好经验、好方法以及在生产过程出现的问题及时反馈出去，以便岗位科学家能够加以总结和开展研究；有目的地提出技术需求，每位岗位科学家所对接试验站也很多，往往无暇顾及个别试验站，更多是总体设计，试验站需要主动积极与岗位科学家联系，提出个性化的技术需求才能更好地为基层服务。

**三是尽量将经费倾斜于示范蜂场是做好体系工作的物质保障。**在多年工作中我们深知千万不要把自己当成蜂农的“救世主”，要真正放下教授的架子，走进蜂场，与养蜂人真诚交朋友，只有这样蜂农才能认真负责地为技术中试与示范工作尽力。同时在中试过程中技术自身瑕疵在所难免，如蜂种优良性状不突出、蜂药治病防病效果不明显、配套养殖技术对特定环境的不适应等，都会对蜂场带来经济上的损失。同时蜂农在进行技术中试或示范时必然牵扯到大量精力，必要的补助既反映了我们对其工作的尊重与肯定，也是使今后工作顺利进行的保证。扬州试验站根据经费预算要求，除了满足各示范县经费需求之外，每年都拿出一定经费购买蜂箱或蜂机具发放到示范蜂场，得到了蜂农的欢迎与支持。

当然完成好任务书规定的工作，以上几点是远远不够的，充分发挥好示范单位的技术力量，积极组织好蜂农培训工作，每年拿出相当时间在基层蜂农进行调研与技术指导都是更好地完成体系工作的必要条件，也是我多年开展体系工作的体会。

**2. 明确综合试验站的定位，竭诚为本地区蜂业发展服务，是试验站义不容辞工作任务**

相较于岗位科学家，综合试验站更应将论文写在大地上。综合试验站最根本的任务是促进本地区养蜂业健康快速发展，是各地区蜂业提质增效的排头兵。我所在江苏省是发达地区，养蜂人口较少，无论在整个国民经济，还是在畜牧小行业中都是微不足道，不受重视的一环。但是十年来在体系强有力的支撑下，江苏省蜂业发展取得了显著成绩，表现在蜂群数量止跌回升、规模化蜂场成为我省养蜂的主流、售卖或租赁蜜蜂授粉成为蜂农收入的主要来源、蜂蜂产品的质量安全初步得到保证及中蜂种质资源保护取得显著成效，对当地生态建设正发挥越来越重要的作用。在具体工作我们充分认识到：

**一要做好与各级政府与职能部门的沟通，唤醒各级领导关心养蜂、支持蜂业发展的意识**。体系成立之初，很多职能部门领导不了解蜜蜂，甚至很多人认为养蜂业不属于畜牧业分支，更无从谈起关心与支持养蜂业。试验站成立后，我们充分利用在高校工作的优势，采取了“请进来、带出去，抢机遇”方法，改变领导对养蜂业的认识，尽可能获得政府对养蜂业的支持。所谓“请进来”是指邀请农委领导到基层蜂场了解蜜蜂；争取在省内多举办养蜂相关的会议或活动，并邀请领导参加，创造与业内专家的互动联系；借助体系开各种层次座谈会，使领导与蜂农、蜂产品企业管理者面对面交流，了解江苏省养蜂面临的问题。“带出去”是指在江苏省重点蜂业发展地区，如苏州市吴中区，组织农委相关人员到安徽、浙江等养蜂发达学习对方先进的蜂业管理经验、“抢机遇”是指近几年来江苏省对生态建设十分重视，尤其在太湖地区重视发展生态农业，畜牧业面临转型升级，试验站与当地农业部门主动联系，打造中蜂健康养殖，以枇杷蜜为核心的优质蜂蜜建设工程，发展太湖地区的中蜂产业，获得苏州农委上下一致的肯定与支持，并将中蜂养殖作为今后几年苏州地区重点发展的畜牧行业。通过与政府与职能部门有效交流，我们在省内建设了中蜂资源保护区、中蜂特色蜜生产基地，同时在蜂群遇到急性传染病的时候，及时得到政府的帮助，促进江苏省蜂业的稳步发展。

**二要重视与江苏省养蜂协会的合作，借助协会的力量更好地为基层蜂农服务。**江苏省蜂业协会成立有 40 年的历史，一直是联系蜂业从业人员的主要纽带。试验站成立后，我充分利用在江苏省蜂业协会的关系，在蜂农培训的组织、养蜂新技术的示范推广、养蜂政策的宣贯、技术服务等多方面与协会工作人员通力合作，解决了试验站人员较少，工作繁重的困难。同时对于试验站不熟悉的养蜂生产地区，如徐州、连云港等地，都是协会帮助与当地养蜂组织或个人先行联系，然后再开展工作。十年来，试验站在为协会服务上主要做好的工作包括：在对蜂农技术培训的基础上，协助蜂农在各地区成立蜂协组织，多年来试验站帮助无锡、扬州、泰州、南京、镇江、苏州等地蜂农成立协会组织；协助蜂协与政府职能部门建立联系，帮助他们编写蜂业发展规划及政策建议；协助蜂协在蜂农合法权益保护、养蜂重大疾病防控等方面开展工作。总之多年来试验站与蜂协之间形成水乳交融的合作关系。

此外试验站多年来作为省内唯一的蜂业技术单位，在为省内蜂产品企业服务时，始终将基地建设与优质蜂产品原料作为支持企业的重点工作，对那些坚持真蜜生产，关心基层蜂农利益的企业重点帮助扶持。同时试验站充分认识到授粉在今后养蜂业发展中重要作用，而江苏省又是全国设施农业最为发达的地区之一，促进江苏省蜜蜂授粉事业必然是试验站的重点工作。试验站利用在高校工作的有利条件与江苏省草莓、瓜类专家联系，帮助建立蜂农与果农的沟通平台，同时组织示范基地，保证供蜂质量，维护蜂农权益，提高蜜蜂授粉的经济价值。以上工作经验与体会也会帮助我今后更好完成体系的各项任务。

## 七、金华综合试验站站长高级畜牧师

### 1. 取得的成果

金华综合试验站在蜂产业技术体系的长期支持下，引进蜂体系岗位专家提供的各项实用技术，将新技术示范落地，并不断扩大应用面，取得了显著成效。一是蜜蜂健康高效养殖技术不断提高，为蜂群健康和蜂场增收起到积极作用。形成了浙江省中西方蜜蜂规模化饲养技术方案，意蜂人均饲养量达到 120 群，养蜂效益提高 25% 以上；中华蜜蜂达到人均饲养 140 群，生产效率提高 100%；建立人均蜜蜂饲养量 120 群以上示范蜂场 10 余个。引入王浆高产抗白垩病蜂种，蜂种累计应用蜂群 3 000 余群，取得了较好的示范效果。试验示范蜂王浆免移虫设备和天然蜂粮生产设备，开发适合浙江省的蜂机具。开展西方蜜蜂病毒病、中蜂有幼虫病和农药对蜜蜂影响等各类监测工作。二是在我站范围内推广授粉蜂群 12.53 万箱，授粉面积 24.9 万亩，增加经济效益 3 394 万元。三是保护和利用金华综合试验站区域内的浙江浆蜂和华南中蜂优良蜂种资源 2 个，建立省级浆蜂保种场 1 个——杭州德兴蜂业有限公司种蜂场，保种场核心群数量 146 群；建立省级中蜂保种场 1 个——江山福赐德中蜂种蜂场，保种场核心群数量 125 群。四是在杭州天厨蜜源保健品有限公司和兰溪鸿香生物科技有限公司开展了蜂产品溯源工作，每年溯源蜂群数量 1 200 群以上。

进入体系以来，我站不断加强自身团队建设，新培养蜂学专业人才 2 名，在国家期刊上发表论文 15 篇，获授权发明专利 1 项，获授权实用新型专利 3 项，获浙江省农业丰收三等奖、金华市科学技术进步三等奖各 1 项，制定地方标准规范 2 项。

**2. 产业支撑效果**

协助岗位专家开展行业基础性监测和调查，为江苏省养蜂业的转型升级提供决策依据，指导江苏省养蜂业健康持续发展。我站持续开展了西方蜜蜂病毒病、中蜂幼虫病和农药对蜜蜂影响等各类监测工作，为蜜蜂健康提供保障。连续多年开展了浙江省西方蜜蜂和东方蜜蜂种质资源样本和数据的收集、整理及入库工作；浙江省西方蜜蜂和东方蜜蜂主要生产用种特征特性资源数据的收集、整理及入库工作、浙江省蜜蜂资源动态监控的调查、数据的收集、整理及入库工作；浙江省养蜂合作社数据收集；主要蜜蜂病害的普查；有毒蜜粉源植物及主要蜜粉源植物调查和每年 60 户蜂农固定观察点，为全面了解浙江省养蜂业形势和基本情况提供了一手资料。

开展蜂业技术培训服务，提高蜂农技术水平，为产业健康持续发展提供技术服务支撑。每年辅助岗位科学家，针对专业技术人员和蜂农等举办培训不少于 2 次，每年培训相关人员 300 人次以上。2010—2018 年共开展技术培训 57 期，培训 6 787 人次，包括蜜蜂饲养、病虫害防控蜂产品质量安全和溯源等 10 多项内容。

**3. 对产业发展的引领作用**

引领意蜂规模化、机械化发展。我站积极进行意蜂健康高效养殖示范，推广蜜蜂饲养规模化、机械化生产，改变了原来蜂场的脏乱差的蜂场条件，示范蜂场统一配套了标准化蜂场、不锈钢摇蜜机等，并在蜂群安全用药上起到了积极的引领作用。

引领中蜂规模化发展，带动中蜂养殖户增产增收。通过中华蜜蜂健康高效养殖技术、中华蜜蜂人工育王、无王哺育和微型交尾群组织技术等一系列使用技术的示范推广，中蜂活框饲养比例大幅提高，推动浙江省中蜂饲养水平不断提高。

**4. 对产业发展做出的重要贡献**

金华站在浙江省积极推广蜜蜂授粉技术，相继在设施草莓、枇杷、设施西瓜、籽莲、蓝莓等作物上应用了蜜蜂授粉，并取得显著成效。通过蜜蜂授粉技术研究、制定授粉技术标准、建立蜜蜂授粉示范基地和培育专业授粉蜜蜂繁育蜂场等举措，蜜蜂授粉的作用和效果在蜜蜂养殖户中普遍得到认可，且授粉意识初步形成，初步实现种植业和养殖业的有机结合。

**5. 主要做法**

**一是聚集行业专家，技术创新搞示范。**通过“上连”岗位科学家，“下接”蜂业示范户，不断聚集优势资源，技术示范引领，金华综合试验站每年对接 7～8 名岗位科学家，越来越多的新技术、新品种、新机具在我站区域内示范与应用。经过多年的努力，我站在蜜蜂规模化养殖，王浆优质高产抗白垩病蜂种中试，蜜蜂授粉技术应用及蜂产品溯源等 10 多项新品种、新技术、新机具、新材料、新方法在产业中得到广泛应用，初步形成了创新驱动发展的新格局。为提升技术应用的能力，推动产业快速发展，截至 2018 年，金华综合试验站共启动建设规模化示范蜂场 15 个，试验蜂场 9 个，开展技术示范、推广 12 项，实地指导 100 余次，每年邀请岗位科学家培训，累计培训农民 6 700 余人。突出的表现是主要蜂产品品质提高了 2 ～ 3 个等级，农业综合收益提高了 50% 以上，农民人均收入水平翻了 2 ～ 3 番等。作为推动现代农业发展的主要力量，岗位科学家的创新技术在我站的示范和应用，极大地促进了农业生产稳定发展，农民收入快速增长，农村生产生活条件改善。

**二是提升科研能力，科技成果有亮点。**在体系长期支持下，金华综合试验站在学科领域逐步取得关键性突破，先后获省部级以上科技奖励、国家发明专利等一批重要科技成果，有力提升了金华综合试验站的科研实力。体系建设期间，金华综合试验站累计获省、市级以上科学技术奖、农业丰收奖等奖励 2 项，获授权专利 4 件，制定省、市级标准 3 项，在省级以上期刊发表论文 20 余篇。同时，在国家蜂产业技术体系平台的支持下，我站团队人才培养取得长足进步，获得各类科技项目支持持续增长，极大地促进了地方科研工作的顺利开展，也成为对我站科技研发实力和组织实施能力的有效认可。据统计，体系建设期间，我站团队人员承担省、市科研项目包括省自然科学基金、省公益性农业项目，金华市农业重点项目 10 余项，服务地方产业项目包括省蜜蜂产业振兴项目、金华市科协专项、金华市财政支农专项等 20 余项，在提升科研实力，推动地方产业发展等方面取得了重要的作用。

**三是深度交流合作，产业发展有后劲。**体系建设以来，我站在参加学术交流层次、参与科技协作深度、发表科技论文质量等方面不断提升，切实增强了团队科研发展后劲。我站共举办学术会议 10 余次，派出团队人员参加国内学术交流会议 30 余人次，参与大会论文投稿 10 余篇。同时，与国家、省级高校院所开展的科技合作不断深入，参加的国际国内高水平学术交流层次稳步提升。2012 年起我站参与国家公益性行业（农业）科研专项（201203080）持续开展 5 年，通过西瓜蜜蜂授粉技术的研究，每亩西瓜可增产增收 1 422.19 元和 1 810.71 元，同时节支劳动力成本 1 410 元，通过增产和节支分别可增收 2832.19 元和 3 220.71 元；发表论文 3 篇；制定标准 2 项。我站在设施西瓜蜜蜂授粉技术的研究、示范和推广中发挥了重要的作用。2014 年，通过举办“浙江省设施农作物蜜蜂授粉现场交流会”等学术会议，在全省起到了引领作用，提升了浙江省金华市农业科学研究院在相关学术领域的影响力。同时，我站依托单位派出团队科技人员参加了中国产学研合作促进会举办的“2015 中国产学研合作创新大会”、科技部农村科技中心举办的“国家农业科技园区产业融合班”等，促进了各学科学术交流，进一步深化了与国家、省级科研单位的合作，有利于提升综合试验站团队的发展层次。

**6. 产业技术体系发展建议及对策措施**

**一要加强农业科技人才队伍建设。**

一是提升团队创新人才培养。以项目为牵引，鼓励团队成员申请省国家自然科学基金，省自然科学基金及省、市科技等科研项目，在项目、经费等科技资源的配置，以及重大项目立项、成果评价、激励措施等方面给予倾斜，建立联系沟通制度，激发进取精神和竞争意识。二是加快基层农技人员的培养。每年将示范县农技人员纳入农技推广体系范畴，加强培训和管理，在技术示范、应用中发挥更好的作用。三是加快培养新型农民。浙江省养蜂业发展老龄化现象严重，30 ～ 45 岁的年轻力量在行业内不超过 5%，建议加强大力发展实用新技术培训以及农业职业教育，提高农业科技队伍专业技术水平和农业从业人员的科技能力，吸引优秀的骨干力量加入产业发展的队伍中。

**二要做好各级科研机构的交流和沟通。**

现代蜂产业技术体系是为了提升全省蜜蜂产业科技创新能力，主要进行产业所需关键技术的创新和研发以及适用关键技术的集成、示范与推广服务，相对于基层农业技术推广体系和农民培训体系是为农民提供种植业和养殖业等科研成果和实用技术推广服务和培训。现代蜂产业技术体系可为农技推广体系和农民培训体系提供成果和培训服务，再由农技推广体系和农民培训体系进一步为农民提供技术推广和培训服务，既有分工，又有配合。这样，才能实现各体系间的有机衔接，做到分工明确，提高工作成效。

## 八、原泰安综合试验站娄德龙高级畜牧师

国家现代蜂产业技术体系“十二五”与“十三五”依托山东省蜂业良种繁育推广中心在山东建立泰安综合试验站，通过蜂产业体系的集成技术在泰

安站的试验示范及技术支撑，山东省蜂业在稳增长、促改革、调结构、惠民生方面取得了显著的作用，对山东省蜂业发展起到了巨大的推动作用。

**1. 体系工作引起政府重视**

2011 年，山东省蜂业良种繁育推广中心进入国家蜂产业技术体系，设立泰安综合试验站以来，试验站在国家现代蜂产业技术体系和岗位专家的指导下开展了大量工作取得了一些成绩，得到了山东省政府及主管部门的肯定和重视，相继出台了《山东省蜂业发展规划（2014—2020 年）》（鲁政办发〔2014〕3 号）、《关于组织实施 2014 年新型农民培训项目的通知》（鲁农财字〔2014〕28 号）（该项目连续实施至今）、《山东省蜂产业转型升级实施方案》（鲁牧计财发〔2016〕3 号）、《关于加快我省蜂业发展的通知》（鲁农发〔2016〕3 号）、《山东省 2016 年畜牧良种补贴项目实施指导意见》（鲁牧计财发〔2016〕45 号）等政策，这为山东蜂业发展提供了政策保障，有力推进了山东蜂产业转型升级，使得山东省蜂产品产量不断增加，蜂产品种类日益丰富，形成了包括蜜蜂养殖、产品加工、机具生产、授粉应用等比较完整的产业链。

2014 年 1 月，山东省政府出台《山东省蜂业发展规划（2014—2020 年）》。2014 年省政府补助 800 万元支持蜂业发展。2016 年山东省畜牧兽医局在《山东省蜂业发展规划（2014—2020 年）》的基础上出台了《山东省蜂产业转型升级实施方案》（鲁牧计财发〔2016〕3 号），并从畜牧业良种补贴资金中拿出资金用于蜂业，进行种蜂王补贴。出台了《山东省 2016 年畜牧良种补贴项目实施指导意见》（鲁牧计财发〔2016〕45 号），山东省安排 6 800 万元专项资金重点支持沂源县、蒙阴县、高青县等 17 个项目县对具有地方畜禽品种、特养动物等畜牧业发展基础、产业化开发基础比较好的县进行整建制建设，使山东省蜂业发展如虎添翼。

**2. 体系为山东蜂业提供技术支撑**

**一是国家现代蜂产业技术体系岗位专家为我省新型蜂农培训传经送宝。**2014 年山东省农业厅、山东省海洋与渔业厅、山东省财政厅联合行文《关于组织实施 2014 年新型农民培训项目的通知》（鲁农财字〔2014〕28 号），在全省开展种植、养殖、加工、农机关键技术及相关行业知识的培训，共培训 45 000 人次，其中蜂产业培训 1 000 人次，每年省财政支持新型蜂农培训资金 30 万，该项目一直连续实施至今。

在项目实施过程中得到了国家现代蜂产业技术体系及各岗位专家的大力支持，每一期培训班都是国家现代蜂产业技术体系岗位专家为我省蜂农授课，他们为山东省蜂业带来了新技术、新理念，提高了山东省养蜂业整体技术水平。

**二是为山东蜂业项目实施提供技术支持。**自山东省政府及主管部门出台了《山东省蜂业发展规划（2014—2020 年）》（鲁政办发〔2014〕3 号）、《山东省蜂产业转型升级实施方案》（鲁牧计财发〔2016〕3 号）、《关于加快我省蜂业发展的通知》（鲁农发〔2016〕3 号）等政策，改变了之前没有蜂业项目的局面。

泰安综合试验站依托单位——山东省蜂业良种繁育推广中心依靠国家现代蜂产业技术体系技术支撑承担了：山东省财政支持的科研推广项目“优质蜂蜜生产及蜜蜂授粉技术推广”已经滚动实施 6 年；山东省农业良种工程项目“蜜蜂优质高产配套系选育及授粉蜂种的引进驯化”子课题“授粉蜂种的引进驯化”（2014—2016 年）；山东省农业良种工程项目“蜜蜂种质资源保护及优质新品系的培育”（2017—2019 年）。

**三是为山东省中华蜜蜂保护给予技术帮助。**前几年中华蜜蜂在山东省濒临灭绝，为了保护我们本土蜜蜂资源，在国家现代蜂产业技术体系支持帮助下，建立起蒙阴、沂源、临朐、东营、费县、济宁中华蜜蜂保护区及保种场，2018 年 4 月份以临沂市畜牧兽医局牵头申报建立国家级中华蜜蜂保护区“沂蒙山中华蜜蜂保护区”。

国家现代蜂产业技术体系为山东省蜂业的发展提供了技术支撑。

**3. 体系工作促进蜂业规模化组织化标准化水平提升**

国家现代蜂产业技术体系在山东省建站前，山东省蜂群存养量在 20 万群左右，并且养殖规模小、技术落后，更谈不上组织化了，自 2011 年国家现代蜂产业技术体系在山东省建立泰安综合试验站以来，通过体系在山东开展规模化、标准化、机械化养蜂，大大提高了山东省蜂业的规模化、组织化、标准化水平，机械化养蜂也在逐年提高。

目前，山东省蜜蜂存养量是411 497群，全省合作社200个，蜂群总数近34万群占全省蜜蜂存养量的82.6%，组织化水平显著提升。

山东规模化养蜂水平比进入体系前提高20%，全省养殖规模在100群以上的有1 423户，其中200群以上258户，300群以上38户，500群以上19户，1 000群以上5户。

**4. 体系工作为山东省地方团队的建立打下基础**

由于国家现代蜂产业技术体系通过泰安综合试验站“十二五”在山东开展的工作得到了省政府及主管部门的认可，并开始重视山东省蜂产业的发展出台蜂业政策，同时也为山东蜂业地方团队的建设打下坚实的基础。

2016年4月，在泰安综合试验站依托单位山东省蜂业良种繁育推广中心的建议下成立了“山东省农业创新团队蜂产业技术体系”，“十三五”国家现代蜂产业技术体系泰安综合试验站相互协作，共同为山东蜂产业的发展而努力。

**5. 感悟**

一是加强宣传，赢得政府与社会各界的支持，重视蜂业发展。

二是加强与岗位专家、试验站交流，获得向他们学习的机会，同时可得到大家的帮助。

三是积极推动体系成果转化为生产力，可促进蜂业大发展。

总之，国家现代蜂产业技术体系自设立以来，真正做到了以引领和支撑产业发展、协同创新为目标，极大地推动了我国蜂产业的发展。

## 九、新乡综合试验站站长张中印教授

新乡综合试验站自2008年进入国家现代农业产业技术体系大家庭，到今年已经整十个年头了。在这十年里，新乡综合试验站在吴杰首席及各位岗位专家的指导下，向兄弟站学习，培育产业技术新人、科技服务、教学研究都得到了显著的发展与变化，从一个单纯养蜂教学单位成长为教学、科技服务、产业研究的综合性科研和服务平台，为河南蜂业健康稳步发展做出了贡献，为地方政府产业决策和推行产业提升改革提供了技术支撑。

十年来，我们紧紧围绕现代蜂产业技术体系建设，认真实施任务书中各项工作计划，先后将吴杰研究员、吴黎明研究员、苏松坤教授、周冰峰教授、李建科教授、彭文君研究员、余林生教授、邵有全和郭媛研究员、徐书法研究员等的科研成果在河南进行集成配套，积极进行中试、示范，培训技术推广人员，取得了显著的经济效益和社会效益。同时，每年认真调查、收集生产实际问题与技术需求信息，监测分析疫情、灾情等动态变化，并协助职能部门处理相关突发事件，开展适合河南省的优良蜜蜂品种的筛选与推广，以及意蜂和中蜂蜂具的研发、中蜂种质资源的保护和饲养技术研究。

十年里，新乡综合试验站在做好以上工作的同时，在蜂产业技术体系研发中心指导下，还积极进行蜜蜂健康养殖、授粉等方面研究，组建了河南省唯一的养蜂教学和科研创新团队，成立了河南科技学院蜜蜂研究所，建立中蜂和意蜂实验蜂场各 1 个、中试示范基地（县市）10 个，覆盖全省各生态区养蜂生产和蜂产品加工测试基地。为示范县市及参与新乡综合试验站科研合作和服务的养蜂合作社、蜂场提供吉林产优质良种蜂王 140 余只，以及苏松坤教授提供的蜜浆高产蜂王 30 只，蜂箱 1 200 套。仅登封基地示范蜂场为周围群众提供蜂王 11 000 多个。建立抗螨饲养基地 2 处，推广抗螨种王后代 1 067 群。2010 年，新乡综合试验站成立了河南养蜂应急专家 9 人小组，对省内突发性、影响大的产业事件及时处理并上报体系办。十年来，协助地方处理尉氏蜜蜂中毒死亡事件、指导汝州蜜蜂爬蜂病防治、郑州蜜蜂死亡现场（5 起）调研并提出解决方案、上蔡蜜蜂采集玉米蜜露调研和提出应对措施，河南蜂群春季繁殖受灾应急指导、隔年烘烤花粉调查、南召县和镇平县等蜂农受洪水灾害现场（侯朝阳）救灾、辉县、安阳县、鹤壁等水灾救灾工作，南召和镇平中蜂囊幼病现场考察与指导等。

此外，新乡站全体成员在国家现代农业产业“十一五”“十二五”“十三五”新乡综合试验站建设专项、科技部“蜂产品精深加工关键技术研究及产业化生产”等项目支持下，长期深入基层，积极参加省科技特派员和科技特派员产业链、“三区”人才计划等科技行动，全心全意服务群众，将新成果、新技术、新方法应用推广到生产一线，效果显著。在刻苦研究和多年到全省各地指导养蜂生产和救灾工作中，探索出一套春季蜂群健康繁殖技术，使早春蜂群发病率下降 71.7%，蜂蜜生产能力提高 31.0%；在河南、山西、山东、湖北、河北、江苏等省区培训蜂农约 9 000 人次，发放技术资料 12 000 多份，仅在河南、山西和山东等推广应用蜂群 176 万群，蜂农新增效益约 3.75 亿元。

在产业技术体系首席科学家和各岗位专家、兄弟站的帮助下，新乡站团队经过系统创新研究和长期不懈努力，发表专业论文 70 余篇，主编养蜂著作 21 部，参编全国高等农林院校蜂学教材 3 种；获得授权发明专利 3 项（其中 1 项实现转化）、实用新型专利 12 项；参与制定地方标准 1 个；研制出新蜂具新产品 6 种。获得国家技术发明二等奖 1 项、农业部一等奖 1 项、河南省科技进步二等奖 2 项，以及长葛市经济建设“葛天奖”；由于业绩突出，张中印站长还获得了新乡市“五一劳动奖章”、河南省优秀教师、中国蜂业科技突出贡献奖、5 次国家蜂产业技术体系优秀综合试验站站长、2 次省优秀科技特派员等荣誉。

一点体会。综合试验站的工作是直接面对广大蜂农，所以要求我们在对知识的深度和广度进行拓展的时候，一定要结合实际问题，使得理论知识化为实际工作效果。同时，积极地参与生产实践，不断提高动手能力和实践本领。在开展培训工作时，要坚持“实际，实用，实效”原则，符合蜂农学习要求和特点。

基层综合试验站成员，需要有一定的农村社会知识和社会工作能力，试验站直面蜂农，具有很强的社会性。工作推广的顺利与否，除了试验站工作人员的积极运作之外，还需要农村各种社会力量的配合和支持。因此，我们要及时了解当地的经济，文化和社会生活等方面的情况，熟悉蜂农的心理和行为特点，善于同他们交往。同时能够协调社会各方面的关系，调动社会各方面的力量为其服务，以便工作的成功开展。

基层队员必须注重调查研究，善于总结提高，化“经验”为“智慧”。调查研究是掌握情况、收集资料的有效方法，它能够为我们提供第一手的资料，让我们了解到我们服务的蜂农在想什么，盼什么，掌握蜂农的思想动态，为我们的工作奠定基础。同时，蜂农在生产实践中会总结出有针对性的行之有效的经验方法，我们只有将群众在生产生活中积累的经验进行总结，才能不断创新我们的工作方法和手段，确保我们服务的与时俱进。同时我们也在不断总结的过程中，加强学习，提高自我。

基层队员要有创新意识，促进产业发展。技术创新是推动产业发展和提高产品产量与效益的关键，所以，在使用推广先进技术中，要根据本地实际情况，善于改进以适应本地生产需要，要善于将多项单个技术整合为综合配套技术，形成体系，以满足蜂农的需要。要善于在实践中找出问题，开展技术创新。

基层队员要有严谨、务实的作风，要有责任心和耐心。要坚持从当地实际情况出发，在充分了解当地的自然、社会、经济条件的基础上确定新技术，新工艺，新品种的推广应用。

## 十、武汉综合试验站站长朱黎高级经济师

武汉综合试验站自2010年加入国家蜂产业技术体系以来，认真学习和领会国家方针政策，严格遵守各项规章制度。根据体系任务书的要求，每年都能圆满完成体系工作任务，及时完成体系和各级政府有关部门交办的其他任务及应急性工作。现将武汉综合试验站团队多年的工作经验和心得体会作如下交流汇报。

### 1. 得益于一个强有力的技术团队

上至国家和地方各级政府要有一个勤政为民的核心团队，下至一个大小单位也都要有一个齐心协力的骨干团队，也才能把大家小家管理好，经营好，建设好。我们武汉综合试验站作为国家蜂产业技术体系在湖北省蜂业技术领域一个试验站，上为岗位科学家下为示范蜂场提供服务，共同完成岗位科学家的试验示范工作。试验站的工作离不开团队成员的精诚团结，通力合作，团队成员首先要有为体系服务的奉献精神，还要能够兼顾好自身利益得失和团队群体利益。我们根据团队成员的技术优势和特长分配工作任务。颜志立老师是全国知名权威蜂业专家，在蜂业行业工作了一辈子，工作经验极其丰富，蜂业专业知识渊博，在全省乃至全国蜂业界有很高的威望，是我站的技术核心；站长朱黎出身于养蜂世家，又有30余年经营蜂业企业的工作经历，既有蜂业知识和技术，又有经营管理能力，负责站里全面工作；团队成员欧云剑，蜂学专业毕业，具有一定的蜂学理论知识，又有30多年的基

层蜂业工作经验，在试验站主要负责示范县基地骨干和示范蜂场的试验示范工作；团队成员闫华蜂学硕士研究生毕业，侧重于技术培训工作，协助团队成员付丽负责示范蜂场产品质量检测工作；公司财务总监张业斌负责试验站财务工作；团队成员何成才负责产品加工生产工作。团队成员既有明确分工，同时又是一个合作的团体，

**2. 作为一名体系人，要时刻把体系装在心中**

国家蜂产业技术体系武汉综合试验站能依托在葆春公司，首先是对葆春公司的信任和认可，在整个蜂体系也只有葆春公司一家以企业的身份进入体系团队，这是葆春公司的荣耀，我们有责任有担当把蜂产业体系工作做好，从试验站站长到团队成员，到示范县示范蜂场，技术骨干，我们都是体系人，我们的一切作为，言谈举止一定想到体系的荣与辱，要给体系增光添彩，不做有损体系声誉的事，不说有损体系的话，时刻把体系装在心中。树立了这样的荣辱观，我们才能全身心投入体系工作中，出色完成体系的工作任务。

**3. 紧跟形势主流抓工作亮点——科技扶贫**

扶贫工作是习近平总书记向全党全国人民提出的任务，承诺2020年前完成脱贫目标，精准扶贫是当前和今后全国各级政府和部门的一项重点工作。农业农村部对产业技术体系多次下文，要依靠体系的科技力量开展科技支撑扶贫。我们武汉综合试验站高度重视扶贫工作，把它作为一个工作亮点来抓，在首席科学家吴杰研究员的安排和部署下开展扶贫工作，通过调研、走访、座谈，我们选择了团风县和通山县两个不同形式的科技扶贫点。

团风县是大别山区特困片区，通过多次蜂场现场调研，了解到蜂场产品销售困难，我们结合农业供给侧结构性改革精神，转方式调结构，提质增效，在不增加蜂场规模，不增加产量的前提下，探索一种新型蜂场营销模式，扩大零售比例，从而整体增加蜂场收益。通过培训，技术指导，抓好扶贫示范蜂场建设，三年来，扶贫工作取得了显著成效，扶贫经验得到吴杰首席和其他岗位专家、站长的好评，作为扶贫典型上报了农业农村部。

通山县的科技扶贫工作则是在石门村联系筛选6家养蜂零起步的贫困户，通过远程、中程、近程三方面的技术指导和物质帮扶，从门外汉到初步

掌握养殖技术，实现了一年能把蜜蜂养活，并获得一定收益的目标。

**4. 发挥优势，创新蜂场产品营销模式**

武汉葆春蜂王浆有限责任公司是一家蜂产品销售企业，有着30年成熟的市场营销模式和销售经验，这是我们的优势。我们在团风县科技扶贫方式上找到切合点，养蜂人增产不增收，必须调整产品销售结构，加大市场零售份额，调研得知，蜂产品零售价是统收价的3～5倍，为此，我们制订了一套新型营销模式，培训座谈，建立了3家供给侧营销模式提高蜂场收益扶贫示范蜂场，同13家蜂场签订了供给侧科技支撑营销模式管理规范合约，运行3年来，蜂场总收入普遍提高，达到科技扶贫增收效果。在培训中，教会他们会讲故事，帮助他们设计制作蜂场名片，如何通过名片信息讲故事，给顾客如何讲好一瓶蜂蜜的故事，不只是卖产品，更要会讲故事。

**5. 务实是武汉综合试验站的传统工作作风**

空谈误国，实干兴邦。我站团队成员，知名专家颜志立高级畜牧师，虽然年纪大，但对体系工作脚踏实地认真负责，一心扑在示范基地蜂场，亲手获得蜂场第一手材料，对蜂场试验示范严格要求，亲自搭车到蜂场检查调研。令人感动的是他多次忍受双脚痛风的折磨参加体系有关活动和蜂场试验工作。十年来颜志立老师的足迹踏遍了湖北各地蜂场，调研报告和学术论文共发表100多篇。他务实的工作作风也影响了我们站其他团队成员，都以他为榜样工作认真负责，出色完成了体系工作任务和各级领导交办的其他工作。

在体系工作中，我们每一个团队成员必须做到“严”字当头，对于体系的任务要按时按要求高质量完成。武汉综合试验站团队成员闫华，2015年毕业于云南农业大学特种经济动物饲养专业，硕士学位，毕业后来到葆春公司从事质检工作，2016年加入体系团队，为了锻炼他，使他快速成长，我们对他严格要求，工作过程中出现的问题，毫不留情的提出批评，通过三年的磨炼，加上自己虚心学习，进步很快，现已能够更好地为体系工作。

**6. 团队成员克服困难和险情，第一时间投入到一线了解灾情险情，帮助受灾蜂农自救**

2016年元月，接到农业农村部特困片区科技支撑扶贫任务，颜志立老师冒着雨雪冰冻天气，两次来到团风县蜂业合作社和蜂场调研，针对团风蜂农实际找出了科技扶贫的路子。

团队成员欧云剑接到险情报告，总是克服各种困难，及时赶赴一线。2017 年 4 月湘鄂上百家蜂场农药中毒事件，2018 年元月大暴雪，涉雪徒步 10 多公里了解灾情。朱黎站长带领团队成员来到黄陂指导暴雪冰冻天气蜂群自救管理措施。这样的例子还有很多，哪里有灾情险情，我们的团队成员就会出现在第一现场，指导蜂场生产自救，并给予技术指导和相关物资帮助，及时上报体系及有关部门。

### 十一、广州综合试验站站长赵红霞副研究员

广州综合试验站自 2010 年承担体系项目过程中，首先，增加了与国内行业专家交流学习的机会，不断丰富自身的专业知识，便于更好地开展工作；其次，更多机会接触养蜂生产一线蜂农，了解他们所需所想，更有针对性开展科研工作，始终坚持把科研论文写在祖国大地上。

体系经费的支持，让我们的工作直接面对基层蜂农，解决蜂农绿色通道、农药中毒、场地纠纷等问题，同时，更能全心投入养蜂生产工作中。

在绿色通道方面：本站特邀专家罗岳雄老师经常半夜接到蜂农来电，求助为何高速路绿色通道收费的问题，罗老师仔细询问来龙去脉，分析收费问题；绝大部分转运蜜蜂高速路还是不收费，只是因为运输车辆标注承载量与实际承载量存在偏差或未按照畜牧法规定的数量承装，导致绿色通道收费；总之，按规矩按规则办事，转场运蜂仍然享受绿色通道免费通行。

在农药中毒方面：本站处理了荔枝花期、龙眼花期、鸭脚木花期等数十多起蜜蜂中毒事件，最严重是 3 月底 4 月初，蜜蜂采集荔枝蜜，出现大范围死亡，出勤蜂采集花蜜过程，直接掉落地面死亡，荔枝场地 3 天，全场蜂群损失近 2/3 以上，关键后期蜂群无法开展生产繁殖；损失极为明显。其次，飞机撒药，惠州地区通过飞机撒药，主要针对薇甘菊的防控，造成蜜蜂死亡，并且撒药之前未发布通知；最后，菜场全年的用药，周边蜂群或多或少受其影响。

在场地纠纷方面：随着养蜂普遍及人数增加，就放蜂场地的纠纷层出不

穷；最主要的问题，蜂农争抢最佳蜜源地，引起不必要纠纷；本站及示范县负责人处理了相关事件，通过讲授蜜蜂生物学，逐步化解矛盾，避免激烈冲突，人文和谐成就甜蜜事业。

在有毒蜜粉源中毒事件方面：我站配合岗位专家开展有关有毒蜜粉源植物的调查与测定方法的研制，我站负责调查蜂场及周围的有毒蜜源，并且采集样品后，由岗位专家测定分析；经过紧密合作，本站较好地完成了有毒蜜源的调研，对接岗位专家研制了快速检测有毒蜜源（大茶药）的试剂盒，我站可以为蜂农快速有效的检测蜂蜜中大茶药的成分及含量；不仅快速检测大茶药，而且保证了食品安全，在生产中极为重要。

在盗蜂事件方面：本站处理典型的盗蜂事件，协助广东虎门边防派出所对被盗蜂群进行了赔偿确认，事发经过是 2017 年 4 月 11 日，虎门边防派出所接朱师傅报案后并成立专案组进行侦查，运用现代科技手段经过 10 小时的排查，办案民警通过监控视频，发现可疑人蛛丝马迹，于当天 20：00 许在东井村一出租屋内将涉嫌盗窃蜜蜂的嫌疑人韦某抓获，经审讯，韦某伙同另外两个嫌疑人对于凌晨 1 时盗窃朱师傅蜜蜂的事实供认不讳，并由同伙把盗来的蜜蜂拉到河源市销赃。在民警的政策攻心下，韦某供出蜂群去处，办案民警如数找回朱师傅被盗的 22 群蜜蜂，并归还朱师傅，避免了采集荔枝蜜的损失。虎门边防派出所高度重视窃蜂案，快速侦破，是我们养蜂人的保护神，为虎门边防派出所点赞。

在扶贫工作方面：广州综合试验站扶贫工作点是梅州市丰顺县，扶贫技术总负责人为国家蜂产业技术体系中华蜜蜂饲养岗位周冰峰教授，协助单位是丰顺县畜牧兽医局和对口帮扶的广东省住建厅，具体扶贫对象丰顺县北斗镇拾荷村。特邀国家蜂产业技术体系专家周冰峰、陈大福教授和广东省养蜂学会理事长罗岳雄，就扶贫村的养蜂现状及蜜源情况，分别从中蜂饲养技术和中蜂人工育王技术开展了两次深入浅出的理论培训，受到当地农户及蜂农的欢迎。

针对扶贫村和扶贫户的现状，试验站向蜂农发放了蜂箱、摇蜜机《中蜂高效饲养技术》和《蜜蜂病虫害防控》等书籍，并及时与扶贫村和扶贫户的电话沟通，了解蜂群繁殖情况。邀请拾荷村委会带领李师傅，前往本站基地陆河新田镇进行学习，与当地集祥养蜂合作社丘师傅进行了沟通，丘师傅现场人工育王换王进行手把手的指导，李师傅给予丘师傅蜂场环境和蜂群数量极高的赞誉，李师傅对养蜂业脱贫致富抱有信心。另外，本试验站邀请丰顺县示范蜂场的吴云风师傅前往拾荷村进行了交流，更好地带动村里农户的积极性。

试验站充分利用示范蜂场的技术骨干辐射带动周边的贫困户饲养蜜蜂，并且增加相互交流的机会，搭建平台便于沟通。试验站成员应多向蜂体系的专家请教学习，便于更好地完成扶贫工作任务。

养蜂技术方面：

**1. 凝练重点，主推4大饲养技术、3个简化技术示范**

与对接岗位科学家协作，完善推广技术，推广的重点技术内容：一建、二改、三补、四控，即蜂场环境建设、蜂箱改造、补充营养和蜂病防控作为破解广东养蜂业瓶颈的措施，为今后推广和示范的重点内容。此外为了与增加饲养规模相适应，把蜂箱支撑架、取蜜周转箱和保鲜袋喂蜂等简化技术也一并列为推广内容。

**2. 扩大示范规模，增加推广对象**

在“十三五”示范蜂场示范带动下，逐渐扩大示范规模。除继续做好示范蜂场的示范工作外，也为骨干蜂场提供一定量的蜂箱、蜂花粉、养蜂书籍等物资，指导他们严格按《广东省中蜂高效饲养规范》进行蜂群管理。让他们掌握相关技术，并负责邻近蜂场的技术指导和技术推广，除示范县外，对其他地区如陆丰、陆河、深圳、高州、乐昌等地蜂场，我们也提供少量蜂箱和花粉饲料等物资给他们做对比试验，以便大面积进行验证和推广。

**3. 加强技术培训及技术推广**

根据凝练集成技术的内容，结合不同生产季节采用多种方式对养蜂员进行培训，主要培训内容有中蜂病害防控技术、中蜂健康高效规模化饲养技术、蜂产品安全与标准化生产技术和蜂产品质量溯源技术等，我站与岗位科学家一起共举办培训班20期，有养蜂员737人次参加培训。此外，应邀到武汉、红河、成都和东营等试验站参加培训和交流。此外，为了方便与蜂农和行业之间的交流，与广东省养蜂学会合作，开通了QQ群和微信群，建立了广东省养蜂业的公众号平台，能及时了解行业动态、及时提出指导意见和发布相关的行业信息动态。

正如毛主席说的理论源自实践，实践才能出真知，我们不能闭门造车，更加不能将研究做成空中楼阁，因此，我们需要深入基层，将研究与应用相结合，更好地为产业行业服务，真正回归我们现代农业产业技术体系的建立的初衷；始终保持初心不改，砥砺前行。

## 十二、南宁综合试验站站长胡军军高级畜牧师

南宁站成立以来，与对接岗位科学家共同开展各项中试、技术示范、技术培训工作，协助岗位科学家开展基础数据调查、收集、采样等。经过大家共同努力，较好地完成各项工作任务。国家蜂产业技术体系在广西开展工作，对广西养蜂业产生积极影响，其所产生的作用是巨大的。广西养蜂业管理机构除了有一个省级蜂管站外，地市县一级没有专门管理机构，没有一家从事蜂业研究机构，专业人才稀少，经费投入也不足。自从加入体系后，很多岗位科学家到广西指导工作，与当地政府领导有了机会接触，促使政府层面上对养蜂业有了更深的了解，更加重视养蜂业；加入体系，广西养蜂业在技术上得到了支撑，广大技术干部、蜂农得到了先进技术培训与普及，示范县技术骨干有了与兄弟省份交流学习的机会，在这些叠加效应作用下，广西这些年来养蜂业得到较快发展。这些变化主要体现在如下5个方面。

**1. 养蜂新技术、新成果在养蜂生产中得到推广与应用，体系工作深得人心**

自从加入体系后，我站根据岗位科学家要求，积极示范推广蜜蜂规模化优质、健康高效配套饲养技术，围绕蜂群标准化饲养、优良蜂种选育、蜜蜂病虫害防控三大技术开展示范推广，示范县技术普及率都在90%以上，在体系工作影响下，我站依托单位广西养蜂指导站2015—2017年也在另外7个中蜂养殖比较好的县开展中蜂高效养殖技术示范工作，三年累计投入项目经费250万元。

蜜蜂规模化优质、健康高效配套饲养技术深得人心，蜂农认可。正如

昭平县示范蜂场何世瑞师傅说："我已经 40 多岁了，我在养蜂队伍中还算年轻的，大部分养蜂人都超 60 了，现在年轻人为什么不从事养蜂这个行业，就是因为目前大多数养殖户都是小规模饲养，收入低，到外面打工挣的钱比养蜂还多，条件又没有那么艰苦而且收入稳定"，养蜂看不到前途。浦北中蜂示范县宁师傅说："我已经 72 岁了，养蜂 40 多年，一直以来，我先是动员儿子养蜂，劝不动，现在又开始动员孙子养蜂，更是劝不动，我心里很焦急呵，看来我这门技术活没人接啦"。这次我头一回听到北京来的专家，福建农林大学来的教授讲课，看来国家要重视这个行业了，回去我还要劝他们。

蜜蜂规模化、优质健康高效配套饲养技术效益突出。南宁综合试验站 5 个示范蜂场之一凌宝平蜂场，蜂场现有员工 6 人，养蜂技术人员 4 人。蜂场现有中蜂 500 箱，1 000 群。2016 年最高中蜂养殖量 600 多箱，1 200 多群，生产天然成熟蜜量 6 吨多，出售蜂种 480 箱，总收入 100 万元，利润 50 多万元。

通过请体系专家培训、学习，在课堂上与养蜂人一起计算养蜂经济账，进行行业横向效益对比，要达到或超过其他行业的收入，需要养多少群蜜蜂，要达到如此的规模养殖需要进行怎么样的管理、怎样的布局、怎样的相关技术支撑。广大蜂农认识到养蜂这个行业长期以来没有得到重视并不是因为养蜂地位低下，而是效益没有得到大众认可，造成养蜂队伍后继无人的尴尬局面。只有养蜂规模上去了，效益提高了才能吸引更多的人特别是年轻人从事蜜蜂的养殖工作，蜂业才能越做越大。

**2. 体系工作帮助广西完成本产业部分基础摸底调查**

在蜜蜂饲养功能研究室主任周冰峰教授帮助下，在全区 14 个市开展广西中华蜜蜂遗传多样性调查、采样、并完成了检测工作；在首席团队成员帮助下，在广西 13 个国家级自然保护区开展熊蜂资源实地考察、采样并完成分类。

**3. 体系工作建设助推广西政府、蜂农获得各种荣誉**

在岗位科学家吴黎明研究员的指导下，示范县阳朔县"龙须藤蜂蜜"获国家地理标志产品称号，也是广西首个蜂蜜国家地理标志产品；与南宁站共同努力下，示范县浦北县获“中华蜜蜂之乡”称号；宁明示范县示范蜂场获 2011 年度崇左市科技种养大王称号、2011 年度广西科技种养能手称号；阳朔县示范蜂场场长朱桥记获中国农技协农村合作组织发展研究专业委员会和全国农科教推优秀单位与优秀人物征评活动组委会颁发的 2013 年度全国十大农技协优秀人物。

**4. 国家蜂产业技术体系工作助推政府重视养蜂产业的发展，出台养蜂业相关扶持、规划政策**

随着体系工作深入开展，越来越多岗位科学家到广西指导工作，与当地政府领导有了更多接触，致使政府领导对养蜂业重视，在养蜂产业发展，养蜂扶贫、助农增收等方面出台相关政策。

如中共蒙山县委员会蒙山县人民政府（蒙发〔2017〕5 号）关于加快养蜂产业发展的实施意见里面的财政补贴措施：2017 年采取“先建后补”“以奖代补”方式给予养蜂户补助。2017 年度补助标准：贫困户按每户扶持 6 群以上（含），每群蜂 2 脾以上，每群补贴 300 元，每户最高补贴不超 3 000 元，具体操作政策以《蒙山县 2017 年脱贫攻坚特色产业扶持和村级集体经济发展实施方案》（蒙扶领发〔2017〕23 号）和《蒙山县 2017 年脱贫攻坚养蜂产业扶持方案的补充通知》为准；年内新增蜂群 20 群以上的非贫困户每新增 1 群补贴 50 元；对通过技术指导、签订保价回收协议或入股分红等多种形式帮扶带动非贫困户 20 户以上（含 20 户）的企业和农民合作社，按每带动非贫困户养蜂 20 群以上（含 20 群）给予 100 元 / 户奖励，最高奖补不超 2 万元；对通过技术指导、签订保价回收协议或入股分红等多种形式帮扶带动贫困户发展养蜂的企业和农民合作社，按《蒙山县 2017 年脱贫攻坚特色产业扶持和村级集体经济发展实施方案》（蒙扶领发〔2017〕23 号）奖补标准执行。

龙胜各族自治县人民政府关于印发自治县 2017 年“两茶一果加特色养殖”建设项目奖补政策的通知（龙政发〔2017〕1 号）：活框养殖中华蜂补贴：计划数 2 000 箱。常年活框养殖中华蜂 30 箱以上，经验收合格，每箱给予 200 元奖励。

梧州市坚持统筹协调，推动发展养蜂生产增加农民收入和促进农业增产、保护生态的良性互动，强化养蜂为农作物授粉增产功能。提出《蜂产业2017—2025年发展规划》，已通过专家论证，国家蜂产业技术体系首席科学家及部分岗位科学家、试验站站长参加了论证会。

如今，养蜂科技进入了千家万户，取得了较好的效果，促进了广西养蜂业的稳步、健康发展。

**5. 蜂产业技术扶贫成效明显**

南宁站在精准扶贫工作中起到重要作用、成效明显，主要体现在：

一是参与全自治区6个养蜂扶贫点建设前的资源评估、技术线路设计，参与养蜂扶贫技术培训15个班次，现场指导30多人次。

二是试验站直接建设的精准扶贫点——龙胜县泗水乡三舍村，经过一年的发展，养蜂扶贫取得了较好的经济效益，5户贫困户都出产了蜂蜜，养得好的收获达到了100多千克，差的也约有25千克，蜂蜜价格160～200元/千克，产值达到4 000～20 000元。为贫困户寻找到了一条很好的脱贫致富路子。

## 十三、海口综合试验站站长高景林研究员

依托中国热带农业科学院环境与植物保护研究所，国家蜂产业技术体系从“十二五”开始建设海口（儋州）综合试验站。在吴杰首席科学家正确领导和各位岗位科学家密切配合及依托单位的大力支持下，试验站团队成员围绕体系重点任务和基础性工作，结合海南蜂业实际情况，积极开展蜂体系技术成果试验示范工作，取得了可喜的成绩和经验，得到了海南各界的认可。现总结体会如下。

**1. 建立了一批健康高效蜜蜂养殖技术示范基地**

综合试验站在海南海口、屯昌（昌江）、琼中、儋州、五指山5个示范县建立了一批蜜蜂健康高效关键技术示范基地，开展技术集成与示范。按照对接岗位科学家提供的技术方案，围绕“简化操作”核心技术，在分析海南中华蜜蜂规模化饲养实际情况的基础上，提出蜜蜂“授粉产业化、养殖规模化”“滴管饲喂”“及时换王，同时分蜂”“多观察、少开箱”“储蜜于箱内，闲时取熟蜜”等关键技术，进一步集成完善海南中华蜜蜂规模化饲养技术模

式，促进这一技术模式在海南全省推广应用。在此基础上，完成《海南省中华蜜蜂饲养管理技术规范》地方标准。

试验站以琼中示范县为代表，打造3个养蜂示范基地，分别是湾岭蔡仁军养蜂示范基地、长征罗柳养蜂示范基地、黎母山卓定雄养蜂示范基地，基地辐射8个乡镇级养蜂基地，分别是红毛什裕蒋善海养蜂示范基地、红毛刘世镇养蜂示范基地、吊罗山陈明军养蜂示范基地、吊罗山邓运新养蜂示范基地、上安蓝锦养蜂示范基地、长征王贵专养蜂示范基地、中平李正雄养蜂示范基地、营根镇王维才养蜂示范基地。海南中华蜜蜂规模化饲养技术模式在海南全省示范基地推广应用，蜂蜜天然成熟，示范蜂场人均饲养蜂群数量由原来的102群，提高到219群，生产效率提高114.7%，蜂农单位规模养蜂效益比2010年提高了25%。

**2. 培养了一支蜂业技术骨干队伍**

发挥体系专家优势，开展蜂业技术培训。几年来共举办了83场次海南蜜蜂优质高效规模化饲养技术培训班，累计培训蜂农和科技骨干8 278人。试验站团队成员在儋州、琼中、屯昌、海口、琼海、文昌等地，对蜂农蜜蜂优质高效规模化生产中存在的问题进行现场指导培训142次，参加人员2 256人次。培训活动受到海南各乡镇政府和蜂农的一致好评。2016年在琼中示范县大力支持下，在组织琼中示范县各乡镇分管领导和蜂农共33人，赴福建农林大学蜂学学院进行蜂业技术培训，通过培训，许多蜂农认识到了规模饲养技术的优势和自己存在的差距，为进一步开展工作奠定了扎实的基础。

加强学术交流研讨，提升海南蜂业影响力。为提高海南蜂农对蜂业技术的认识，在综合试验站共先后承办了“国家蜂产业技术体系 / 中国养蜂学会”主办的“2011年传粉蜂类与生态农业科技论坛”“饲养与机具功能研究室、中国养蜂学会蜜蜂饲养管理专业委员会”“蜜蜂授粉产业化，促进生态农业提质增效”等全国学术研讨会5次，为海南省蜂业科技工作者提供了很好地与全国同行交流的学习机会。

通过职业技能培训，颁发“资格证书”。为进一步提高海南省基层养蜂管理人员的专业技术水平，提升其服务能力，同时解决海南省养蜂技术指导服务人员缺乏、无资质问题。2017 年 7 月 25—28 日，由国家蜂产业技术体系海口综合试验站主办，琼中示范县承办的海南省第一期蜜蜂饲养工（初级）职业技能培训和鉴定活动在琼中黎族苗族自治县营根镇举行。琼中、昌江、白沙、五指山、文昌、儋州等各地养蜂协会、养蜂合作社负责人及优秀蜂农代表共的 48 人，相聚琼中学习蜜蜂基本知识、蜂群管理的基本操作、优质蜜蜂的生产及病虫害防治等专业知识，接受职业技能培训和考核。42 位考试合格者，获得了由中华人民共和国人力资源和社会保障部颁发的“中华人民共和国初级养蜂工职业资格证书”。为指导服务琼中县养蜂产业奠定了技术、人才基础。

探索专家“走进去”，蜂农“请出来”科技扶贫新模式。2017 年海口综合试验站高景林站长，被海南省乐东县、琼中县、昌江等各市县聘为科技助力精准服务蜜蜂专家，并公示在每个贫困村，分别赴志仲镇、万冲镇、大安镇、千家镇等四镇 14 个贫困黎寨，开展科技扶贫蜜蜂饲养实用技术培训活动，共计培训贫困户 642 人及 38 个致富带头人，发放资料 1 000 余份。2017 年五指山市毛道乡政府委托海口综合试验站五指山示范基地五指山李氏蜂业有限公司在阿陀岭蜜蜂示范基地对贫困户进行脱产培训，每期 4 天，封闭式学习，包括蜜蜂养殖理论、实际操作，考试合格者颁发结业证书，共计划培训贫困户 200 人，每期 20 人，分时期培训。

**3. 开拓了一个蜜蜂授粉新产业**

提出”让蜜蜂下地干农活”这一具有重要学术意义和实用价值的新理念。开展热带农业蜜蜂授粉增产技术示范推广工作。在儋州示范县开展了黑皮冬瓜蜜蜂授粉技术示范推广，在海南昌江海尾、东方新龙、乐东佛罗、三亚梅山、陵水英州等地建立了设施哈密瓜蜜蜂授粉技术试验示范基地，取得了较好的经济效果。

**一是开展了大田黑皮冬瓜蜜蜂授粉技术试验示范。**综合试验站在儋州示范县开展了黑皮冬瓜蜜蜂授粉技术试验示范，示范面积 30 000 余亩，组织授粉蜂群 6 998 群。人工授粉费用平均 310 元 / 亩，蜜蜂授粉费用平均 75 元 / 亩，蜜蜂授粉比人工授粉费用平均每亩节省 235 元，为瓜农节本增效 705 万元，蜂农增加授粉收入 52.5 万元。2012 年 3 月份，儋州综合试验站在儋州市南丰镇的那早田洋和中和镇五里坡两地组织蜜蜂 345 群，为黄楚成、杨洪德等种植大户 1 100 多亩黑皮冬瓜进行蜜蜂授粉技术示范。蜜蜂授粉与人工授分相比结瓜率提高 1%，亩产提高 0.5%；人工授粉费用平均 210 元 / 亩，蜜蜂授粉费用平均 85.2 元 / 亩，蜜蜂授粉比人工授粉费用平均每亩节省 124.8 元，为瓜农节本增效 13.7 万元。2013 年 11 月 23 日儋州综合试验站在儋州市农技中心举行了“万亩冬瓜蜜蜂授粉合同签字仪式及蜜蜂授粉技术培训班”。彭成种植专业合作社与儋州山源养蜂专业合作社共同签署了万亩冬瓜蜜蜂授粉合同，由儋州彭成种植专业合作社投资 75 万元租下了 2 500 箱蜜蜂，准备在 2014 年初为 10 000 亩黑皮冬瓜授粉。《海南日报》11 月 24 日第 2 版《全国单笔金额最大蜜蜂授粉订单诞生》进行了报道。

2014 年 3 月 6 日，儋州电视台《乡村新发现》栏目以“小蜜蜂推动大产业”进行专题报道。《海南日报》3 月 8 日，“人工授粉现用工荒 海南试点蜜蜂授粉有偿服务”进行了专题报道。《海南日报》于 3 月 8 日第 8 版头条《采遍田间不为蜜蜂为瓜果做媒人》。3 月 31 日《人民日报》以《让蜜蜂下地干农活》为题进行宣传报道。

儋州示范县黑皮冬瓜种植专业合作社自发主动联系养蜂专业合作社，利用蜜蜂代替人工授粉。儋州综合试验站在儋州那大镇军屯村委会邱恒学养蜂基地，建立中华蜜蜂授粉蜂群高效繁育中心，中心养殖规模达 600 箱，分为 3 个蜂场，中心年提供授粉蜂群可达 1 000 群，授粉经济效益可达 10 万左右。目前海南黑皮冬瓜蜜蜂授粉技术已经辐射到澄迈、琼海等黑皮冬瓜主产区，面积达 3 万多亩。

**二是开展了设施哈密瓜蜜蜂授粉技术试验示范。**综合试验站在海南昌江海尾五大村新龙、乐东佛罗、三亚梅山、陵水英州等地建设设施哈密瓜蜜蜂授粉技术试验示范基地，示范面积 10 000 多亩，授粉蜂群 5 150 群，提质增效约 5 000 元 / 亩。

2013 年 2 月，试验站联合国家西甜瓜产业技术体系海口综合实验站，在东方市尖峰镇白沙村、乐东县佛罗镇长青村两地开展蜜蜂为设施大棚哈密瓜授粉技术示范。试验示范分 3 批，每批 15 亩，共 45 亩哈密瓜。蜜蜂授粉坐瓜率达到 90% 以上，完全可以代替人工授粉。2014 年 12 月 4 日，儋州综合试验站在海南召开设施甜瓜蜜蜂授粉技术示范现场观摩会。岗位科学家邵有全研究员、周婷研究员、西甜瓜产业体系岗位科学家别之龙教授，以及黑龙江、新疆、河南、广东等地12个科研单位专家、蜂农、瓜农及甜瓜经销商代表等40多人，亲临东方新龙海南纯绿农业研发有限公司基地和乐东佛罗镇老兵西蜜瓜种植专业合作社现场观摩交流。据海南纯绿农业研发有限公司总经理郑建军介绍，今年种植的65亩甜瓜通过蜜蜂授粉试验，甜瓜比人工授粉早熟一周提前上市，比较人工授粉降低了生产成本、降低了生产风险（包括病虫害、自然灾害、市场销售）等，郑总经理认为，蜜蜂授粉是他的设施甜瓜种植的“救命稻草”。现场观摩交流会上专家们一致认为，蜜蜂授粉技术可以解决设施甜瓜生产过度依赖人工授粉影响规模化发展的瓶颈，还可解决蜜蜂产业规模化生产销售难的瓶颈。

蜜蜂授粉减少农药使用保障蜜瓜质量安全。因为蜜蜂对农药非常敏感，一个蜂群有成千上万只工蜂，大量工蜂在采集过程中接触多种农药污染，容易引起蜜蜂中毒，甚至大量死亡。所以蜜蜂授粉要求在蜂箱入场前5～7天，选择对高效低毒化学农药，进行病虫害防治。蜜蜂授粉期间，禁止使用任何化学农药，保障蜜蜂安全。基地实验表明，平均减少化学农药使用次数2～3次，使用量一般减少18%～40%，高的达到60%以上，不仅有效降低了化学农药使用次数和使用量，也促进了冰糖蜜瓜产品质量安全水平的提升。

蜜蜂授粉明显提高了蜜瓜风味品质。蜜蜂授粉明显提高了蜜瓜产品品质，又香又甜、酸甜可口、营养丰富。蜜蜂授粉蜜瓜，发挥自身种子萌发产生的多种内源激素作用，产生大量的醇类香气成分，主要10大芳香物质含量蜜蜂授粉比氯吡脲处理多30.52%，香味更浓郁，口感更佳。蜜蜂授粉蜜瓜可溶性糖糖含量达到126.28毫克/克显著高于氯吡脲（常用的坐果灵）处理，口感比较甜；蜜蜂授粉蜜瓜的果肉固酸比为5.61，较氯吡脲处理的提高24.50%，酸甜可口。蜜蜂授粉蜜瓜的果肉维生素C含量为1.15毫克/100克FW，较氯吡脲处理的提高了44.98%，营养比较丰富。

通过中央电视台、海南电视台、《海南日报》、人民网、南海网等主流媒体宣传报道蜜蜂授粉示范基地，提高了社会影响力。2015年6月24日中央电视台第七频道《科技苑》栏目，播出设施密瓜蜜蜂授粉专题片。2017 年 3 月 10 日，国家蜂产业技术体系首席科学家、中国养蜂学会吴杰理事长到基地指导工作，详细了解对海南设施甜瓜蜜蜂授粉示范发展过程、存在的问题，并指出了今后努力的方向。对我们的设施甜瓜蜜蜂授粉标准化基地工作给予肯定。

2017 年 3 月 25 日，在湖北潜江召开的中国养蜂学会第七届第六次常务理事会上，中国热带农业科学院环境与植物保护研究所申报的“设施甜瓜蜜蜂授粉标准化示范基地”获得中国养蜂学会第一批授予的“蜜蜂授粉标准化基地”。2018 年 3 月 7 日，综合试验站与乐东县委、县政府、海南省科协、海南授粉农业科技服务有限公司等单位，在海南乐东县黄流镇怀卷村张常喜哈密瓜基地，成功举办中国养蜂学会“蜜蜂授粉标准化示范基地”揭牌仪式暨蜜蜂授粉绿色防控专家论坛与哈密瓜品鉴会。

**4. 打造了一片关注海南蜂业良好氛围**

**一是通过政府举办蜂业活动，提高体系显示度。**2018 年 5 月 20 日，“5 · 20 世界蜜蜂日”中国（海南琼中）主会场活动由亚洲蜂业联合会、中国养蜂学会、国家蜂产业技术体系共同主办，琼中黎族苗族自治县人民政府、海南省蜂业学会、中国热带农业科学院环境与植物保护研究所共同承办的世界性的蜜蜂主题活动。活动以“践行‘两山’理论，放飞蜂业梦想”为主题，倡导“关爱蜜蜂 保护地球 保护人类健康”理念。亚洲蜂业联合会主席王希利，尼泊尔驻华大使馆公使衔参赞哈利斯昌德拉 · 吉米瑞，农业农村部畜牧业司周晓鹏，国家蜂产业技术体系首席科学家、中国养蜂学会理事长吴杰研究员，亚洲蜂业联合会秘书长、中国养蜂学会副理事长陈黎红研究员，中国热带农业科学副院长李开绵以及多位专家学者莅临开幕式。中央电视台、《中国科学报》、凤凰网、海南电视台等多家媒体亲临琼中，共同报道这一重要节日。

2018 年 3 月 7 日，综合试验站与乐东县委、县政府、海南省科协、海南授粉农业科技服务有限公司等单位，在海南乐东县黄流镇怀卷村张常喜哈密瓜基地，成功举办中国养蜂学会“蜜蜂授粉标准化示范基地”揭牌仪式暨蜜蜂授粉绿色防控专家论坛与哈密瓜品鉴会。出席这次活动的有中国热带农业科学院副院长郭安平研究员、海南省科协郑红副主席、中国热带农业科学院环境与植物保护研究所所长易克贤研究员、山西省农业科学院园艺所 / 国家蜂产业技术体系蜜蜂授粉岗位科学家郭媛、马文华副研究员等省内外领导和专家以及乐东县政府办、县科协、县农技中心、县热作办等单位领导和乐东县哈密瓜种植户大户代表、全国各地经销商代表 70 余人。2018 年 3 月 8 日海南电视台综合频道《绿色农业进行时》对活动进行了专题报道，3 月 9 日《海南日报》对活动进行了报道，凤凰网进行了转载。

2017 年 3 月 2 日，由海南省农业厅主办，昌江县人民政府、农业厅信息中心联合承办海南农业品牌推进年之——“山海黎乡　纯美昌江”王品冰糖蜜瓜品牌推介会在昌江县国家蜂产业技术体系王品蜜瓜蜜蜂授粉技术推广示范基地成功举办，在海南昌江海尾镇五大村王品蜜瓜蜜蜂授粉生产示范基地，一只只小蜜蜂嗡嗡嗡地穿梭在瓜棚里，忙着给瓜株上的花朵授粉。种植基地负责人李光明介绍王品蜜瓜种植开花后全部都是采用蜜蜂授粉，既节约成本，也提高了蜜瓜品质，香味更浓郁、更甜，且营养丰富、酸甜可口，口感更佳。来自全国各地的 70 多名电商企业和微商代表，以及海南省农业厅、海南各市县农业局、农技中心等单位负责人以及种植户代表等，共 150 余人参加了本次活动，人民网、南海网、海南电视台等众多新闻媒体进行了宣传报道。

**二是通过媒体宣传报道，扩大体系影响力。**综合试验站在开展各项工作的同时，还重视对外宣传，通过宣传报道扩大了体系在海南的影响力。2010 年以来，综合试验站利用中央媒体以及海南主流宣传媒体，进行蜂体系宣传报道。2014 年 3 月 31 日《人民日报》以《让蜜蜂下地干农活》为题进行宣传报道；2015 年 6 月 24 日中央电视台第七频道《科技苑》栏目，播出设施密瓜蜜蜂授粉专题片，2018 年 6 月 11 日中央电视台七频道《聚焦三农》栏目，报道承办的“2018 年 5 · 20 世界蜜蜂日中国（海南琼中）主会场活动”；2018 年 7 月 10 日《农民日报》以《蜂蜜出深山里外“两头甜”》进行报道；2018 年 7 月 11 日《中国科学报》以《琼中“农文旅”蜂起蜜涌》进行报道；《海南日报》报道 22 次，《海南日报》于 2017 年 4 月 17 日新知栏目整版报道《请蜜蜂打工》，海南电视台报道 6 次，中国热带农业科学院网站报道 52 次。

**三是成立海南省蜂业学会，聚集蜂业人才。**为普及推广海南省蜂业科技知识，促进蜂业科技更好地为海南省经济建设服务，创造条件配合农业部门举办各种蜂业技术培训班、学习班和进修班，提高海南蜂业科技人员的科技水平，依托综合试验站研发团队和各示范县，发起成立的海南省蜂业学会，高景林站长为海南省蜂业学会第一、第二届理事会会长。综合试验站下属文昌示范县、儋州示范县、五指山示范县、昌江示范县以及琼中示范县相继成立市县级蜂业协会，综合试验站依托海南省蜂业学会组织网络，协调各地科技管理部门的技能培训、组织部门的党员干部素质提升活动、农业主管部门的阳光工程、大专院校的农民大学等培训活动，共同主办或协办蜂业技术培训班，这样不仅有效利用有限的经费，也使培训的影响力提高，效果显著。

**四是发挥体系专家优势，向各级政府献言献策。**2013 年 3 月 22 日，蜂农反映在海口市永兴镇，采集荔枝的蜜蜂开始大量死亡。儋州综合试验站高景林站长接到电话后迅速赶到现场勘察，并邀请荔枝龙眼体系海口综合试验站专家、当地荔枝协会负责人、海南农业科技“110”以及海口电视台、海南日报社记者开展联合调查，并立即向海南省农业厅主管部门回报蜜蜂中毒事件，海南省农业厅畜牧技术推广站、海口市农业局相关人员也到现场勘察。分析中毒原因后，向海南省农业厅提交《海南省蜂业现状及发展建议》提出预防蜜蜂中毒事件发生的建议，得到省市农业主管部门的大力支持。8 月 29 日、30 日，高景林站长与《海南日报》记者以及琼中县科协有关负责同志，走访了琼中部分养蜂的企业和农户。9 月 6 日，向琼中县孙喆书记提交 4 500 字的《做强做精琼中蜂业的思考与建议》。11 月 22 日，试验站在海口召开“推广蜜蜂授粉服务绿色生态农业”专家研讨会，会后通过科协以专家建议形式，向省政府提出《海南蜜蜂授粉现状分析与建议》。

**五是创新了一个“五位一体”科技示范新模式。**技术依托国家蜂产业技术体系，发挥科技创新作用，集成技术规范和标准，提供技术支撑；依靠海南省蜂业学会，发挥社会团体组织社会服务体系优势，为提供试验示范基地和授粉蜂群；依据果品销售企业的订单，发挥企业市场带动作用，为技术提供市场需求；依赖村党支部和养蜂专业合作社，发挥其协调组织各方利益作用，为示范推广顺利实施提供保障作用；借助《海南日报》等主流媒体，发挥宣传作用，提高了社会影响力。形成体系 + 学会 + 企业 + 村委会（合作社）+ 新闻媒体“五位一体”科技示范新模式。

科技示范新模式，采取综合试验站提供蜜粉授粉核心技术，发挥体系技术作用，为基地实施标准化生产提供技术和标准支撑；农民专业合作社主导基地运行管理，发挥其协调组织各方利益作用，为基地顺利生产提供保障作用，贫困户（农户）负责田间具体劳务工作，是科技基地的受益者；海南王品有限公司有偿提供种子、肥料基本物资和整个生产过程监督，同时负责产品销售，以订单价格向农户收购，发挥企业市场带动作用。同时借助《海南日报》等主流媒体，发挥宣传作用，提高了基地的社会影响力。科技示范基地 1 亩王品蜜瓜的收入在 1.2 万元左右，除去 6 000 ～ 7 000 元成本，也有 5 000 元的收益，五大村蜜瓜种植户人均收入提高到了 8 000 元，生活品质大大提高，在基地打工的贫困户纷纷脱贫致富，盖起了整齐的“蜜瓜楼”。

## 十四、重庆综合试验站站长罗文华研究员

重庆综合试验站在近十年的体系建设和运行过程中，获得的一些经验以及心得体会，现总结如下。

**1. 研发成果成绩显著**

2011 年进入国家蜂产业技术体系综合试验站以来，主要围绕蜜蜂高效授粉技术、中蜂育种、蜜蜂营养需要、蜂产品精深加工、蜜蜂病虫害防治、中蜂科学饲养等方面开展了科学研究与成果示范推广工作。主持项目 41 项（其中省部级 7 项目、厅局级 27 项目、横向 7 项），项目总经费 1 018.6 万元，已结题 32 项；获得省部级奖励 3 项，其中“蜜蜂高效利用技术集成研究与示范推广”获得重庆市科技进步奖三等奖、“三峡移民畜牧养殖技术系列科普读物”获得重庆市科技进步奖三等奖、“蜜蜂高效综合利用技术集成研究与示范推广”获得重庆市农牧渔业丰收二等奖；获得了“熊蜂人工周年繁育及高效授粉技术研究”“中蜂蜂蜜安全高效生产集成技术示范与推广”“预防鸭瘟的蜂胶注射液及其制备方法”“南川中蜂高产低耗新品种选育”“预防鸭出血性卵巢炎的蜂胶注射液及其制备方法”“预防 I 型鸭病毒性

肝炎的蜂胶注射液及其制备方法”以及“三峡移民畜牧养殖技术系列科普读物”成果登记7项；获得了“一种可传统饲养多次活框取蜜的中蜂饲养装置及养殖方法”“一种复合干混悬剂及其制备方法”“一种可传粉45天的蜜蜂饲养方法及装置”“酶解蜂王浆的制备方法及其产品和应用”“水溶性蜂胶的制备方法”“一种防治中蜂巢虫病的巢虫引诱盒”“利用蜜蜂为大棚西红柿授粉的方法”“利用蜜蜂为大棚辣椒授粉的方法”“预防鸭瘟的蜂胶注射液及其制备方法”“一种蜂王浆风味饮料”及“一种检测外源物质对蜜蜂成蜂前影响的办法”国家发明专利11项；发表论文77篇，其中SCI 2篇、EI 1篇、一级学报2篇、CSCD 9篇、中文核心20篇；出版了《高效养蜂你问我答》《现代高效蜜蜂养殖实战方案》《林下养蜂技术》《规模化蜜蜂养殖场生产经营全程关键技术》《图说高效养中蜂关键技术》及《中蜂饲养法》著作6部。

2. **支撑重庆蜂业的健康快速发展**

近八年来，重庆综合试验站开展了重庆蜂业资源普查、技术推广、技术培训、产业规划以及行业协会等工作，对重庆蜂业起着重要的支撑作用。主要完成了城口、万州、南川、酉阳及石柱5个区县的“蜜源资源”调查；城口县、万州区、酉阳县、南川区、忠县、直升镇及中峰镇的《蜂产业中长期发展规划》的编制；共举办了149场养蜂培训，培训人员10 024人次，其中培训蜂农8 864人次、岗位人员538人次、农技人员622人次；发放《高效养蜂你问我答》《中蜂养殖百问百答》《养蜂法律法规》《中蜂养殖技术》《图说高效养中蜂关键技术》等养蜂书籍7 616余册；完成全市54名养蜂专业技能鉴定工作；派出8名扶贫科技特派员对接5个区县发展蜂产业，其中3名获得优秀科技特派员称号；派出2名专家加入18个深度贫困村技术组成员指导蜂产业发展；派出5名科技人员加入重庆市蜂业学会理事长、副理事长、副秘书长等管理工作，帮助重庆市蜂业学会工作正常开展。

3. **引领重庆蜂产业发展**

近八年来，重庆综合试验站对蜂重庆蜂业蜂群的发展、品牌打造等起着重要的引领作用。

**一是蜂群数量快速增长。**2011年重庆市蜂群数量约46万群，经过重庆综合试验站8年的科技推广、技术培训、现场指导，目前重庆市蜂群保有量达到 106 万群，其中中华蜜蜂 80 万群、西蜂蜜蜂 26 万群。重庆市目前的蜂群数量是重庆综合试验站建站前的 2.3 倍，养蜂业呈现出一片欣欣向荣的景象。

**二是养蜂收入显著提高。**2011 年饲养中蜂蜂农每群平均年产蜂蜜 5 千克左右，蜂蜜价格 60 ～ 100 元 / 千克，群年平均收入 300 ～ 500 元；目前重庆市饲养中蜂蜂农平均群产蜜量 10 千克，价格 200 元 / 千克，平均年收入 2 000 元 / 群。实现“养 10 群蜂、产 100 千克蜜、收入 20 000 元”的效益目标。

**三是产品质量显著提高。**首先生产原生态的成熟蜜。原来蜂农生产蜂蜜为了追求产量，多生产稀薄蜜。经过体系培训和宣传，重庆蜂农已经充分认识到蜂产品质量的重要性，成熟蜜生产已成为常态。大部分蜂农采蜜时，先摇出未封盖的蜂蜜，再割去蜜盖，摇取封盖成熟蜜。其次，加强蜂病的绿色防控。蜜蜂生病多采用紧脾密集群势、换新王、中草药防治或烧毁等措施防治。病虫害防治严禁使用国家规定禁用药物。

**四是打造了蜂业品牌。**重庆市现已与中国养蜂学会共建了 3 个“中华蜜蜂之乡”，获得了“金佛山中华蜜蜂蜂蜜”“白马蜂蜜”地理标志产品商标 2 个，制定了《中蜂原生态蜜生产技术规范》地方标准 1 个，建立蜜蜂生态科技产业园 1 个、建立了渝西蜂业专家大院 1 个。

**五是助推了重庆的脱贫攻坚。**养蜂业是重庆市特色效益畜牧业和脱贫攻坚重点支持的产业，全市 18 个深度贫困村，其中 17 个深度贫困村都将养殖蜜蜂作为脱贫攻坚的主导产业。由于养殖蜜蜂成本低、见效快、效益高，加上养蜂技术容易掌握，养 10 群、产 50 千克蜜，就能确保 1 户贫困户脱贫。

**4. 为重庆蜂产业发展做出的重要贡献**

国家蜂产业技术体系为重庆蜂产业的发展产做出了重要贡献，首先是蜂群数量由 46 万群发展到 106 万群；养蜂从业人员增加了 1 000 人以上，解决了社会就业问题；年产蜂蜜 2 万吨、蜂王浆 130 吨、蜂花粉 312 吨，蜂胶 19.5 吨，蜂农收入增加 2 ～ 3 倍。其次促进了重庆现代农业的健康快速发展，通过蜜蜂为农作物传花授粉，使农作物坐果率显著提高，降低了药物和激素残留，显著提高了农产品品质和产量，特别是重庆市的设施番茄、草莓、辣椒、茄子等农作物，解决了设施农作物授粉难和产量低的问题，是现代农业重要的配套技术。再次是重庆蜂产业优化了农业产业结构，促进了优势特色农业的稳定健康发展，增加了农民的收入。最后是蜜蜂授粉对生态系统也起到了巨大的改良和修复作用，具有巨大的生态和社会效益。

5. 存在的问题

**一是地方蜂产业要快速发展，技术推广是关键。**目前，大多数蜂农都是没有经过系统的养蜂技术培训，他们的养蜂技术多为师傅传授和自己摸索，且年龄较大、思想固化严重。在养蜂实际生产中，多数蜂场蜂群多，但产量小、效益差。就其根本原因在于对现代科学养蜂技术掌握不够，特别是关键技术没能很好掌握，如强群取蜜技术、快速育王技术、蜂病防治技术等。因此，加大技术推广力度，重点进行技术培训，让蜂农掌握关键实用技术，可显著提高蜂产业的养殖效益，促进蜂业发展。

**二是地方政府和行业部门对养蜂重要性认识不足。**许多领导对蜂产业的认识不足，认为蜂产业是一个小产业，在畜牧业中的占比 GDP 少，因此，支持和重视程度不够；主要表现在对蜂产业的产业发展、科研项目、宣传推广等方面支持不够。

**三是蜂业科技人才缺乏。**人才是核心竞争力，但蜂产业科技人才少，大多数区县根本没有专业的蜂业人才，要推广现代养蜂技术，缺乏专业人才队伍。这也是制约各地蜂产业快速发展的根本原因。

**四是设置专门蜂业管理的行政部门少。**蜂产业行业主管部门在各地一般由畜牧局的某个科室兼管，甚至根本没有明确的管理部门，设置专门的管理机构的区县非常少，因此，对蜂产业的管理缺失，更谈不上发展和指导，制约了蜂产业的快速发展。

**五是蜂产业从业人员老龄化严重，后继乏人。**从事蜂产业的人员大多数都在 50 岁以上，年轻人从事养蜂者较少，再过几年，蜂产业从业人员将出现严重的不足。

## 十五、成都综合试验站站长王顺海高级畜牧师

1. 取得的成效

**一是立足四川养蜂实际因势利导，促进四川蜂业持续高效发展。**2007年及以前，四川养蜂数量多，是全国养蜂大省但不是养蜂强省，养蜂技术水平和效益不太高，特别是中蜂产业规模小、分散、收益低。2008年四川首批加入国家蜂产业技术体系建设项目以来，成都综合试验站立足四川养蜂实际因势利导、因地制宜，促进四川蜂业持续健康发展，推进四川蜂产业由养蜂大省向养蜂强省转变。根据西蜂以大转地放蜂为主的饲养方式，持续多批次引进国内国外蜜蜂良种卡尼鄂拉、卡尔巴阡、北京一号、中蜜一号、松丹系列蜜浆高产蜂王，充分发挥四川在我国转地放蜂的区位和规模优势，集成推广西蜂规模化转地饲养技术，试验推广西蜂转地高产高效放蜂模式，建设西蜂蜜蜂健康高效试验示范蜂场3个；充分利用四川盆地山区川西高原高山无污染野生生态蜜源优势，大力试验示范推广中蜂定地小转地健康高效饲养技术，提高中蜂饲养规模和效益，先后建设中蜂示范蜂场4个。逐步实现四川蜂业由养蜂大省向养蜂强省的转变。2017年四川蜂群数发展到164万群，占全国蜂群总量的17.1%，居全国第一位；生产蜂蜜4.95万吨，占全国总量的9.9%；生产蜂王浆495吨，占全国总产量的16.50%；生产蜂花粉750吨，占全国总产量的15.00%。蜂蜜年出口1 000多吨，全省养蜂产值达到23亿元以上。

**二是试验集成推广蜜蜂高效授粉，促进蜂产业结构性调整，助力农业绿色发展。**根据对四川、青海、西藏、内蒙古油菜传粉昆虫调查结果显示：油菜自然野生授粉昆虫严重不足，油菜蜜蜂授粉配置严重不均，极大地地影响了油菜籽产量，急需科学配置油菜授粉蜂群，实现油菜蜜蜂高效授粉。

国家蜂产业技术体系成都综合试验站在首席科学家吴杰研究员和岗位科学家邵有全研究员、郭媛研究员的指导下，先后在四川省什邡、江油等地开展油菜蜜蜂控制、强度和大田自然蜜蜂试验，在彭州、江油、双流、新都、达州等地开展草莓、蓝莓蜜蜂授粉试验，在江油、什邡、绵竹、都江堰等地开展猕猴桃蜜蜂授粉试验示范，在理县、汶川、茂县等地开展大樱桃蜜蜂授

粉试验示范。通过试验示范，先后集成了油菜、草莓、大樱桃蜜蜂高效授粉技术，并起草制定了《油菜蜜蜂授粉技术规范》《大樱桃蜜蜂授粉技术规范》《草莓蜜蜂授粉技术规范》和《猕猴桃蜜蜂授粉技术规范》4 个四川省地方标准。

先后在四川省什邡市马角镇和江油市重华镇开展油菜蜜蜂授粉示范基地建设 2 处，在什邡、绵竹和江油市建设猕猴桃蜜蜂授粉基地 3 处、另外建了 4 个草莓、1 个梨树、1 个大棚蔬菜蜜蜂授粉基地。蜜蜂授粉示范面积 3 万公顷以上。通过江油、什邡等地油菜蜜蜂授粉强度、控制和大田蜜蜂自然授粉试验，使油菜作物蜜蜂授粉产量提高 18% 以上，年直接经济效益达到 6 655 万元。蜂农通过授粉每箱蜂可以增加收入 4 元，授粉蜂群 15.053 万箱，年蜂农授粉收入 610 万元以上，年合计达到 7 265 万元。

**三是加大蜜蜂资源调查和试验引进良种蜂王，促进中蜂遗传资源保护利用，提升蜂群生产性能。**在岗位科学家石巍研究员的指导下，调查采样分析了四川省蜜蜂品种资源，先后试验示范引进推广了高癸烯酸王浆良种蜂王 227 只，卡尼鄂拉、喀尔巴阡、澳意、美意蜂王 180 多只，优化了四川省蜜蜂品种结构，大幅提升了蜂群生产性能，为四川省蜂产业高质量发展奠定了蜜蜂种群基础。

对四川省中蜂遗传资源进行了较大范围调查研究，初步摸底四川省中蜂遗传资源类型。指导建立中蜂省级保护区 3 个，国家级保种场 1 个，省级保种场 2 个。起草四川省地方标准《种蜂场建设布局技术规范》《阿坝中蜂》和《阿坝中蜂蜂王》等蜜蜂遗传资源保护与选育技术标准 5 项。

**四是改良蜂箱和蜂机具，提升蜂业生产效率。**在 10 多个市州试验示范推广新型蜂箱、授粉专用蜂箱和改进型传统蜂桶 20 多个型号 1 600 多套蜂箱，提高中蜂养殖和授粉效率，提高中蜂蜂蜜产量质量和饲养效益。初步选择 5 型新式蜂箱、授粉蜂箱和改进型传统蜂桶进行示范推广。

先后开展了放蜂车转地放蜂饲养观测试验，调查观察放蜂车转地效果表明，产蜜提高 30%，运费开支从 5 万元降到 2 万元，及时反馈改进建议。先后开展了电动摇蜜机成熟封盖菜花蜜和未封盖菜花蜜摇蜜试验，建议改进摇蜜机加蜜脾和蜜脾篮筐设计，以提高摇蜜效率，减少蜜脾篮筐对巢脾的损伤。

**五是试验集成蜜蜂健康高效养殖技术，促进蜂业转型升级。**试验示范中蜂健康高效繁育技术，提升中蜂饲养效益。该技术集成了高效繁育中蜂品种、使用高效繁育分蜂蜂箱，饲喂高效繁育饲料、采用持续人工育王和分蜂高效饲养管理技术，实现中蜂规模化高效繁育。先后起草制定《四川中蜂饲养技术规程》《阿坝中蜂饲养技术规范》《中蜂规模化饲养技术规范》等四川省地方标准5套。集成制定示范推广《中蜂健康高效饲养技术》《阿坝中蜂健康高效饲养技术》等培训材料。

试验集成示范西蜂健康高效养殖技术，提升蜂业生产效率和蜂产品质量安全。在和绍禹教授等岗位科学家的指导下，通过在邛崃侯家国、彭州王孝忠和郫县刘忠等示范蜂场的试验示范，集成了西蜂健康高效饲养技术。以引进卡尔巴阡、卡尼鄂拉进行杂交组配适于转地蜂蜜高产蜂种，引进高癸烯王浆蜂种改良本地蜂种和浆蜂提高蜂王浆品质，采取在北方断子治螨、强群秋繁，准备充足的越冬和春繁用蜂蜜饲料，在北方就地冻蜂适时晚回南方以减少蜜蜂死亡损失，适时到云南强群单脾开繁或在四川强群单脾晚繁，以优质成熟封盖蜜脾和优质花粉脾为基础春繁饲料，根据天气情况，适时进行奖励饲喂促进蜂群产子繁子，以继箱群和平箱群进行生产繁育组合，春秋集中统一育王换王和繁殖季节持续育王换王相结合，以便保证全部蜂群随时都可以更换并拥有优良蜂王，以每年两次断子突击治螨，以强群、充足优质天然蜂蜜蜂花粉和饲养管理防控蜜蜂病虫害，以选择无污染优良无毒蜜源场地，使用简易蜂箱巢脾固定设施，快速转地等集成简化规模化饲养技术。起草制定《成熟蜂蜜生产技术规范》《蜜蜂规模化饲养技术规范》《蜜蜂转地饲养技术规范》《原生态蜂王浆生产技术规范等》四川省地方标准。

**六是试验示范溯源监测技术，提升蜂产品质量安全。**选择成都市邛崃市蟲鑫蜂业合作社开展蜂产品生产溯源试验示范，协助集成蜂产品生产溯源技术体系资料一套。选择成都世纪蜂业作为体系蜂产品溯源试验示范企业，体系配备了数据采集、上传和终端设备，选择柑橘蜂蜜作为溯源产品，溯源蜂群6 700群次以上，企业溯源系统已经开始运行。

**七是试验示范蜜蜂病虫害绿色防控，保障蜂产业健康发展。**调查中囊病、白垩病 2 种蜜蜂主要病虫害发生危害情况，试验示范中囊病和蜜蜂白垩病病虫害防治药物 2 种，试验示范中囊病、白垩病、腊螟防控技术 3 套，举办蜜蜂病虫害防治技术培训班 15 次，培训蜂农 1 500 人。起草制订四川省地方标准《蜜蜂白垩病诊断技术规程》1 项。杜绝了蜜蜂病虫害给蜂产业发展造成大的损失。

**八是开展蜂产业经济调查研究，优化结构促进产业化发展。**持续开展 60 户固定蜂农养蜂经济调查，摸清蜂产业经济现状，为蜂产业经济发展提出政策建议，争取政府扶持蜂产业发展。

**2. 经验与体会**

**一是要调查蜂产业发展技术需求，试验集成示范相关技术，促进蜂产业发展。**先后 3 次开展四川省蜂产业调查，进一步摸清了全省蜂产业发展现状，制约蜂产业发展的技术难点和技术瓶颈。调查了全省蜂群数、蜂产品产量、从业人数（户）、蜂业合作社等情况。根据四川蜂业发展状况，试验集成了有针对性的蜂产业研究试验示范方案：研制生产更加高效便利、价格较低的养蜂机械，改进放蜂车蜜蜂偏巢问题，将养蜂专用运蜂车等养蜂机械列入四川农机采购补贴目录，将养蜂专用运蜂车列为特种车管理，减少审车等手续，便利蜂农转地放蜂。针对劳动成本上涨和年轻人不愿从事养蜂的趋势，转变以脾为管理单位的劳动效率低下的养蜂饲养管理模式，研究更加轻简高效，适于规模化机械化养蜂的集成技术。研制高效无污染的绿色蜂药，严格蜂药监管，使用管理，对违禁生产、销售和使用蜂药进行必要的处罚。加大养蜂技术培训推广力度，提高蜂农技术水平。扶持蜜蜂良种选育、生产和推广。

**二是要培育和借助蜂产业新型主体，提高产业技术服务效率。**实践证明，产业主体是产业技术研发和应用发展的主力军，蜂产业技术体系也必须借助产业主体开展服务和实现产业技术升级，促进蜂产业持续健康发展。为此，成都站积极配合各级党委政府，大力培育蜂产业新型主体，形成了以家庭蜂场为基础、专业养蜂合作社为依托、蜂产品加工企业为龙头的蜂业产业化经营模式，全省养蜂专业合作社已发展到 100 多家，其中国家级示范社 1 个、省级示范社 6 个。已创建部级示范蜂场 1 个、省级示范蜂场 6 个，规模较大、效益较好的蜂产品加工企业已发展到20多家，年加工生产能力达到10万多吨，生产的蜂产品出口到欧洲、日本、东南亚等国家和地区。借助蜂产业新型主体试验示范和推广运用蜜蜂健康高效饲养技术、蜜蜂病虫害防控技术和蜂产品安全生产溯源等技术，收到了很好的技术运用效果。

**三是要发挥技术优势，主动加入国家扶贫行列，助力农牧民脱贫奔康。**根据农业农村部和国家蜂产业技术体系安排，积极开展秦巴山区、乌蒙山区、四川藏区和四川深度贫困县扶贫，单独或配合国家蜂产业技术体系岗位科学家在四川秦巴山区和乌蒙山区开展扶贫工作。在秦巴山区巴中、广元、绵阳市，万源、青川、平武县市，乌蒙山区宜宾市，雷波、金阳、峨边、马边、越西、筠连县市，四川藏区黑水、马尔康、茂县等开展中蜂饲养扶贫技术培训16期，培训蜂业管理技术人员和蜂农1 280多人次。指导乌蒙、秦巴贫困山区12个县（区）制修订蜂产业技术扶贫方案（规划）。

根据乌蒙山区、秦巴山区和四川藏区农牧民传统棒棒巢饲养方式、养蜂技术水平低和养蜂时间少等情况，试验示范推广改进型传统棒棒巢蜂箱和格子蜂箱，在不增加技术难度和时间的情况下，大幅提高蜂蜜数质量，增加收入，助农牧民脱贫奔康。

通过多年来的技术扶贫，扶贫效果逐渐显现，得到各级党委政府认可和重视，今年四川省委组织部等多部门在组建省级扶贫专家团队中将蜂产业纳入其中，组建了4个蜂产业省级专家团队，其中成都站王顺海等3人为首席，团队成员及示范市骨干15人为专家团成员，更多示范市技术骨干入选市州、县市区级专家团成员。许多贫困县市区将蜂产业列为扶贫优势产业，在政策、项目资金上给予支持。

**四是要抓住各种机会，积极开展蜂产业技术培训，促进四川省蜂产业发展，助力农业绿色发展。**在阿坝、巴中、广元、绵阳等市州，万源、雷波、平武、马尔康、茂县、黑水、筠连、青川、江油、峨边、马边、郫县开展蜜蜂（中蜂）健康安全高效饲养技术培训班120期，培训农技员、蜂业合作社负责人和蜂农等9 600人次。

**五是要在技术试验示范推广应用中锻炼培养，加速年轻团队成员和示范市骨干成长。**成都综合试验站利用体系任务执行、项目实施和技术扶贫培训等机会，让年轻团队成员和示范市骨干走上前台，担纲担责，在具体试验示范和技术服务中锻炼成长。如推荐达州示范市技术骨干担任四川省级蜂产业专家团队首席，带领团队深入金川、马尔康和黑水 3 个深度贫困县市的贫困村贫困户现场开展蜂产业科技扶贫服务。其他 20 多位团队成员和示范市技术骨干加入省级、市州和县市区级专家科技扶贫团队，深入四川省 40 多个深度贫困县的贫困村贫困户开展蜂产业技术扶贫服务，蜂产业技术扶贫成效显著，得到各级领导和贫困户认可，年轻人才也得到了快速锻炼成长。

## 十六、红河综合试验站原站长张学文副研究员

红河综合试验站是国家蜂产业技术体系“十一五”期间建立的试验站，依托云南省农业科学院蚕桑蜜蜂研究所开展工作。建站以来，试验站以对接岗位科学家的研究成果及完善熟化技术为工作职责，承担并较好地完成了体系安排的试验示范工作，在学科团队建设、人才培养、科研、技术培训、应急服务等方面取得一定成绩，现将取得经验和体会总结如下。

### 1. 扎实推进试验站团队建设

建站以来，试验站人才队伍建设成效显著，团队成员年龄结构、学历层次、职称构成日趋完善，科研实力日益加强。

建站初期，试验站团队成员 9 人，其中 40 岁以上 6 人，40 岁以下 3 人，最高学历为本科，职称最高为中职。建站十年以来，在国家蜂产业技术体系这个大家庭中，在岗位科学家的关心、帮助和试验站依托单位领导的支持下，年轻的科技人员不断涌入，试验站队伍不断壮大，团队成员年龄结构逐渐完善。目前团队成员增至 22 人，正研究员 1 人，副研究员 7 人，中职及以下 14 人，其中 50 岁以上 6 人，40 ～ 50 岁 2 人，40 岁以下 14 人。在试验站工作实施过程中，对接岗位科学家亲临指导，团队成员外出学习和交流，学历层次和职称有了很大的提高。目前试验站有博士 1 人，在读博士 4 人（1 人在国外大学），硕士 6 人，在读硕士 3 人。近年来，试验站科技人员发表文章 73 篇，其中核心期刊 33 篇，获得专利 7 项。

以国家蜂产业技术体系为基石，在试验站工作实施中得发展，团队成员科研业务水平有了很大提高，科研经费来源渠道得到拓宽。建站以来，试验

站科技人员共获批国家自然科学基金项目3项，省科技攻关项目2项，“三区”人才项目15项，省级以下项目支持13项。各个不同来源的项目支持与试验站工作相辅相成，交相辉映，对云南养蜂业发展起到了极大的促进作用。

**2. 针对蜂业生产技术需求开展科研工作**

蜂种可谓“养蜂之本”，有了优良的蜂种，才能在同等投入的条件下有更大的产出。2009年1月以来，试验站从岗位科学家苏松坤教授、薛运波研究员、李建科教授处引进‘蜜浆双高产蜂’‘蜜胶蜂’‘抗白垩病蜂’‘美国意大利蜂’‘卡尼鄂拉蜂’‘抗蜂螨蜂’等11个品系，先后在试验站西方蜜蜂示范蜂场试验、中试，并在罗平、祥云、普洱和西双版纳4个示范区进行示范。在云南省立体气候、小气候环境多样性的条件下，基本解决了云南省不同区域小转地西方蜜蜂饲养的优良蜂种的区别使用问题，为云南养蜂业持续、健康发展打下了良好基础。

云南省是全国中蜂主要生产区之一，试验站建站以来，认真落实岗位科学家和绍禹教授中蜂科研成果，开展中蜂示范蜂场建设，落实“规模化饲养中蜂示范蜂场蜂群管理技术规范”“规模化饲养中蜂示范蜂场蜜蜂病虫害的防控原则”“规模化饲养中蜂试验站地区推荐蜂种”等工作，筛选出适宜云南不同海拔、不同气侯类型的中蜂蜂箱。通过这些蜂机具及技术规范的实施，建设的中蜂示范蜂场，已基本能发挥示范推广的功能。其效益也得到了显示，在云南省持续4年干旱的情况下，2012年的4个示范户中，仅养殖中蜂年收入最高户为3.2万元，最少户为1.15万元，为云南省的山区、半山区养蜂户增收致富，起到了示范带头作用。

中蜂饲养的蜂箱规格、大小争议很大，据调查云南省饲养中蜂的箱型有8种，给云南省中蜂规范化、规模化养殖技术推广带来了不便。试验站于2011—2013年三年多次在省内各区，省外的广东、广西、贵州、四川、重庆等省（区、市）进行调研，并根据云南省的实际情况，草拟了云南Ⅰ型、云南Ⅱ型两种蜂箱，以及云南Ⅰ型（转）、云南Ⅰ型（定）、云南Ⅱ型（转）、云南Ⅱ型（定）四类箱型的相关技术指标和参数，旨在形成云南省中蜂饲养的两种蜂箱的地方标准，并根据这两种蜂箱，研究与之配套的云南省中蜂饲养技术规范，形成云南省中蜂养殖具有指导价值的技术标准或规范，提升云南省中蜂的规范化、规模化饲养水平。

多年来，每年的8月下旬至11月上旬，云南中部的蜂业主产区都发生“爬蜂”。2008—2009年，试验站对5个蜜蜂营养饲料配方进行蜜蜂取食和蜂群增殖试验。经筛选，选出其中的3组作为较好的蜜蜂营养饲料，并且对蜜蜂饲喂该营养饲料后观察蜜蜂的抗病效果。2011年，对蒙自地区的3～5个历年发生爬蜂病最严重的蜂场进行推广应用，观察蜜蜂的抗病效果。2017年以来，经红河综合试验站几年的试验研究，初步确定西方蜜蜂鬼针草花期“爬蜂”的原因，并进行了3个蜂场的295群防控试验，取得了较好的效果。

**3. 加强科技服务，推广先进技术**

建站以来，试验站以新蜂种、新技术、新方法为支撑云南蜂业的稳定发展提供技术服务，建立、稳定了一批养蜂技术员、养蜂大户和养蜂户的产业队伍。在体系岗位科学家和绍禹教授、董坤教授、余林生教授、苏松坤教授、邵有全研究员、吴黎明研究员等悉心关怀和指导下，试验站经过十年的经验总结，逐步建立了岗位科学家、示范区骨干成员、蜂农三个层次的培训体系：即首先岗位科学家到试验站或组织试验站成员、示范区骨干成员到其他地区进行培训，然后试验站组织示范户及示范区骨干成员到试验站示范蜂场进行培训，最后示范户及骨干成员回到各示范区后，示范区负责单位或畜牧推广单位及负责人，组织当地蜂农进行面对面的课堂培训，通过这种三个层次的阶梯培训，提升了养蜂技术员和蜂农的养蜂技术水平，形成以点带面的蜜蜂科学饲养推广模式。

建站十年，试验站共举办或组织试验站成员及示范县骨干参加培训班65期，进行了“中蜂人工育王操作技术”“蜂王浆高产优质生产技术”“云南省西蜂高产技术与蜂产品质量安全培训”“蜜蜂病害的预防及防治”“优质蜂产品的安全生产及国家标准要求”“国内蜂机具及蜂业发展的现状”“优质蜂胶的生产”“云南省连续干旱后的蜂群管理”等相关内容的培训工作，共培训人数3 015人，较好地推动了云南蜂产业发展。

十年的体系建设，红河综合试验站承担并较好地完成了体系安排的各项试验、示范工作，体系建设促进蜂业发展的积极意义得到充分体现。在新时代、新形势下，红河综合试验站将继续围绕蜂业成果推广示范与蜂业科技创新开展工作，在国家蜂产业技术体系建设的同时，进一步稳定和培养一批创新型、实干型蜂业科技骨干，为云南乃至全国蜂业科技事业又好又快的发展做出应有的贡献。

## 十七、延安综合试验站站长刘强畜牧师

### 1. 几点体会

一是国家启动蜂产业技术体系，对每个试验站连续进行资金支持的方式，稳定并扩大了当地蜂业产业推广科技人才队伍，为当地蜂业产业持续健康发展提供了保障。

二是蜂业科技成果示范是综合试验站的主要任务。综合试验站将岗位科学家科技成果进行转化，通过举办现场会、经验介绍、观摩会和基地示范是成果转化的重要途经。

三是要推广先进养蜂技术，让蜂农易看懂、易操作、易接受，举办技术培训班，发放技术操作手册，并充分利用广播、电视、报纸、互联网等各类媒体进行宣传，是推广实用先进技术有效途径。

### 2. 主要经验

**一是要大力推广蜜蜂授粉技术，助推本地区苹果产业。**蜜蜂授粉是发挥行业自身优势，创造社会经济效益，促进农业增产、增效、节能、环保的关键措施。延安试验站围绕这个主题，积极开展试验示范各项工作。针对本地生产实际，先后选取了洛川果树试验场、洛川土基镇矮化苹果试验场、宜川县交里乡南岭村万亩苹果授粉示范园及大棚油桃、草莓、樱桃等蜜蜂授粉效果比较显著的作物品种，建立蜜蜂授粉工作示范基地，作为授粉示范工作的突破口，带动全市蜜蜂授粉工作迅速展开。举办蜜蜂为农作物授粉技术现场交流会 5 次，举办全区蜜蜂授粉与生产技术培训班达 15 余次，参加培训的蜂农和基层农技人员人数近 5 000 人（次）。推动引导采取市场化组织手段，组织蜂农在全市各地开展商业化授粉，加强了授粉市场的组织协调力量。2011 年以来，用蜜蜂为陕西省农作物授粉面积每年达 1 000 万亩以上，

利用蜜蜂为农作物授粉也成为蜂农创收的新途径，授粉蜂农收益可达到每群 80 ～ 200 元，用于经济作物授粉则可达到每群 200 元。仅延安市参与商业化授粉的蜂群由 2010 年的 1 万群蜂增加到 2017 年的 10 万群蜂。全市已形成以农作物，其中，宝塔区授粉的重点品种和面积，苹果 300 万亩；红枣 100 万亩；梨树 20 万亩、向日葵 30 万亩；荞麦等 150 万亩；设施作物授粉面积 2 万亩。

**二是要大力推进标准化生产和规模化健康高效经营。**针对蜂产品的质量安全和陕西蜂业发展实际，我站集中精力动员各方面力量大力推进蜂产品的标准化生产和规模化健康高效经营。2011 年以来，主要做了这几项工作，一是制订了技术规程。根据示范、推广、实践情况，通过多年实践，基本建立了适合陕北地区规模化饲养，巢蜜、成熟蜜、特色蜂蜜的生产经营模式。蜜蜂病虫害绿色防控工作得到加强并大力推广规模化健康高效饲养示范工作。二是为了提高转地蜂场劳动效率，由试验站和示范蜂场开发了不同类型的饲养、转运、脱蜂设备。有电动脱蜂机等，大大提高了劳动效率；这些较为先进的蜂机具在一些蜂场，特别是人均养殖规模 200 群以上的蜂场大量使用。三是长途转地采取开巢门运输的方法，降低了运输途中的蜜蜂死亡率。四是蜂农专业合作社与蜂业企业联合，建立成熟蜜生产基地，形成生产销售一条龙。全省规模化健康高效饲养生产示范基地已由 2010 年的 1 个增加到了 2011 年的 18 个，规模化健康高效饲养示范蜂场蜂群数都在 100 ～ 1 000 群，人均饲养量 100 ～ 130 群，规模化健康高效饲养示范基地生产的蜂蜜全部是天然成熟，质量水平普遍较高，生产效益也比普通蜂场提高 30% 以上，规模化健康高效饲养及质量安全水平已跃居行业前列。

**三是要依托体系技术力量和资金支持，做大做强本地蜂产业。**依托体系技术力量和资金支持，每年新建立 2 个意蜂示范蜂场和中蜂试验示范蜂场。扩大了中蜂饲养的知名度，提高了蜂农饲养中蜂的积极性。陕北中蜂蜂群具有采集力强、分蜂性弱、抗低温和抗病虫害能力强等特点，适合在陕西省乃至全国大部分地区饲养和应用，特别是长江以北等蜜粉资源分布集中、面积大、冬季长的区域。从 2010 年陕西中蜂饲养量由不足 8 万群到目前全市中蜂的饲养量达到 32 万群。

**四是荣获“中华蜜蜂之乡”。**陕西省延安市黄龙县从2010年，中华蜜蜂饲养量只有不足1 000群，到发展到现在的8.8万群，受到了综合试验站的大力帮扶及黄龙县政府的大力支持，并获得了中国养蜂学会颁发的“中华蜜蜂之乡”荣誉称号。

## 十八、天水综合试验站站长祁文忠高级农艺师

2008年国家蜂产业技术体系建立，国家蜂产业技术体系天水综合试验站，承担着甘肃省及青海、西藏部分区域蜂业技术研发和技术示范工作，取得了经验与体会。

**1. 加强基础研究，解决养殖实际中问题**

团队人员在试验研究和推广示范过程中，取得16项国家发明专利和实用新型专利。获得省科技进步奖二等奖1项、获得省科技进步奖三等奖2项，市级科技进步二等奖1项、三等奖2项，省农牧渔业丰收二等奖3项。在《应用昆虫学报》《中国农学通报》《中国蜂业》《蜜蜂杂志》等杂志上发表专业论文73篇。制定2个地方标准。联合出版养蜂科普书5部。

建立放蜂路线导航系统模式。摸清了各地蜜源变化情况，构建了蜜源结构变化分析框架，建立了蜜源与放蜂路线导航系统模式。

探索出了西北地区蜜蜂安全越冬方法。针对西北越冬期长，越冬效果差，死亡率高，蜂群损失严重的这种情况，进行室内越冬和室外越冬效果对比研究，探明在这一地区蜜蜂安全越冬有效方法和最佳效果，破解越冬效率低的难题，指导蜂农选用蜂群安全方式，提升区域养蜂综合效益。说明在天水地区蜂群采用室内越冬效果优于室外越冬，室内越冬是西北越冬期漫长地区较好的越冬方法。

总结出了天水地区蜜蜂定地高效养殖方法。总结出了“三断子、三治螨”“室内越冬”等方法，提出了天水地区蜜蜂定地规模化养殖关键技术，探索出行之有效的规模高效养殖方法。

优选高寒地区适宜中蜂养殖蜂箱。探明了不同区域、不同蜜源结构选用标准蜂箱、生态蜂箱、传统蜂箱中蜂养殖模式。

摸清了天水地区定地饲养蜂群群势周年变化规律。针对蜂群群势变化规

律，制定高效养殖技术模式，提高养殖效率。

开展蜜蜂为油菜授粉试验研究。为了探明河西走廊地区祁连山脚下油菜蜜蜂授粉增产效果，建立蜜蜂为油菜授粉示范推广基地，在河西走廊地区祁连山脚下蜜蜂为白菜型青油 9 号油菜授粉，授粉有效半径越小，授粉效果越显著，500 ～ 1 000 米区域内授粉效果差异达极显著水平。

**2. 建设示范基地，支撑地方蜂产业发展**

建立基地树示范。在岷县、徽县、麦积区、清水县、宕昌县共建设 5 个蜜蜂高效养殖示范基地，共建设了 14 个示范蜂场，基地蜂群总规模 3 350 群。通过试验示范基地建设，示范基地从事蜜蜂养殖者，达到人均饲养 80 ～ 120 群，生产效益提高 20%，蜂蜜天然成熟。辐射带动骨干蜂场 100 个，辐射蜂农饲养蜜蜂 2 万群，授粉示范面积 5 000 亩以上，授粉作物产量提高 26.5%。

示范带动显效益。以“准确选定示范基地，确保规模与效益，正确选点定户，确保示范推广”的思路，走“建基地，树示范、带蜂农、促发展”的路子，推动区域蜂产业发展。示范基地生产效益提高 20% 以上，蜂蜜天然成熟。示范蜂场人均饲养规模 120 群以上，徽县 3 个示范户李景云养中蜂 180 群、赵卫东 243 群、梁桂平 180 群。徽县示范蜂场突出示范，一是主推技术示范，进行养强群，继箱取蜜，群产达到 69 千克；二是快速繁殖，出售蜂群，每年可向贫困户出售蜂群 1 000 群；平均每个示范蜂场，年收入在 20 万元以上，示范基地徽县榆树乡苟店村 105 户村民，2017 年农民 58 户养殖中蜂，养殖 100 群以上的就有 20 多户，最多的养 450 群，这个村处大山深处，居住分散，近几年来由于示范带动，效益明显，养蜂热情高涨，作为主导产业发展，养殖技术水平逐年提高，近年来主要繁蜂，卖蜂收入增长，成为名副其实的养蜂专业村。麦积区的谢国正 140 群、杜吉换 170 群、董锐 130 群，清水李全健 680 群。平均年收入谢国正超过了 10 万元，杜吉换达 19 万元，董锐超过 13 万元。示范县清水县李全健示范蜂场，蜂产业收入超过 30 万元。示范县岷县 2008 年蜂群 0.8 万群，全部为传统老法毁巢取蜜饲养，效益低，到 2017 年底存栏蜂群数达 5.1 万群，60% 为新法养殖，提高了养殖效益。全县发展蜂产业氛围形成，养蜂纯收入达到 4 800 万元，户均养蜂纯收入由 6 500 元增长到 7 800 多元，户均增加 1 300 元。

5 个示范县养殖基地的 14 个示范蜂场，2010—2017 年 7 年纯收入达 848.2 万元，辐射带动了周边区域养蜂发展，山区农民家庭养蜂积极性高涨，徽县中蜂发展到 3.8 万多群，岷县已上升到 5.1 万群，麦积区 3.9 万群，清水 3.5 万群，宕昌 4.2 万群，5 个示范县示范推广高效养殖技术，推广蜂群 20.6 万群，每群蜂按纯收入 500 元收入算，年纯收入达 10 300 万元，出现了可喜的发展局面。

授粉试验显成效。开展蜜蜂授粉试验示范基地发挥了良好作用。在天水的麦积区、张掖的肃南县皇城镇、山丹军马场建立了 3 个油菜授粉示范基地，授粉示范推广面积 2 500 公顷，授粉油菜产量提高 26.5%，在张掖、天水示范授粉蜂群达到 8 万多群。在天水的农业高新园区、酒钢宏丰种植园、秦安县刘坪、陇城、武威凉州、清水县永清共建立 5 个以上设施果蔬授粉示范基地，示范推广 3 800 余座果蔬大棚。

推广良种提产量。推广‘中蜜一号’新品种（配套系）蜂种，在天水、陇南、定西、平凉等市累计饲养‘中蜜一号’种蜂一代 11.9 万余群，与本地蜂种相比，‘中蜜一号’的采集能力明显提高，平均每群新增经济效益达 100 元以上，创造经济效益 1 190 万元。

产业链日臻完善。先后培育出了一批特色优质品牌。“两当狼牙蜜”“武都崖蜜”通过了国家农产品地理标志认定，“舟曲棒棒槽蜜”“宕昌百花蜜”“岷县黄芪蜂蜜”农产品地理标志认定已通过了目录外鉴评，目前正在申请国家农业农村部认证。品牌意识增强，突出特色优势，主打特色产品，中蜂蜜品质优，市供不应求。养蜂专业合作社快速组建，大部分有养蜂条件和发展意愿的贫困户被纳入合作社发展，初步解决了贫困户小生产与大市场的对接问题。

**3. 加强蜂农培训，提高养蜂技术新水平**

2011—2017 年共培训 135 期 323 天，培训技术骨干 6 000 人，培训蜂农 13 901 人（次），发放培训材料 25 500 份，发光碟 1 850 片，辐射带动 15 000 个养蜂骨干，示范带动效果明显，培训工作效果良好。

为了推广普及中华蜜蜂科学饲养技术，通过多年研究，探索出了中蜂规模化高效养殖技术，邀请 CCTV-7 制作组在岷县、麦积等地完成了“一改五推一防养中蜂”和“身残志坚，甜蜜路上创业人”科普专题片，在中央电视台 7 台《农广天地》栏目播放，给初学养蜂者一个学习教材。

**4. 产业示范带动，助推精准扶贫出成效**

甘肃扶贫开发形势严峻，贫困连片区的六盘山片区、秦巴山片区、四省藏区贫困片区包括甘肃，全省 58 个深度贫困片区县和 17 个“插花型”贫困县中，80% 的贫困村和 66% 的贫困人口集中在这三大片区，该区域多为山大沟深，高寒阴湿，生态脆弱，灾害频发。这些地区贫困发生率达 41%，农民人均纯收入仅为全省贫困地区平均水平的 60%，扶持成本高、脱贫难度大，返贫现象突出。

天水综合试验站积极推动地方政府发展蜂产业，助推精准扶贫，建立的 5 个示范县示范带动作用明显，发展中蜂产业势头强劲，推进了各级政府对养蜂产业的认识，增加了通过发展养蜂，产业扶贫信心。

一是在陇南市徽县、宕昌县建立的两个示范县，示范带动作用发挥明显，陇南市认为养蜂助推精准扶贫意义重大，高度重视中蜂产业发展，提出了“以蜂业发展，促精准扶贫”的发展思路，将蜂产业纳入全市“十三五”发展规划。仅 2017 年全市各县用于养蜂脱贫攻坚方面资金达 9 000 多万元。

二是在 2017 年岷县为养蜂助推扶贫共投入资金 1 288 万元，带动贫困户 3 035 人，成立了岷县中蜂产业办公室，各乡镇设立了中蜂养殖技术专干，县乡技术推广联动，2018 年打造“百千万”（规范 100 个中蜂养殖示范场，带动 1 000 户贫困户，扶持养蜂 10 000 群，扶持扶贫资金 1 000 万元）中蜂养殖科技项目。

三是帮助麦积区筹划发展中蜂产业带动精准扶贫工程，区上资助 1 200 万元，购置 2 万套蜂箱、配置蜂群，帮助贫困户发展中蜂产业，仅 2017 年进行贫困户培训 14 期，培训贫困人员 700 多人。

四是清水县示范蜂场李全健，身为残疾人，但情注蜂产业，2008 年建立示范蜂场时只有 80 群蜂，到 2017 年已发展建立了 4 个蜂场，蜂群总数达 680 群，为贫困户繁蜂供蜂，带动贫困户发展蜂产业，自己靠蜂产业收入每年不低于 30 万元。由于示范带动效益明显，县上把养蜂作为产业扶贫的抓手，资助经费800万元，供购买蜂箱、配置蜂群和培训工作。

五是示范县徽县培育中蜂繁育基地，为相关县区提供地方中蜂良种蜂群12 000群。

六是为实现中蜂产业与精准扶贫的有效对接，各县区结合落实产业扶持政策和农村“三变”改革，积极创新扶贫带贫机制，探索出了一些行之有效的带贫模式：如“托管代养”模式。“产业发展公司+村集体合作社+贫困户”发展模式。“龙头企业+基地+合作社+贫困户”模式。“支部控股+群众参股+贫困户持股”模式。

## 十九、固原综合试验站站长王彪研究员

固原综合试验站自“十二五”成立以来，在国家蜂产业技术体系首席科学家和各位岗位科学家的支持指导下，积极、认真、开展和圆满完成了每年体系合同协议规定的各项目标任务。在体系建设各项目的实施过程中，通过建立试验示范基地、示范蜂场、蜜蜂授粉试验示范基地，以及针对当地蜂农迫切需求开展的各类养蜂实用技术培训，有力地促进了当地蜂产业的健康高效可持续发展，使宁夏全区蜜蜂饲养量由“十二五”前2010年的5.8万群增加到目前的11.2万群，增长93.1%。现就所取得的经验和体会汇报如下。

**1. 发挥示范基地、示范蜂场的示范、引领和辐射带动作用是体系科技研发、机制运行的重要载体和基础**

针对不同地区蜂产业生产和发展中存在的主要技术问题和所面临的技术瓶颈，岗位科学家设计的技术方案和科技研发内容，分解给我们每个综合试验站以后，如何承接实施和顺利完成各位岗位科学家布置的各项指标任务？其中最主要的运行机制和落实任务的载体就是建立试验示范基地，这是我们完成体系各项工作任务和推动产业发展最重要最成功的一条经验。“十二五”期间，固原综合试验站共建立6个示范基地，其中2家中华蜜蜂规模化养殖技术试验示范蜂场、3家西方蜜蜂规模化养殖技术试验示范蜂场和1个蜜蜂授粉试验示范蜂场；“十三五”期间，建立了13个示范基地，其中中华蜜蜂健康高效养殖试验示范蜂场5个，蜜蜂饲料试验示范和西方蜜蜂健康高效养

殖技术试验示范基地 6 个，蜜蜂授粉试验示范基地 2 个。在首席和各位岗位科学家的指导下，固原综合试验站以示范基地为平台，除认真做好各位岗位科学家布置的试验示范任务外，将蜂产业技术体系的新技术、新成果进行了较好的展示和应用，起到了很好的示范、技术引领和辐射带动作用，有力地促进了当地蜜蜂产业的健康高效可持续发展，并引起各级政府和业务主管部门领导的高度重视与支持，在宁夏养蜂主产区的固原市各县区已把发展蜜蜂产业列为当地的地方特色优势产业、林下经济产业、或助推脱贫攻坚的重要抓手，甚至泾源县和彭阳县孟塬乡已把蜜蜂产业列为当地社会和经济发展的主导产业，各市县均制定出台了许多扶持蜜蜂产业发展的优惠政策。

**2. 中华蜜蜂健康高效养殖技术试验与示范掀起了当地群众饲养蜜蜂的高潮**

固原综合试验站成立之前的 2010 年，宁夏全区中蜂饲养量约 2.3 万群，90% 以上的农户都采用传统原始的土法饲养，一般饲养量 3 ～ 5 群，饲养 10 ～ 30 群的已算养蜂大户，饲养 50 群以上的几乎少见，饲养 100 群以上的从未出现过。2011 年固原综合试验站成立以后，与对接的岗位科学家签订任务书时，要求在“十二五”结束时，中华蜜蜂规模化饲养技术示范蜂场人均饲养量要到达 120 群时，当时我们吓得连任务书都不敢签订，最后，特许我们签订的任务指标是到“十二五”末，中蜂示范蜂场的人均饲养量达到 70 群。就这个指标，当时我们担心也很难完成，但是在岗位科学家的精心指导下，我们建立的隆德县柳文秀和西吉县马有忠两个示范蜂场，到“十二五”期间都完成和超额完成了任务，并且达到人均饲养 120 群的水平，经济效益显著提高。“十三五”期间，我们增加了泾源县冶连荣、彭阳县陈泽恩和原州区王军成三个示范蜂场，通过实施岗位科学家起草的《中华蜜蜂健康高效养殖技术方案》，各示范蜂场的饲养规模和经济效益成倍增加，通过示范蜂场的技术示范、引领和辐射带动作用，充分调动了广大农民群众饲养中蜂的积极性，并掀起了饲养中蜂的高潮。目前，宁夏中蜂饲养量已由固原综合试验站成立前 2010 年的 2.3 万群，活框饲养率不到 10%，到 2017 年底已发展到 4.8 万群，活框饲养率提高到 85% 以上，由当初农民群众的一项副业转变成当地农民群众脱贫致富的特色优势产业或社会经济发展的主导产业。

**3. 蜂蜂饲料试验示范和西方蜜蜂健康高效养殖技术试验示范促进了当地蜜蜂规模化饲养与健康高效可持续发展**

固原综合试验站成立之前，宁夏蜂农人均饲养西方蜜蜂35群左右，多以生产水蜜为主，生产效益较低，老龄化十分严重。进入国家蜂产业技术体系以后，在岗位科学家的支持指导下，我们通过在全区西方蜜蜂重点饲养区建立西方蜜蜂规模化饲养技术、蜜蜂健康高效养殖技术和蜜蜂饲料试验与示范，使示范蜂场的人均饲养量均由当初的不足50群增加到120群以上，技术示范、引领、辐射带动作用明显。同时积极宣传、引导蜂农生产成熟蜜，使蜂农的人均饲养量、蜂产品的产量、质量和经济效益明显提高，并吸引部分年轻人加入饲养蜜蜂的行业，对今后蜂产业的可持续发展提供了活力。

**4. 农作物蜜蜂授粉配套技术的试验示范推动了宁夏蜜蜂授粉技术的应用与推广**

固原综合试验站成立以前，当地老百姓大多数都认为养蜂就是获得蜂蜜或其他蜂产品，人们基本上不知道蜜蜂授粉还能提高农作物的产量和质量，有些地区的农民群众还错误地认为蜜蜂会咬伤农作物的花朵造成减产，甚至出现驱逐养蜂人现象时有发生。固原养蜂试验站成立以后，在岗位科学家的支持指导下，在宁夏苹果主产区的银川市和中卫市开展了苹果蜜蜂授粉配套技术的试验与示范、在枸杞主产区的中卫市开展了枸杞蜜蜂示范配套技术试验与示范，在向日葵主产区的石嘴山市开展了向日葵蜜蜂授粉配套技术试验与示范，同时还开展了设施果蔬蜜蜂授粉配套技术试验与示范。试验结果显示，苹果蜜蜂授粉可增产25%以上，枸杞蜜蜂授粉可增产20%以上，设施蔬果采用蜜蜂授粉不仅能替代人工授粉，解放劳动力，节约生产费用，而且能避免人工授粉出现的畸形果，尤其是可防止激素和大量农药污染作物产品，达到省时、省力和明显改善农产品品质和提高产量的目的。通过试验示范，使广大农民群众真正看到和亲身体会到蜜蜂授粉所带来的好处，达到以点带面，全面普及推广的目的，同时，在固原综合试验站蜜蜂授粉技术试验与示范项目的推动下，自治区农牧厅、科技厅和财政厅农发办等上级部门给予了一定的项目支助，有力地推动了宁夏蜜蜂授粉技术应用与推广。

**5. 养蜂扶贫已成为宁夏六盘山区各级政府部门脱贫攻坚的重要抓手**

产业扶贫是“十三五”期间各体系必须完成的一项政治任务。固原综合试验站根据蜂体系《六盘山地区蜂产业扶贫工作任务书》要求，从2016年起，在宁南六盘山区泾源县和隆德县建立了两个扶贫示范县，这两个县均为六盘山区国家级贫困县。为搞好扶贫工作，在岗位科学家的指导下，首先成立了固原综合试验站养蜂扶贫项目小组，与当地农牧部门、扶贫部门和各乡镇、村委会及帮扶村干部紧密结合开展工作，推广科学养蜂技术。目前，我们在泾源县建立了4家中蜂扶贫示范蜂场，在隆德县建立3家中蜂扶贫示范蜂场。要求每户扶贫示范蜂场自主选择带动扶持当地建档立卡贫困户3户，从自己蜂场支持每户建档立卡贫困户10群蜜蜂（支持蜂群资金由固原站补贴给扶贫示范蜂场），通过固原综合试验站和各扶贫示范蜂场的辛勤努力，大部分建档立卡贫困户蜂场的蜂群发展较好，有的贫困户蜂场甚至当年收入达到1万元左右，平均收入3 000元左右。对扶贫示范蜂场支持配备一定数量的蜂箱，要求扶贫示范蜂场要手把手的帮扶指导建档立卡贫困户学习养蜂技术，直至学会并脱贫。如果建档立卡贫困户饲养的蜂群出现死亡现象，扶贫示范蜂场应从自己蜂场无偿提供蜂群予以补充，否则综合试验站将取消对扶贫示范蜂场的支持。固原综合试验站在泾源和隆德两县的扶贫模式和所取得的扶贫成绩，得到固原市各县区各级政府及业务主管部门领导的高度重视，各县区均把发展养蜂作为地方特色优势产业和推动扶贫攻坚的重要抓手，并制定出台了许多扶持养蜂业发展和带动建档立卡贫困户脱贫致富和优惠政策。据不完全统计，在固原综合试验站扶贫模式的带动下，固原市各县区2017年约有200户建档立卡贫困户采用养蜂扶贫。并且在扶贫工作中涌现出了许多感人的先进事迹。如泾源县六盘山镇杨庄村史提高带动全村42户农民养蜂，其中建档立卡贫困户10余户，被群众选举为泾源县人民代表；原州区张易镇大店村残疾人王军成，在固原市养蜂站和残联的支持下，办起了残疾人养蜂场，饲养中蜂200余群，带动原州区近20户残疾人贫困户饲养中蜂，都取得了很好的致富效果，被当地评选为人民代表；彭阳县孟塬乡小石沟村陈泽恩大学毕业后，回家帮助父亲饲养中蜂，并带动当地群众饲养蜜蜂致富，并评为致富带头人、党代表和人民代表。

## 二十、乌鲁木齐综合试验站站长刘世东研究员

2011年，国家蜂产业技术体系乌鲁木齐综合试验站建立，依托单位为新疆维吾尔自治区蜂业技术管理总站。8年来，在国家蜂产业技术体系首席科学家和各岗位科学家以及自治区蜂业技术管理总站的大力支持下，乌鲁木齐综合试验站立足新疆蜂业特色优势，按照产业发展需求，围绕服从服务于农作物增产、农业增效、农民增收，切实发挥了试验、示范作用，有力地促进了自治区蜂业的发展。现将乌鲁木齐综合试验站工作实践总结如下。

**1. 选准促农抓手，将“小蜜蜂”做成大产业**

蜜蜂授粉是发挥行业自身优势，创造社会经济效益，促进农业增产、增效、节能、环保的关键措施。试验站围绕这个主题，积极开展试验示范各项工作。一是加强宣传工作。2011年以来，我们充分利用各类媒体、各种平台，大力宣传蜜蜂授粉为农作物提质增效的巨大好处和作用，提高各级领导对此项工作的重视和社会各界的认识，争取各方面对蜜蜂授粉工作的支持。二是做好示范推广。针对本地生产实际，先后选取了巴旦木、香梨、苹果、红枣、向日葵、打瓜、南瓜、草莓等蜜蜂授粉效果比较显著的作物品种，建立蜜蜂授粉工作示范基地，作为授粉示范工作的突破口，带动全区蜜蜂授粉工作迅速展开。三是举办蜜蜂为农作物授粉技术现场交流会，通过经验介绍、现场观摩等方式，促进蜜蜂授粉工作在全区农业行业的开展。四是加大培训力度。自2011年以来，多次邀请国内蜜蜂授粉专家来疆授课、现场指导，每年在全区举办蜜蜂授粉与生产技术培训班都达近十次，参加培训的蜂农和基层农技人员人数已接近7 200人（次），其中为南疆培训少数民族技术人员和蜂农800余人（次），培训工作的加强，促使蜜蜂专项化授粉技术得到迅速普及。许多乡镇和农民，对租用蜜蜂为农作物授粉积极性也逐步高涨，特别是一些蜜蜂授粉开展得比较好的地区，个别时期还出现用于授粉的蜂群供不应求的情况，租用蜂群价格也逐步回暖。五是推动引导采取市场化组织手段，合作社带头，组织蜂农在全疆各地开展商业化授粉，加强了授粉市场的组织协调力量。六是科学规范授粉实践工作。制订并下发了《新疆维吾尔自治区设施农业蜜蜂授粉工作操作规程》，颁布了《巴旦木（扁桃）蜜

蜂授粉技术规范》地方标准，实现了蜜蜂授粉的科学高效。

2011年以来，全区蜜蜂为农作物授粉面积每年达2 000万亩以上，其中商业化授粉由2010年的60万亩达到目前的450万亩，利用蜜蜂为农作物授粉也成为蜂农创收的新途径，授粉蜂农收益可达到每群80～200元，用于制种作物授粉则可达到每群400元。蜂农授粉收入达4 500万元，全区参与商业化授粉的蜂群由2010年的4万群蜂增加到2017年的30万群蜂。全疆已形成以农作物制种，棉花、油菜、向日葵、瓜类等农作物，香梨、苹果、巴旦木等林果作物以及山花等野生植物为重点的蜜蜂授粉重点品类。南疆喀什、阿克苏、巴州地区以巴旦木、香梨、苹果、红枣；北疆阿勒泰地区、塔城、昌吉回族自治州、伊犁哈萨克自治州以向日葵、大瓜、南瓜为重点的蜜蜂授粉重点区域。其中，全区授粉的重点品种和面积，巴旦木100万亩；香梨、苹果180万亩；红枣300万亩；向日葵60万亩；打瓜、南瓜等100万亩；设施作物授粉面积2.2万亩。

**2. 大力推进标准化生产和规模化健康高效经营**

试验站与自治区蜂业主管部门针对蜂产品的质量安全和新疆蜂业发展实际，集中精力动员各方面力量大力推进蜂产品的标准化生产和规模化健康高效经营。2011年以来，主要做了这几项工作，一是制订了技术规程。先后制订了《新疆地区蜜蜂规模化饲养工作操作规程》《新疆黑蜂规模化饲养技术规程》《新疆维吾尔自治区蜜蜂病虫害防治技术规程》《新疆维吾尔自治区蜂产品标准化生产技术规程》等多项地方性行业工作规程，并根据示范、推广、实践情况，进行了多次修订、完善，部分技术规程已经自治区农业厅正式发布，供各基层单位蜂场参照执行。通过多年实践，基本建立了适合新疆地区规模化饲养、巢蜜、成熟蜜、特色蜂蜜的生产经营模式。蜜蜂规范饲养标准得到广泛推行，蜜蜂病虫害绿色防控工作得到加强并大力推广规模化健康高效饲养示范工作。二是为了提高劳动效率，由试验站和示范蜂场研发了不同类型的饲养、转运、装载设备。有托盘蜂箱，四个蜂箱为一组，便于机械装卸又防水防虫害；研发了治螨喷粉器、喷雾器、电动脱蜂机、自动化蜜蜂饲喂器等，大大提高了劳动效率；发明的意蜂多功能双层蜂箱底板，具有防止自然分蜂、控制雄蜂、防止鼠害等作用；还有不同规格改装研制的装卸铲车、平衡吊，还购置和研发自动化成熟蜜割蜜、摇蜜设备等；这些较为先进的蜂机具在一些蜂场，特别是人均养殖规模200群以上的蜂场大量使用；其中，治螨喷粉器、蜜蜂饲喂器、意蜂多功能双层蜂箱底板已获国家实用新型专利。三是长途转地采取笼蜂运输的方法，节省劳力，节省开支，减少损失，降低了运输途中的蜜蜂死亡率。四是蜂农专业合作社与蜂业企业联合，建立成熟蜜生产基地，形成生产销售一条龙。全区规模化健康高效饲养生产示范基地已由2010年的1个增加到了的38个，规模化健康高效饲养示范蜂场蜂群数都在1 000～7 000群，人均饲养量280～460群，规模化健康高效饲养示范基地生产的蜂蜜全部是天然成熟，质量水平普遍较高，生产效益也比普通蜂场提高30%以上，规模化健康高效饲养及质量安全水平已跃居行业前列。五是根据新疆气候、环境特点，在岗位科学家的指导、帮助下，乌鲁木齐站探索、研发了巢脾的安全保存装置，并且分别按照北疆地区、南疆地区的不同情况，各有侧重。在保证卫生、简便、防巢虫侵害的共同要求下，南疆地区装置还更侧重于通风、防尘，北疆地区装置还侧重于防寒、防潮。该保存装置已在南、北疆重点蜂场试用，反馈效果良好。

另外，为加强质量安全溯源工作，自治区蜂业技术管理总站与国家蜂产业技术体系，在全区建立了2个国家级蜂产品质量信息管理系统示范溯源点，每个蜂箱都对应有编号，有技术人员、有具体负责人，出现质量安全问题，可追溯到具体责任人，有力推动了蜂产品质量溯源工作在新疆地区的开展。全区蜂业行业还专门制订了《新疆蜂业行业自律公约》，引导和督促养蜂从业者自觉提高蜂产品质量水平，维护新疆蜂产品的良好声誉。

**3. 依托体系技术力量和资金支持，做大做强地方优势蜂种资源的保护**

一是新疆黑蜂保种工作步入正轨，各项工作进展显著，颁布了《新疆黑蜂标准化饲养技术规范》地方标准，指导尼勒克县新疆黑蜂示范蜂场开展新疆黑蜂的繁育工作，保护区、保种场建设以及新疆黑蜂的提纯复壮工作顺利进行。2015年，新疆黑蜂国家级保种场在尼勒克县正式挂牌，使新疆黑蜂保种工作迈入了新的阶段；目前，全区新疆黑蜂种群扩繁已超过8 000余群。二是经过多方努力，在蜂种资源方面有了新的突破，2011年，在新蜂种资源的探索、保护方面，乌鲁木齐试验站配合所对接的岗位科学家石巍研究员团队，经几年来共同努力，在天山东部地区的伊犁州直山区共同发现了新的蜂种，2015 年 3 月 7 日，相关项目工作成果专家评议会在京召开，所发现新种获得专家确认，定名为西域黑蜂。2017 年 11 月 22 日，西域黑蜂通过国家畜禽遗传资源委员会鉴定。农业农村部已将其列入国家畜禽遗传资源名录，这是我国首个通过国家审定的蜜蜂遗传资源，也是我国特有的蜜蜂遗传资源，这也是我国首次发现西方蜜蜂的原生种群，结束了我国没有西方蜜蜂的历史。西域黑蜂蜂群具有采集力强、分蜂性弱、抗低温和抗病虫害能力强等特点，适合在新疆乃至全国大部分地区饲养和应用，特别是长江以北等蜜粉资源分布集中、面积大、冬季长的区域。目前，西域黑蜂原种 160 群，扩繁种群 5 000 群。

## 二十一、南昌综合试验站站长席芳贵研究员

南昌综合试验站进入体系的时间不长，但依托江西省养蜂研究所对江西蜂业发展的推动作用很大，一是养蜂效益提高了，特别是中蜂饲养积极性高，中蜂数量增加较快，目前全省仅中蜂数量接近 40 万群；二是政府对养蜂业越来越重视，把养蜂作为扶贫产业重点扶持，以中蜂养殖作为重点，政府主导，蜂业企业参与，蜂体系技术支持，打造特色扶贫产业。

**1. 重视技术培训，提升技术水平**

江西省与全国一样，蜜蜂饲养人员的文化水平普遍不高，绝大多数是师傅带徒弟带出来的，师傅的水平也就决定了徒弟的水平，养蜂员之间相互传授经验的较少，体系举办养蜂培训班时候，养蜂员都能积极参加，南昌综合试验站重点对五个示范县的养蜂人员进行培训，每年与江西农业大学岗位科学家曾志将教授联合举办养蜂技术培训班。邀请体系岗位科学家、试验站站长为广大养蜂技术人员及蜂农代表传授蜂业科技新技术和养蜂管理先进经验，让养蜂员充分认可蜜蜂健康养殖理念，关注蜜蜂营养健康水平，加快蜜蜂高效健康养殖技术的推广。每年南昌综合试验站在全省举办十期以上的养蜂技术培训班，各地养蜂人员十分珍惜培训机会，踊跃报名参加，如我们在婺源示范县举办中蜂健康高效养殖培训，请体系岗位科学家余林生教授、岗位科学家陈大福教授授课，在微信群中报名，两天就报满 80 人。

对示范县的集中培训，要求示范县的技术骨干和示范蜂场技术人员及其他能起示范带动作用的养蜂大户技术人员参加，集中培训时间选择在每年的10月或11月养蜂生产较空闲时间举办，保证主要技术人员能接受培训；另外对南昌综合试验站的5个示范县进行轮流培训，每年邀请岗位专家对2个示范县养蜂人员进行培训，由试验站主办，示范县承办，以扩大受训养蜂人员范围；对全省其他地方的培训，根据各地的养蜂需求，不定期对示范县以外的地区进行培训，主要由试验站团队人员授课。

**2. 精心技术示范，增强带动效果**

按对接岗位科学家每年下达给南昌综合试验站具体的示范推广任务，试验站团队人员有相对比较明确的分工，席芳贵站长全面负责，工作统筹安排，在岗位专家工作对接上，团队成员秦加敏、韩兵庚对接首席科学家吴杰研究员；江武军、袁芳对接岗位科学家曾志将教授；刘锋、骆群对接岗位科学家薛运波研究员，夏晓翠、徐细建对接岗位科学家郑火青教授，其他人员在工作中协助开展相应工作。这样体系的技术示范工作有条不紊向前推进。

蜜蜂授粉与授粉熊蜂调查研究，由站长谋划开展蜜蜂油菜授粉、蜜蜂蜜柚授粉、蜜蜂棉花授粉、蜜蜂甜瓜授粉以及蜜蜂白莲授粉示范，虽然秦加敏对接授粉工作，但他还在中蜂科研基地负责，工作安排不过来时，其他人就要协助，如刘锋协助把中蜂、意蜂及熊蜂运至九江试验场进行棉花授粉试验，席芳贵亲自负责油菜、蜜柚等蜜蜂授粉示范场地的落实及蜂群的调配，在熊蜂资源的调查中，以秦加敏为主，其他人积极配合，特别是江西野外熊蜂的捕捉，许多人参与到野外熊蜂的收集工作中，采集到江西省主要山区的多种熊蜂的工蜂、雄蜂及蜂王标本。

免移虫育王和产浆是南昌综合试验站的一项重点示范推广工作，在蜜蜂饲养各个关键时期站长带队与技术人员共同到各示范蜂场，根据蜂群发展情况分别进行指导，对示范蜂场技术人员进行细致的讲解，对技术要领进行示范操作。

要做好免移虫产浆示范工作，一是要选择有影响的蜂场，我们选择2个定地有规模意蜂蜂场，分别是南昌同心紫巢生物工程有限公司蜂场和江西省卫民蜜蜂园有限公司蜂场，两家公司都有多个蜂场，我们用其中一个100群左右的蜂场做示范。二是开展示范之前，请岗位专家曾志将教授及团队人员到各示范蜂场根据蜂群发展情况，对技术人员面对面细致讲解，指出技术的关键点和注意事项。三是试验站与岗位科学家对接人员在初期住在示范蜂场，手把手教会示范蜂场人员免移虫产浆操作过程，让他们快速掌握并能熟练。四是在我们试验站依托单位的蜂场上事先造好一批免移虫产浆塑料巢脾，以应对示范蜂场造脾困难时用，不至于影响示范工作进度。

免移虫育王，在试验站各个示范县示范蜂场同时开展示范工作，在蜜蜂春繁时技术人员把免移虫育王工具送到各个示范蜂场，对五个示范县 10 个示范蜂场的养蜂人员进行技术讲解，建立南昌综合试验站免移虫技术推广工作群，随时交流工作情况，对操作中出现的疑难问题及时指导。要做好这项工作，首先在选择示范蜂场上要选择养蜂技术较好的蜂场，养蜂人员较为年轻，他们对新技术的接受能力强，能较好地完成示范任务。其次是要到蜂场多次实际操作指导，特别是首次进行免移虫示范的蜂场，蜜蜂在塑料巢础上造脾较为困难，技术人员要亲手教养蜂员紧脾，选择繁殖期利用新王群造脾。再就是建立示范蜂场工作交流群，进行经验交流，存在问题可通过交流群及时指导。为扩大推广运用范围，不定期在示范蜂场举办现场技术培训与交流，让示范蜂场真正起到示范作用。

收集特色蜂种，培育抗逆蜂种工作主要是在江西范围内寻找蜜蜂育种素材，通过江西省蜂业微信群了解各地符合要求的蜂群，例如，我们从九江、宜春、赣州等地收集枣红色中蜂群，都是微信群联系上，大大提高我们收集蜂群的效率，集中到江西省中蜂科研基地进行保存，分析和育种工作。

通过长期的的技术培训，促进了养蜂业发展，从蜜蜂增长数量上可以看到养蜂技术得到提高，江西蜜蜂的饲养量从十年前的 30 万群增长到现在的 70 万群。江西省的蜜蜂饲养量增长较快，特别是山区中蜂饲养量明显增多，新养蜂人员增加不少，意蜂规模饲养成为主流，一个普通的意蜂场在 150 ～ 200 群。江西省几个大型养蜂场达到 3 000 ～ 5 000 群规模。蜂农对蜜蜂健康养殖意识增强，蜜蜂患病概率比以前少。免移虫育王及产浆技术正在示范应用，养蜂车在尝试使用。养蜂效益较好，业余养蜂年收入基本有 3 万～ 10 万元，专业养蜂年收入大多在 10 万～ 30 万元。

### 3. 认真对待蜂农咨询，着实提高服务质量

大部分蜂农是打电话咨询养蜂过程中遇到的问题与困难，多数是蜜蜂不明原因死亡或疾病影响寻求解决办法，一些问题联合体系专家共同解决，让蜂农知道找到体系就有保障。如中蜂囊状幼虫病是个比较棘手的病毒病，石城县付坤生养的100多群中蜂大部分得病，打电话求助我们，我们驱车300多公里，到蜂场认真查看情况后，要求病群隔离饲养，控王产卵，培育新王，更换病群蜂王，带去50包体系专家研制的中草药制剂让其试用，经过三个疗程的治疗，患病蜂群全部好转，取得较好的效果。

湖南省衡阳誉师傅业余养蜂，打电话说两个相隔1千多米的蜂场，一个蜂场蜜蜂正常，另一个10多群的蜂场，蜂王产卵稀，蜜蜂正在慢慢死亡，询问发生这种情况的原因，针对他的情况与对接岗位科学家郑火青副教授联系后，通知蜂农把死的蜜蜂寄样到浙江大学，通过检测发现病毒超标，建议转场，后蜜蜂病情好转。

试验站与岗位专家紧密合作，能够有效解决养蜂生产中的实际问题，充分发挥体系对蜂产业发展的促进作用。

### 4. 扶贫扶智

鄱阳县大原村是我们养蜂扶贫的重点贫困村，在赠送蜂种、养蜂用具的基础上，派出科技人员连续3年驻村指导，走遍了每个蜂农家里进行手把手地传授蜂群操作管理知识，让蜂农完全掌握中蜂饲养操作、蜂王培育、人工分蜂、蜂病防治技术，使他们的蜜蜂饲养技术得到迅速提高。每年不定期举办培训班，通过多年不间断的养蜂科技扶贫，许多农民脱贫致富。当地群众都称赞扶贫的老师给他们送来了财神爷。过去扶贫给救济，钱用完就没有了，现在扶贫传科技，可以代代传下去。

## 二十二、东营综合试验站站长张兴波副研究员

2017年7月，国家蜂产业技术体系以东营市蜜蜂研究所为依托设立东营综合试验站。作为站长，建站以来我深感责任重大，在首席和各位岗位专家的指导下，扎实开展和推进试验站的各项工作进程，完成了体系相关任务。在此过程中虽然遇到过困难、挫折，也取得了一定成果，积累了开展工

作的一些经验和教训。这些经验教训必将对东营综合试验站今后开展工作奠定了一定基础。

**1. 紧跟体系部署，配合好岗位专家**

综合试验站工作应始终紧紧围绕体系任务与要求来开展，认真配合并完成岗位科学家交办的任务，在体系中起到“承上启下”的作用。岗位科学家承担着极为重要的科学研究、产业调查、研究等任务，在试验站工作中，我站积极主动对接岗位专家，并协助完成相关研究调查任务，为岗位专家工作的开展做好基础性工作支持。此外，我站还建立了应急事务处理机制，对蜂产业的动态信息和突发性生产问题等，及时处理和上报；完成农业农村部、首席科学家和岗位专家安排的临时性任务等。真正做到紧跟体系部署，完成体系任务，协助岗位专家开展工作，既是试验站工作的职责所在，也是蜂体系工作的重要内容。

**2. 肩负责任，为行业谋发展**

综合试验站作为国家级的现代产业技术体系基础设施，具有非常重要的战略意义。这也意味着作为试验站站长必须承担起相应的责任与使命。我站建站一年多来始终把行业发展放在重要位置，积极通过技术创新、政策建议、培训服务、试验示范、技术辅导等方式服务蜂农、培养技术人员、拓宽行业发展道路。作为试验站负责人应时刻牢记自己的责任与使命，为蜂农谋福利，为行业谋发展，坚持不懈、持之以恒，方能将我国养蜂业做大做强，逐步实现机械化、规模化、标准化、现代化。

**3. 试验示范，为养蜂人服务**

如今我国蜂产业老龄化严重，如何推广新技术、吸引年轻人养蜂一直是蜂产业的一大难题。为此，我站依托体系试验站下辖五个示范县建立了示范蜂场与示范合作社，通过示范带动作用引领广大蜂农更新养蜂技术，提高生产力；定期召开技术培训会，邀请蜂体系专家为蜂农授课，提高蜂农的养殖技术水平；大力发展机械化养蜂试验示范，通过机械化的养蜂设备提高生产效率，降低劳动强度，改善生活条件，吸引了一批年轻人从事养蜂，壮大了行业力量。为了不断改进机械化养蜂设备，我站与五征集团多次深入养蜂现场，实地调研养蜂机械设备使用情况，倾听蜂农的需求与意见，累计走访蜂场达 110 余家。我站始终坚持一手抓技术创新，另一手抓服务蜂农，先进的技术与设备归根结底还是要服务蜂农，只有蜂农在实践中落实应用，新技术、新设备才能发挥其应有作用。

**4. 推进转型升级、促进养蜂机械化、现代化进程**

在试验站工作中感受最深的是机械化对养蜂带来的革命性变化。2017 年秋，我站在五莲示范县支持宜森养蜂专业合作社购进了三辆养蜂车和全套王浆生产设备及雾化施药等先进蜂机具，成立了机械化养蜂示范蜂场。通过近一年的生产实践，充分显示出机械化养蜂的优越性：平均每年可追花夺蜜 13 ～ 20 个场地，比传统养蜂多赶 7 ～ 10 个场地，可获得利润 20 万～ 50 万元，效益可提高 1 ～ 5 倍。机械化养蜂有效降低了蜂农的劳动强度，提高了生产效率，改善了生产生活条件，具有高度的灵活性和抗风险能力。因此，我们更应加速研发、制作、推广、应用、普及先进养蜂机械，尽快推进实现养蜂机械化。为此，2018 年 9 月我站在五莲县举办了"养蜂机械化现场观摩会"。三家配备养蜂专用车、割台机、钳虫机、产浆机、电动摇蜜机等机械化设备的机械化养蜂蜂场参展并示范。蜂体系首席吴杰研究员和部分岗位专家、站长现场观摩并讨论，提出了宝贵意见与建议，为养蜂机械化的发展指明了方向。实践证明，没有养蜂的机械化，就没有养蜂的现代化，就难以实现规模化、标准化、产业化，就无法创高产增效益。养蜂机械化是养蜂业转型升级及实现现代化的基础条件，是实现养蜂现代化的必由之路。

**5. 服务蜂农、帮助解决实际难题**

新时期、新形势下，养蜂生产也面临着很多新问题，实际生产实践中困难很多。通过实践和调查，我们认识到并将以下问题列为服务蜂农重点：养蜂技术不断发展而老养蜂人掌握慢、蜂病难医蜂螨泛滥、放蜂场地难以落实、假蜜成灾真产品销售困难、合法权益难以得到保障等。面对这些新问题新困难，我站急养蜂人所急，深入一线基层到蜂场农户中作指导帮助。一是派技术人员到现场辅导，当场为之解难释惑；二是认真对待所有养蜂人来信来电，及时答复，随时解答养蜂人难题；三是发放明白纸，有针对性地提前提出解决困难的方案，防患于未然。

## 二十三、拉萨综合试验站站长王文峰研究员

### 1. 形成高原西方蜜蜂养殖技术

在国家蜂体系的大力支持下，开展了西方蜜蜂养殖技术研究和改良，结合西藏自治区（全书简称西藏）特殊的生态环境，完成了越冬试验、蜜源分析、产量分析、经济效益分析，对引进到西藏的西方蜜蜂开展昆虫的形态学、生物学、生态学的观察和研究。初步总结出了一套在西藏 3 500 米以上高海拔地区开展西方蜜蜂养殖的实用技术，培训了一批蜂农，使高原广大农牧民第一次接触到蜜蜂，第一次尝到了蜂蜜，增加了农牧民收入，提高了作物产量，保护了生态环境。初步建立起西方蜜蜂养殖产业链。

### 2. 保持优质健康养蜂生态

西藏西方蜜蜂饲养方面，由于西藏主要养殖区域为拉萨、山南、日喀则等海拔 3 500 ～ 4 100 米的河谷地带，该区域海拔高、紫外线强、空气干燥，不利于西方蜜蜂病虫害发生，尤其是不利于蜂螨的生存，同时西藏地理隔离，工农业不发达、无重工业及环境污染，生态保护良好，是世界上的一片净土，特别是在农业生产中农药使用量低，蜜源作物花期不使用农药，有利于高品质蜂产品生产。在此自然环境优势下，西方蜜蜂在养殖管理上从一开始就要求培养的蜂农坚持强群饲养、保持蜂群健康、取成熟蜜的饲养模式，做好西方蜜蜂疫病防控，杜绝不健康的外地蜜蜂进入西藏饲养蜜蜂区域。经过多次权威部门检测，西藏蜂产品没有受重金属、农药、抗生素等污染，各项指标优于国内其他同类产品，以高品质树立西藏蜜蜂品牌形象。

### 3. 保护特有西藏中蜂资源

藏东南中华蜜蜂资源保护方面，主要以藏东南波密、察隅、墨脱三个县为核心，建立藏东南中华蜜蜂保护区，系统开展中华蜜蜂遗传种质资源、生物行为学、蜜源资源、中蜂病虫害调查防控、高原饲养技术改良等方面的研究。在体系专家建议下，结合西藏目前中华蜜蜂养殖发展现状，藏东南中蜂方面无需更大的开发和利用，保持自然生存环境下，稳步改进传统木桶饲养的方式，逐步开展活框饲养，尽量不使用人工育王。极力争取国家层面的中蜂保护基地建设和种质资源挖掘相关的支持项目和政策，禁止外来中蜂品种

进入保护区，尽量原样保留传统饲养方式，为中国中华蜜蜂资源保留一片未开垦的绿洲，也为保障西藏养蜂业持续健康发展保驾护航。

**4. 加强蜜蜂授粉应用宣传**

因为西藏很多饲养蜜蜂区域，不但不肯定蜜蜂授粉对农作物的增产效益，反而出现蜜蜂吃油菜花及蜜蜂携带各种病虫害的说法，为了更直观地证明蜜蜂对油菜、草莓、番茄等作物的授粉效益，让更多的种植户方便理解蜜蜂对农作物的授粉效果，目前，在拉萨、山南扎囊、山南乃东、日喀则江孜等地对油菜、草莓、番茄等作物进行产量、果型、甜度等指标进行蜜蜂授粉试验。西藏全区范围内蜜蜂对农作物的授粉意识比较单薄，蜜蜂对生态环境及设施农业的贡献率不了解，今后加强蜜蜂对农作物、设施农业的授粉作用，加大宣传蜜蜂对农作物授粉效益，是壮大西藏养蜂业的发展方向。

# 第四章

# 重要科技成果

## 第一节　重要技术成果

### 一、优质蜂产品安全生产加工与质量控制技术

在国家蜂产业技术体系等项目支持下，该成果在高效蜂群组建、蜂产品增值加工、质量评价与检测等方面进行了系统的理论研究和技术创新。发明了蜜蜂多王群组建技术，创建了低温炼蜂和定量繁蜂新技术，实现了高效生产蜂群饲养技术的革新；创建了蜂胶低温湿法超微粉碎技术、物理法抗结晶蜂蜜生产技术，实现了蜂产品高值化利用；构建了主要蜂蜜化学指纹图谱，发明了 10 种蜂产品品质识别技术，为生产、加工、流通和监管提供了技术支撑。

成果在优质蜂产品安全生产加工与质量控制技术领域取得了重大突破和显著成效，为推动蜂产业健康发展，促进蜂产品安全高效生产、增值加工，保障蜂产品质量安全，提高人民健康水平提供了科技支撑。

成果获得 2017 年度国家技术发明奖二等奖、2014—2016 年度全国农牧渔业丰收奖一等奖和 2014—2015 年度中华农业科技奖一等奖。

### 二、'中蜜一号'蜜蜂配套系

蜂螨是目前世界上危害蜜蜂健康最严重的病害，每年蜂螨造成蜂群大量死亡（全球平均为 20% 左右），严重损害养蜂效益。本研究利用传统杂交培育结合分子标记辅助选择的技术，育成‘中蜜一号’蜜蜂配套系，其突出特点就是抗螨效果显著，数据分析显示，‘中蜜一号’配套系秋季大蜂螨寄生密度平均为 0.013 2，能杀死 30% 以上的成年蜂体上的蜂螨；同时繁殖力和采集力强，蜂王产卵能力强，最高有效日产卵量达 1 500 粒以上；能维持较大群势；采集能力强，年平均每群产蜜 43.30 千克，与本地意蜂相比提高了 59.43%。

‘中蜜一号’配套系自 2004 年以来，在全国累计推广蜂群 115 万余群，经济效益计算年限内（2004—2011 年）：已为社会创造经济效益 1.56 亿元，平均每年能为社会增加 1 955 万元的经济效益，每 1 元研制费用 =14.32 元社会纯收益；抗螨蜂种的推广降低了蜜蜂养殖中兽药的使用，进一步提高了蜂产品的品质；同时加大了蜜蜂植物授粉的广度和力度，有助于生态环境的持续发展，经济、社会和生态效益明显。

‘中蜜一号’蜜蜂配套系于 2015 年 10 月通过国家畜禽资源委员会现场审定，同年 11 月，‘中蜜一号’配套系经国家畜禽遗传资源委员会审定通过。

## 三、蜜蜂仿生免移虫产浆和育王新技术

针对目前我国养蜂生产中劳动力成本上升和养蜂员队伍老龄化等瓶颈问题，依据蜜蜂生物学特性，发明了蜜蜂免移虫技术。对降低蜂王浆生产劳动强度和提高蜂王质量具有重大推动作用。成功研制了蜜蜂仿生免移虫生产器，集成创新了免移虫产浆配套技术；首次创建了蜜蜂仿生免移虫育王技术，显著提高了蜂王初生重和卵巢管数以及蜂群产量。

获授权 2 项国家发明专利和 7 项实用新型专利；主持制定了 2 项江西省地方标准；出版了国内外第一本《蜂王浆机械化生产技术》专著。研究成果为我国推广一人多养的饲养方法提供了技术支撑。获江西省技术发明二等奖。

## 四、蜜浆胶高产蜜蜂良种选育研究

近年来，国内外的蜜蜂育种工作者利用各种素材和技术手段，培育出了

多个蜜蜂高产品种，但这些品种的优良表现仅反映在一方面，即蜂蜜高产种其蜂王浆的产量较低，蜂王浆高产蜂种的蜂蜜产量较低，王浆中 10-HDA 含量低，饲料消耗多，而蜂胶高产蜂种则存在着繁殖力差、王浆产量低的缺陷。

本研究收集含有蜂蜜、蜂王浆、蜂胶高产蜂种素材 4 个，通过同胞近交、母子自交、闭锁繁育等方式，应用人工授精技术进行杂交创新、定向选育，选育出一个蜜浆胶高产蜂种。经 3 年的观察测试，该蜂种繁殖力比常规饲养的意大利蜜蜂提高 15.1%，蜂胶产量提高 76.9%，产蜜量提高 38.1%，蜂王浆产量提高 16.7%，蜂王浆中的葵烯酸含量提高 0.3%，抗病力强，抗逆性好，越冬安全，节省饲料，越冬蜂死亡率降低了 21.3%，越冬饲料消耗降低 21.9%。

本研究获得 2011 年获吉林省科学进步奖励委员会授予的吉林省科技进步二等奖和 2013 年获全国农牧渔业丰收奖农业技术推广成果三等奖。

## 五、蜜蜂授粉增产技术

开展了油菜蜜蜂授粉技术、苹果蜜蜂授粉技术、梨树蜜蜂授粉技术、蜜蜂为西瓜、大豆授粉技术的研究工作。实验结果表明，蜜蜂为油菜授粉可以增产 10% ～ 47.5%；蜜蜂为苹果授粉增产幅度在 5% ～ 30%；蜜蜂为梨树授粉可增产 15% ～ 30%，节约人工授粉成本 40%；蜜蜂为西瓜授粉每亩可增收节支 2 800 ～ 3 200 元，经济效益显著。

本项研究获吉林省科技发明二等奖 1 项，山西省科技进步二等奖奖 1 项，山西省科技进步三等奖 1 项。

## 六、国家标准——《蜂胶中杨树胶的检测方法——高效液相色谱法》（GB/T 34782—2017）颁布

国家质检总局、国家标准委 2017 年 11 月 1 日发布公告（2017 年第 29 号），批准了《蜂胶中杨树胶的检测方法——高效液相色谱法》国家标准（GB/T 34782—2017），此项国家标准已于 2018 年 5 月 1 日开始实施。

由于蜂胶的产量有限，一直处于供不应求状况。我国蜂胶的植物来源主

要以杨属和其杂交属的芽苞分泌物为主，杨树胶与杨树型蜂胶提取物在感官和理化指标上极其相似。受利益驱动，市场上出现了在蜂胶中掺入杨树胶，或以杨树胶冒充蜂胶的现象，大量“假蜂胶”充斥着市场，严重困扰着蜂胶产业的发展。

本项研究探明了蜂胶与杨树胶的差异成分与生物转化机制，创立了基于水杨苷和邻苯二酚的蜂胶与杨树胶的鉴别方法。该方法能准确有效地鉴别蜂胶与杨树胶，以及蜂胶中是否掺入杨树胶，解决了长期困扰蜂胶行业的技术难题。相信随着《蜂胶中杨树胶的检测方法——高效液相色谱法》国家标准的发布实施，对净化蜂胶市场，打击假冒伪劣产品，促进蜂胶产业的健康发展发挥重要作用。

## 七、蜂胶高产良种蜜蜂选育研究

蜂胶高产蜂种选育研究成果，根据蜜蜂不同品种采胶的特点，利用蜜蜂人工授精技术，以近交系为亲本，将杂交创新、定向选育、自交固定和闭锁繁育等技术相结合，培育出了蜂胶高产良种蜜蜂。该蜂种的产胶量比本地意蜂增加 79.2%，产蜂蜜量增加 33.4%，产王浆量增加 23.0%，繁殖力提高 7.0%，越冬蜂死亡率降低 6.4%，越冬饲料消耗量降低 7.8%。该蜂种不仅蜂胶、蜂蜜和蜂王浆产量较高，而且适应南北方气候，利用蜜源能力较强，这一点是前所未有的。这种方法在蜜蜂育种领域还属首次，填补了国内没有蜂胶高产良种蜜蜂的空白，对养蜂学科的发展起到了积极的促进作用。本研究 2009 年获吉林省科技进步二等奖。

## 八、高效养蜂综合配套技术研究与示范

高效养蜂综合配套技术研究成果对参与组合的‘松丹’和‘黄环’高产蜂种的近交系素材重新进行加工整理，按照优缺点互补进行重组合，选育出蜂蜜和王浆优质高产蜂种，蜂蜜产量提高 30% 以上，蜂王浆癸烯酸含量达到 2.0% 以上，运用成熟蜜生产技术生产的蜂蜜波美度达到 42 度，研制出手持蒸汽、电热割蜜盖器 2 种，在生产中应用，省时省力。在研发生产推广过程中，将蜜蜂良种、成熟蜜生产技术与先进的蜂机具有机结合一体，对促

进吉林省养蜂生产的发展，起到了积极的推动作用。本研究 2010 年获吉林省科技进步二等奖。

### 九、探索引诱驯化蜜蜂为田间和网室杂交大豆授粉技术研究

"探索引诱剂驯化蜜蜂为田间和网室杂交大豆授粉技术研究"成果，历经 13 年研究试验，首次研究发明了蜜蜂引诱剂及应用引诱剂驯化蜜蜂为杂交大豆授粉技术，创造了小群体、小箱体、固体饲料等网室蜜蜂为杂交大豆授粉的配套设备；并获国家发明专利 3 项。研究成功驯化蜜蜂为田间及网室杂交大豆授粉技术各一套，实现了杂交大豆制种田专家测产 113.77 千克 / 亩，大面积实收产量超过 1 100 千克 / 公顷的产业化制种目标，解决了不育系繁殖和杂交种制种的难题，突破了制约杂交大豆制种产业化的瓶颈，在我国农业杂交大豆生产技术领域起到了先导作用，推动了技术进步，产生了显著的经济效益和社会效益。该成果属国内外首创，达到国际领先水平。本研究 2016 年获吉林省技术发明二等奖。

### 十、蜜蜂人工授精配套技术的研究

本研究在原授精仪基础上研制出新型蜜蜂人工授精仪，并创新性地研制了一套相关配套设备，包括蜜蜂人工授精玻璃针头和塑料针头拉制器、蜜蜂精液混合设备及配套工具、蜜蜂人工授精专用照明装置等。该套设备的以上技术创新是蜜蜂人工授精技术发展史上的重大进步，它满足了现代蜜蜂人工授精技术发展的需要，大大提高了仪器的精密度和性能，提高了蜂王授精成功率，降低了授精成本，为这一技术的普及和推广做出了贡献，为蜜蜂资源的保护和开发利用提供了技术条件支撑。本研究 2017 年获吉林省科技进步二等奖。

### 十一、'蜂强 1 号'意蜂选育

育种技术与方法岗位科学家苏松坤教授团队采用蜜蜂闭锁群体育种和分子辅助选育方法，以浙江王浆高产蜂种为育种素材，利用自然隔离交尾和蜜蜂人工授精技术，注重抗病和优质高产，经过十多代的培育，形成遗传相对

稳定、抗病力强、繁殖速度快、蜂王浆优质高产的蜂种——‘蜂强 1 号’意蜂。蜂王浆蜂蜜主产区的西方蜜蜂蜂场适宜引进‘蜂强 1 号’意蜂，利用该蜂种的种蜂王培育处女王，与当地现有的优良雄蜂交配，培育优良生产用王投入生产，可获得很好的收益。引进该优良蜂种，采用配套育王技术和蜂王浆机械化生产技术，每群蜜蜂每年可节约成本提高收入 200 元左右。按全国西方蜜蜂 500 万群，20% 的推广面积，受益蜂群 100 万群，每年可增加约 2 亿元的经济效益。

## 十二、蜂王浆优质高效生产与质量评价新技术研究及应用

通过研究蜂王浆生产蜂群的高效健康管理技术，利用分子辅助标记优选母群和哺育群，创新多王群饲养技术和日龄一致幼虫供给方法，研制成功蜂王浆优质高效生产关键配套技术，提高了生产效率，推动了蜂王浆生产模式的变革。

在蜂王浆新鲜度评价领域取得突破，建立了 6 项蜂王浆新鲜度评价新技术，提出了相关的评价指标和阈值，为科学评价蜂王浆新鲜度提供了理论依据和技术手段。建立了蜂王浆中四环素族、氯霉素、链霉素、磺胺类、氟喹诺酮类等兽药残留的简易检测方法 6 种，适用于小企业和地方质检部门推广使用；研究建立了能同时测定蜂王浆中 27 种主要抗生素类药物的检测方法 1 种，可满足生产加工及出口企业快速检测蜂王浆兽药残留的需求。

成果推广后，有效改善了蜂王浆生产和贮存方式，提高了生产效率和产量，提升了品质和安全水平，增加了产品附加值。该研究获 2014—2015 年度中华农业科技奖一等奖。

## 十三、中国蜜蜂主要寄生螨种类鉴定及防治技术

狄斯瓦螨和热厉螨是对世界养蜂业为害最大的蜜蜂病虫害，中国饲养的主要经济蜂种意大利蜜蜂（占我国饲养蜂群的 80% 以上）100% 感染这两种寄生螨，每年由于这两种螨寄生造成的蜂群损失达 30% 以上，而这两种寄生螨每年的防治费用占总防治费用的 70% 以上。

本项目组从蜜蜂狄斯瓦螨和热厉螨在中国自然种系构成、分布、流行病

学调查；蜜蜂寄生螨种质资源标准化整理、整合和资源共享；蜜蜂抗螨机制研究；杀螨剂对蜜蜂生物学和电生理学的安全性评价；蜜蜂主要寄生螨诊断的行业标准制定；以及绿色杀螨剂研制开发与示范推广等方面，对蜜蜂寄生螨进行了全面系统的研究，并对研究成果进行示范推广，2007—2009 年，共在全国范围内推广药剂 52 万份，覆盖蜂群数 52 万群。平均防治效果达到 87% 以上。以平均每群用药因为增产和提高产品质量而多创造经济价值 100 元计算，该杀蜂螨药剂为蜂农创造经济效益 5 200 万元。以每 10 群蜂有 1 群用于为农作物授粉，每群蜂可为农作物多创造经济价值 1 000 元计算（据统计，授粉产生的经济价值是蜂产品的 100 ～ 140 倍），则可为农业生产创造经济价值约 5.2 亿元。收到了良好的经济效益及社会效益，从根本上提升了中国蜜蜂寄生螨防治技术水平，保证了中国养蜂业的健康发展。

## 十四、国家标准——《巢蜜》（GB/T 33045—2016）颁布

《巢蜜》国家标准是我国首个巢蜜方面的国家标准，填补了国内空白，与《食品安全国家标准蜂蜜》相比，新增了与蜂巢相关的内容，理化指标更加严格。该标准增加了水分、羟甲基糠醛、淀粉酶活性等理化要求，并提出了数值要求，指标严于《蜂蜜》行业标准；果糖和葡萄糖含量、蔗糖含量也都严于普通蜂蜜的国家标准。

该标准的出台是推动我国全面生产自然、原生态成熟蜂蜜的好路子；是引导蜂农科学养蜂，生产优质蜂蜜，提高蜂蜜质量的好途径；是给予蜜蜂福利、增加蜂农收入、精准扶贫的好措施；是中国蜂业转型升级，改变养蜂模式的好举措；是广大消费者区分天然成熟蜜、掺假蜜的好方法；是和国际接轨，使我国由养蜂大国走向蜂业强国的必由之路。

## 十五、国家标准——《王台蜂王浆》（GB/T 35027—2018）颁布

近年来，国内外蜂王浆产品的销售规模呈明显下滑状态，王台蜂王浆具有的诸多特性，符合当前市场需求，迎合大众追求健康、崇尚自然的消费理念。王台蜂王浆的生产过程相对于蜂王浆省去了割蜡盖、夹幼虫、挖浆三个环节，降低了劳动强度，提高生产效率 40% 以上，与移虫机结合生产，

可提高效率70%～80%。此外，由于减少了生产环节，降低了蜂王浆在普通环境下停滞的时间，未破坏原始形态，极难造假，新鲜度和真实感大幅提升。

国标《王台蜂王浆》标准的制定是为“王台蜂王浆”这一产品的生产和贸易提供依据，填补了国内相关标准的空白，且具有较强的科学性、先进性和实用性，同时注重了与其他相关标准的协调。该标准将对规范王台蜂王浆生产，提高王台蜂王浆质量，促进王台蜂王浆产品的开发利用具有重要的指导意义，同时也为相关部门提供了王台蜂王浆产品的检测依据，为消费者正确选择王台蜂王浆产品提供技术支持。

## 十六、融合检测技术的蜂产品质量安全控制系统研究与应用

为了解决我国养蜂业受生产重量不重质、掺杂使假严重等问题的困扰，提升我国蜂产品产量和我国蜂产品的国际形象。由中国农业科学院蜜蜂研究所蜜源植物产地识别与控制创新团队和中国农业科学院信息研究所智能农业创新团队合作，针对上述问题，以质量安全关键控制点（HACCP）识别和管理为出发点，开展了以蜂产品质量追溯信息系统建立为基础，蜂产品品种产地检测和真实性鉴别技术开发为支撑，蜂产品质量安全保障为目的的完整技术体系。研发了融合检测技术的蜂产品质量安全追溯平台，不仅完成了对产业链全过程各个环节的追溯管理和安全控制，而且实现了蜂产品追溯中不实（可疑）信息的真实性校验，完善了蜂产品溯源技术体系和生产安全关键点控制，为实现我国蜂产品质量安全，更为有效地控制和监管提供技术支撑。该成果获得2015年北京市科技进步二等奖。

## 十七、中华蜜蜂囊状幼虫病综合防治技术集成与应用

本项目分离鉴定了16株CSBV流行株，开展了生物学特性鉴定、分子背景分析和结构蛋白的鉴定，建立了病原毒种库；制备抗CSBV卵黄抗体，用于中蜂囊状幼虫病的防治；率先研制了检测CSBV的普通RT-PCR检测试剂盒、LAMP检测试剂盒、MGB探针标记的实施定量RT-PCR检测试剂盒和HAD检测试剂盒，并与检测抗CSBV抗体的ELISA检测试剂盒组装成

"CSBV 检测体系"，满足了对 CSBV 检测的不同需求；同时完成了中华蜜蜂仿生蜂箱研制以及抗 CSBV 的高产蜂选育和消毒药物筛选等工作。该技术在辽宁新宾、桓仁、绥中、清原、宽甸，吉林省扶余、河北宽城等地区应用，其中在辽宁地区预防应用 5 475 群，治疗发生 CSBV 的蜂群 5 989 群，预防效果达到 100%，治疗效果 98.76%。该成果获得 2018 年辽宁省科学技术厅科技进步二等奖。

## 第二节 高水平科技论文

### 一、熊蜂肠道微生物方面取得突破性进展

在熊蜂肠道微生物方面的研究取得了突破性进展，该研究对我国 28 种熊蜂的肠道细菌 16S 的 V6 ～ V8 区采用高通量测序，并结合经典生态学的分析方法进行研究，结果表明熊蜂肠道微生物存在两种保守的生态型（enterotypes）。一种是由 Gilliamella 和 Snodgrassella 菌群组成，这两类菌群在蜜蜂中也存在。另一种生态型主要是由环境性菌群组成，而且含有一些条件致病菌如 Hafnia 和 Serratia，研究揭示了熊蜂肠道微生物组具有两种固定的生态型（enterotypes），这是继发现人类和大猩猩的肠道微生物存在特定生态型后首次在传粉昆虫熊蜂上发现的，这将为今后深入研究传粉昆虫生物学提供了肠道微生物新视角。相关研究成果于 2015 年 8 月 3 日在线发表在《Current Biology》（5-Year Impact Factor：10.134）上。论文发表后立即被农业部中英文网站、《中国科学报》、中国农业科学院官方网站作为重要研究成果进行了报道，同时光明网、中国化工仪器网、科学网等新闻媒体也纷纷转载，因为其重要的科学价值，论文在"2015 中国科学家与 Cell Press"特刊中进行了报道。

### 二、成功解析蜂王浆主要蛋白 MRJP1 的复合物晶体结构

蜂王浆是由工蜂哺育蜂咽下腺和上颚腺共同分泌，与蜜蜂的级型分化密切相关。MRJP1 在蜂王浆主要蛋白中含量最丰富，是主要生物活性成分。近年来，对 MRJP1 的研究取得了一定的进展，大量研究证明 MRJP1 具有重

要的生物学功能和医疗保健作用。由于 MRJP1 是一种糖蛋白，难于结晶，其晶体结构还未见报道。

该研究通过从天然蜂王浆中分离纯化，得到纯度很高的 MRJP1 蛋白。MRJP1 蛋白经 PNGase F 切除糖链以及一系列的纯化步骤得到高纯度的 MRJP1 聚体，采用坐滴和悬滴蒸气扩散法获得其单晶，X 射线衍射分辨率达到 2.65Å。通过弱同源解结构的方法解析出 MRJP1 异质三元复合物结构。两个 MRJP1 单体通过 C 末端与多肽 apisimin 和 24- 亚甲基胆甾醇相互作用组成 MRJP1 二聚体，两个 MRJP1 二聚体通过 apisimin 小肽形成四聚体。MRJP1 四聚体由 4 个 MRJP1 单体、4 个多肽 apisimin 和 8 个 24- 亚甲基胆甾醇小分子组成，主要以疏水相互作用和氢键结合，其中 apisimin 起关键的连接作用，另外还含有 3 个二硫键。MRJP1 的结构是采用经典的六叶 β- 折叠组成螺旋桨式结构，与其他结构和序列同源性很低，结构比对表明，apisimin 结构是一种新的模体。文章在线发表在《自然·通讯》（*Nature Communications*）杂志上。

## 三、高水平论文《Genomic analyses reveal demographic history and temperate adaptation of the newly discovered honey bee subspecies *Apis mellifera sinisxinyuan* n. ssp.》

研究蜜蜂种群遗传和变异对解析蜜蜂进化起源、保护和利用蜜蜂种质资源具有重要意义。通过群体基因组学手段，对新疆维吾尔自治区新源县发现的西方蜜蜂自然群体（西域黑蜂）进行了研究，发现西域黑蜂是西方蜜蜂的一个新亚种（*Apis mellifera sinisxinyuan*），其种群大小变化受到地球温度波动的强烈影响，并可能导致了种群分化；进化分析揭示了蜜蜂适应寒冷环境的遗传机理，发现脂肪体和 Hippo 信号通路可能在群体对寒冷环境的适应上起到重要作用。该研究成果结束了我国没有西方蜜蜂自然种群的历史，为西域黑蜂遗传资源的保护提供了理论基础，同时也为缓解蜜蜂越冬死亡问题提供了线索，具有重要的理论和实践意义。相关成果发表在分子生物学和进化领域的权威期刊《分子生物与进化》（*Molecular Biology and Evolution*）。

## 四、高水平论文《Proteomics reveals the molecular underpinnings of stronger learning and memory in eastern compared to Western bees》

大脑是蜜蜂的神经中枢，与其他动物一样，蜜蜂大脑存在着明显的解剖学和功能分区。通过对中华蜜蜂（中蜂）和意大利蜜蜂（意蜂）大脑不同分区（蘑菇体、嗅神经叶、视神经叶）蛋白质组的比较研究发现，意蜂嗅神经叶上与突触传导相关的氢离子和氢离子跨膜转运功能加强，而中蜂嗅神经叶中与突触塑造和神经递质长距离传输的微管骨架蛋白功能加强，说明两种蜜蜂在长期的进化过程中形成了与特定生境相关的嗅觉机制。同时，蛋白质合成和信号转导等与学习和记忆相关的功能在中蜂的嗅神经叶中加强了，说明中蜂在长期进化过程中形成了更灵敏的嗅觉机制以适应采集零星蜜源的生物学特征。相关研究成果发表在蛋白质组学 TOP 期刊《分子与细胞蛋白质组学》（*Molecular & Cellular Proteomics*）上。

## 五、高水平论文《In-depth Proteomics Characterization of Embryogenesis of the Honey Bee Worker（*Apis mellifera* L.）》

胚胎发育期是蜜蜂器官形成的重要时期，所有器官的雏形都在此阶段形成。蜜蜂胚胎发育由于不需要外来营养，只要合适温湿度就能正常发育，很适于开展转基因操作。以蜜蜂胚胎为材料，利用蛋白质组学、生物信息学和基因组学学科交叉研究手段，系统解析了调控胚胎发育的关键代谢通路和蛋白，不但解析了胚胎发育的机理，而且也为今后的蜜蜂胚胎干细胞和转基因研究奠定了理论和实践依据。相关研究成果发表在蛋白质组学 TOP 期刊《分子与细胞蛋白质组学》（*Molecular & Cellular Proteomics*）上。

# 第五章

# 科技成果

## 第一节　获奖成果

### 一、国家奖（表 5-1）

表5-1　国家奖

| 序号 | 主要完成人 | 完成单位 | 项目名称 | 年份 | 奖项 |
| --- | --- | --- | --- | --- | --- |
| 1 | 吴黎明，彭文君，胡福良，等 | 中国农业科学院蜜蜂研究所等 | 优质蜂产品安全生产加工与质量控制技术 | 2017 | 国家技术发明奖二等奖 |

### 二、省部级奖（表 5-2）

表5-2　省部级奖

| 序号 | 主要完成人 | 完成单位 | 项目名称 | 年份 | 奖项 |
| --- | --- | --- | --- | --- | --- |
| 1 | 吴黎明，胡福良，薛晓锋，等 | 中国农业科学院蜜蜂研究所等 | 蜂王浆优质高效生产与质量评价新技术研究及应用 | 2015 | 中华农业科技奖一等奖 |
| 2 | 吴黎明，胡福良，薛晓锋，等 | 中国农业科学院蜜蜂研究所等 | 蜂蜜优质安全生产全程控制与增值加工新技术及推广应用 | 2016 | 全国农牧渔业丰收奖一等奖 |

（续表）

| 序号 | 主要完成人 | 完成单位 | 项目名称 | 年份 | 奖项 |
|---|---|---|---|---|---|
| 3 | 赵丽梅，葛凤晨，历延芳，等 | 吉林省农业科学院，吉林省养蜂科学研究所（合作） | 大豆杂交种的创制与应用 | 2013 | 农业科学技术进步奖一等奖 |
| 4 | 薛运波，葛凤晨，历延芳，等 | 吉林省养蜂科学研究所 | 高产蜜蜂良种养殖技术示范推广 | 2010 | 2008—2010年度中华人民共和国农业部全国农牧渔业丰收奖二等奖 |
| 5 | 彭文君，田文礼，韩胜明，等 | 中国农业科学院蜜蜂研究所 | 安全高效蜂产品加工关键技术的研究及产业化示范 | 2011 | 中华农业科技奖二等奖 |
| 6 | 彭文君，田文礼，李继莲，等 | 中国农业科学院蜜蜂研究所 | 优质蜜蜂种质资源和蜂产品生产加工技术引进、创新与利用 | 2013 | 全国农牧渔业丰收奖二等奖 |
| 7 | 葛英，历延芳，葛凤晨，等 | 吉林省养蜂科学研究所 | 原生态巢蜜生产技术示范应用推广 | 2016 | 全国农牧渔业丰收奖农业技术推广成果奖二等奖 |
| 8 | 祁海萍，安建东，黄家兴，等 | 山西省农业科学院园艺研究所 | 山西省熊蜂种质资源的调查及其筛选利用 | 2009 | 山西省科技进步二等奖 |
| 9 | 历延芳，葛凤晨，薛运波，等 | 吉林省养蜂科学研究所 | 高效养蜂综合配套技术的研究与示范 | 2009 | 吉林省科技进步二等奖 |
| 10 | 薛运波，葛凤晨，牛庆生，等 | 吉林省养蜂科学研究所 | 蜂胶高产良种蜜蜂选育研究 | 2009 | 吉林省科技进步二等奖 |
| 11 | 牛庆生，薛运波，历延芳，等 | 吉林省养蜂科学研究所 | 蜜浆胶高产蜜蜂良种选育研究 | 2011 | 吉林省科技进步二等奖 |

（续表）

| 序号 | 主要完成人 | 完成单位 | 项目名称 | 年份 | 奖项 |
|---|---|---|---|---|---|
| 12 | 曾志将，颜伟玉，谢国秀，吴小波，黄康，张娟，程网山，张青标 | 江西农业大学蜜蜂研究所 | 蜜蜂高效养殖及其产品研究与应用 | 2012 | 江西省科技进步二等奖 |
| 13 | 李建科，冯毛，房宇，等 | 中国农业科学院蜜蜂研究所 | 蜂王浆高产机理及蜂王浆生化特征的研究 | 2013 | 北京市科学技术奖二等奖 |
| 14 | 覃荣，王文峰，王保海，扎罗，等 | 西藏自治区农牧科学院农业研究所，西藏自治区农牧科学院 | 西藏蜜蜂养殖技术研究与示范推广 | 2013 | 西藏自治区科学技术奖二等奖 |
| 15 | 诸叶平，等 | 中国农业科学院蜜蜂研究所 | 融合检测技术的蜂产品质量安全控制系统研究与应用 | 2015 | 北京市科技进步二等奖 |
| 16 | 葛凤晨，历延芳，薛运波，等 | 吉林省养蜂科学研究所 | 探索引诱剂驯化蜜蜂为田间和网室杂交大豆授粉技术研究 | 2016 | 吉林省科学技术发明奖二等奖 |
| 17 | 刘强，祁文忠，等 | 延安市养蜂试验站 | 蜜蜂高效养殖技术研究与示范推广 | 2016 | 甘肃省农牧渔业丰收奖二等奖 |
| 18 | 李志勇，薛运波，常志光，等 | 吉林省养蜂科学研究所 | 蜜蜂人工授精配套设备与应用研究 | 2017 | 吉林省科技进步二等奖 |
| 19 | 罗岳雄，赵红霞，黄文忠，等 | 广东省生物资源应用研究所 | 中华蜜蜂抗逆增产技术体系研究与建立 | 2017 | 广东省农业技术推广奖二等奖 |
| 20 | 曾志将，吴小波，颜伟玉，张飞，潘其忠 | 江西农业大学蜜蜂研究所 | 蜜蜂仿生免移虫产浆和育王新技术 | 2017 | 江西省技术发明二等奖 |

（续表）

| 序号 | 主要完成人 | 完成单位 | 项目名称 | 年份 | 奖项 |
|---|---|---|---|---|---|
| 21 | 张中印，吴黎明，吴利民，等 | 河南科技学院 | 蜜蜂健康高效养殖与蜂产品深加工技术创新与应用 | 2017 | 河南省科技进步二等奖 |
| 22 | 牛庆生，王志，陈东海，等 | 吉林省养蜂科学研究所 | 基于国家级基因库的蜜蜂资源高效利用技术研究 | 2018 | 吉林省科技进步二等奖 |
| 23 | 曾志将，王子龙，石元元，秦秋红 | 江西农业大学蜜蜂研究所 | 蜜蜂生物学理论中若干问题研究 | 2018 | 江西省自然科学二等奖 |
| 24 | 付宝春，张霞，祁海萍，等 | 山西省农业科学院园艺研究所 | 保护地果菜蜜蜂授粉技术推广 | 2011 | 山西省科技进步三等奖 |
| 25 | 吴黎明，胡福良，薛晓锋，等 | 中国农业科学院蜜蜂研究所等 | 蜂王浆优质高效生产与质量评价新技术研究及应用 | 2012 | 北京市科学技术奖三等奖 |
| 26 | 华启云，赵东绪，等 | 金华市农业科学研究院 | 浙江省中华蜜蜂种质资源调查保护及增产技术研究 | 2014 | 浙江省农业丰收奖三等奖 |
| 27 | 刘进祖，吴忠高，王凤贺，等 | 北京市蚕业蜂业管理站 | 生态涵养区蜂产业科技示范与产业化促进工程建设 | 2014 | 北京市农业推广三等奖 |
| 28 | 石巍，郑友民，杨红杰，等 | 中国农业科学院蜜蜂研究所 | 中国蜜蜂种质资源收集、评价、保护与利用 | 2015 | 北京市科技进步奖三等奖 |
| 29 | 李继莲，吴杰，等 | 中国农业科学院蜜蜂研究所 | 传粉蜂病毒和微孢子虫病的鉴定分类、跨种感染及致病力的分子机制 | 2016 | 中国农业科学院科学技术成果奖青年科技创新奖 |

（续表）

| 序号 | 主要完成人 | 完成单位 | 项目名称 | 年份 | 奖项 |
|---|---|---|---|---|---|
| 30 | 郭媛，马卫华，张云毅，等 | 山西省农业科学院园艺研究所 | 梨树蜜蜂授粉配套技术研究与应用 | 2017 | 山西省科技进步三等奖 |
| 31 | 李亚辉 | 云南农业大学东方蜜蜂研究所 | 生物医学试验动物精子超低温冷冻保存的研究 | | 云南省人民政府自然科学三等奖 |
| 32 | 谭垦 | 云南农业大学东方蜜蜂研究所 | 中国西部地区野生中蜂形态学、系统发生学和资源学 | | 云南省人民政府自然科学三等奖 |
| 33 | 周婷，王强，代平礼，等 | 中国农业科学院蜜蜂研究所 | 中国蜜蜂主要寄生螨种类鉴定及防治技术 | 2010 | 中国农业科学院科学技术成果奖一等奖 |
| 34 | 吴杰，石巍，等 | 中国农业科学院蜜蜂研究所 | 蜂资源高效利用技术与产业化开发 | 2013 | 中国农业科学院科技成果奖二等奖 |
| 35 | 吴黎明，胡福良，薛晓锋，等 | 中国农业科学院蜜蜂研究所等 | 蜂王浆优质高效生产与质量评价新技术研究及应用 | 2012 | 中国农业科学院科技成果奖二等奖 |

## 第二节　国家审定新品种、新资源

国家审定新品种、新资源见表 5–3。

**表5–3　国家审定新品种、新资源**

| 序号 | 主要完成人 | 完成单位 | 项目名称 | 年份 | 奖项 |
|---|---|---|---|---|---|
| 1 | 石巍，丁桂玲，刘之光，等 | 中国农业科学院蜜蜂研究所 | 中蜜一号蜜蜂配套系 | 2015 | 国审畜禽新品种 |
| 2 | 石巍，刘世东，陈超，等 | 中国农业科学院蜜蜂研究所 | 西域黑蜂 | 2017 | 国审畜禽遗传资源 |

# 第三节 代表性论文

## 一、SCI 期刊

[ 1 ] Chao C, Zhiguang L, Qi P, et al. Genomic analyses reveal demographic history and temperate adaptation of the newlydiscovered honey bee subspecies *Apis mellifera* sinisxinyuan n. ssp. [ J ] Molecular Biology and Evolution. 2016, 33（5）: 1337–1348.

[ 2 ] Dai P, Wang Q , Sun J , et al. Effects of sublethal concentrations of bifenthrin and deltamethrin on fecundity, growth, and development of the honeybee *Apis mellifera ligustica*[ J ]. Environmental Toxicology and Chemistry, 2010, 29（3）: 644–649.

[ 3 ] Mao Feng, Yu Fang, Bin Han, Xiang Xu, Pei Fan, Yue Hao, Yuping Qi, Han Hu, Xinmei Huo, Lifeng Meng, Bin Wu, Jianke Li. In-Depth N-Glycosylation Reveals Species-Specific Modifications and Functions of the Royal Jelly Protein from Western（Apis mellifera）and Eastern Honeybees（Apis cerana）[ J ]. J Proteome Res, 2015, 14（12）: 5327–5340.

[ 4 ] Lifeng Meng, Xinmei Huo, Mao Feng, Yu Fang, Bin Han, Han Hu, Fan Wu, Jianke Li. Proteomics reveals the molecular underpinnings of stronger learning and memory in eastern compared to Western bees[ J ]. Molecular & Cellular Proteomics, 2017, DOI : 10. 1074/mcp. RA117. 000159. 5. 232.

[ 5 ] Li J L, Powell J E, Guo J, Evans J D, Wu J, Williams P, Lin Q H, Moran N A, Zhang Z G. Two gut community enterotypes recur in diverse bumblebee species. Current Biology[J]. 2015, 25: R635 – R653. 9. 251.

[ 6 ] Li L , Su S , Perry C , et al. Large-scale transcriptome changes in the process of long-term visual memory formation in the bumblebee, bombus terrestris[J]. Scientific Reports, 2018, 88（1）: 534.

[ 7 ] Jia Q, Yu S, Cheng N, et al. Stability of nitrofuran residues during honey processing and nitrofuran removal by macroporous adsorption resins[J]. Food Chemistry, 2014, 162 : 110–116.

[ 8 ] Tian W , Li M , Guo H , Peng W , Xue X , Hu Y , Li X . Architecture of the native major royal jelly protein 1 oligomer[J]. Nature communications, 2018, 9 ( 1 ) :3373-3384.

[ 9 ] Wu Liming, Chen Lanzhen, Nimal Selvaraj Jonathan, et al. Identification of the distribution of adenosine phosphates, nucleosides and nuclebases in royal jelly[J]. Food Chemistry, 2015, 173: 1111-1118.

[ 10 ] Xu Jiang He, Xue Chuan Zhang, Wu Jun Jiang, Andrew B. Barron, Jian Hui Zhang, Zhi Jiang Zeng. Starving honey bee ( *Apis mellifera* ) larvae signal pheromonally to worker bees[J]. Scientific Reports, 2016, 6 : 22359 ; doi : 10. 1038/srep223594. 122.

[ 11 ] Xu Jiang He, Lin Bin Zhou, Qi Zhong Pan, Andrew B Barron, Wei Yu Yan, Zhi Jiang Zeng. Making a queen : an epigenetic analysis of the robustness of the honey bee ( *Apis mellifera* ) queen developmental pathway[J]. Molecular Ecology, 2017, 26 ( 6 ) : 1598-1607. 6. 131.

[ 12 ] Yan-Zhen Zheng, Geng Deng, Da-Fu Chen, et al. Theoretical studies on the antioxidant activity of pinobanksin and its ester derivatives : Effects of the chain length and solvent. Food Chemistry, 2018, 240 : 323-329.

[ 13 ] Yufei Zheng, Kai Wang, Yuqi Wu, et al. Pinocembrin induces ER stress mediated apoptosis and suppresses autophagy in melanoma cells[J]. Cancer Letters, 2018, 431 : 31-42.

[ 14 ] Yu Guo, Zilong Wang, You Li, Guifeng Wei, Jiao Yuan, Yu Sun, Huan Wang, Qiuhong Qin, Zhijiang Zeng, Shaowu Zhang, Runsheng Chen. Lateralization of gene expression in the honeybee brain during olfactory learning[J]. Scientific Reports, 2016, 6 : 34727.

[ 15 ] Yue Jin, Jinzhen Zhang, Wen Zhao, Wenwen Zhang, Lin Wang, Jinhui Zhou, Yi Li. Development and validation of a multiclass method for the quantification of veterinary drug residues in honey and royal jelly by liquid chromatography - tandem mass spectrometry[J]. Food Chemistry, 2017, 221: 1298-1307.

[ 16 ] Yuping Qi, Pei Fan, Yue Hao, Bin Han, Yu Fang, Mao Feng, Ziyou Cui, Jianke

Li. Phosphoproteomic analysis of protein phosphorylation networks in the hypopharyngeal gland of honeybee workers (*Apis mellifera ligustica*) [J]. J Proteome Res, 2015, 14 (11): 4647-4661.

[17] Zhou J, Yao L, Li Y et al. Floral classification of honey using liquid chromatography-diode array detection-tandem mass spectrometry and chemometric analysis[J]. Food Chemistry, 2014 (145): 941-949.

[18] Zhao J, Du X, Cheng N, et al. Identification of monofloral honeys using HPLC-ECD and chemometrics[J]. Food Chemistry, 2016, 194: 167-174.

## 二、中文核心

[1] 安建东，陈文锋．中国水果和蔬菜昆虫授粉的经济价值评估 [J]. 昆虫学报，2011，54（4）：443-450.

[2] 陈大福，郭睿，熊翠玲，等．胁迫意大利蜜蜂幼虫肠道的球囊菌的转录组分析 [J]. 昆虫学报，2017，60（4）：401-411.

[3] 陈大福，郭睿，熊翠玲，等．中华蜜蜂幼虫肠道响应球囊菌早期胁迫的转录组学 [J]. 中国农业科学，2017，50（13）：2614-2623.

[4] 陈璇，俞晓敏，郑火青，等．西方蜜蜂（*Apis mellifera* L.）sRNA 的富集与文库检测 [J]. 中国农业科学，2009，42（8）：2943-2948.

[5] 杜亚丽，张中印，潘建芳，等．中华蜜蜂气味结合蛋白质基因 Acer OBP14 的克隆及时空表达 [J]. 中国农业科学，2016，49（19）：3852-3862.

[6] 冯倩倩，胥保华，李成成，等．维生素 A 对意大利蜜蜂群势、封盖子量及抗氧化性的影响 [J]. 动物营养学报，2011，23（6）：971-975.

[7] 冯倩倩，杨维仁，胥保华，等．不同水平维生素 A 对意大利蜜蜂春繁阶段群势及幼虫抗氧化性的影响 [J]. 中国农业科学，2012，45（17）：3584-3591.

[8] 郭媛，刘耀明，邵有全．密林熊蜂雄性成蜂生殖系统发育动态 [J]. 昆虫学报，2012，55（11）：1322-1330.

[9] 高丽娇，黄家兴，吴杰．小峰熊蜂蜂毒磷脂酶 A2 基因的克隆及表达分析 [J]. 昆虫学报，2013，56（9）：974-981.

[10] 高丽苗，徐响，高蓬勃，孙丽萍 . 蜂胶的神经保护作用及成分研究 [J]. 中国食品学报 . 2017.17（11）：60–66.

[11] 郭慧萍，周姝婧，朱翔杰，等 . 秦巴山区中华蜜蜂种群微卫星 DNA 遗传分析 [J]. 昆虫学报，2016，59（3）：337–345.

[12] 郭睿，陈大福，黄枳腱，等 . 球囊菌胁迫中华蜜蜂幼虫肠道过程中病原的转录组学研究 [J]. 微生物学报，2017，57（12）：1865–1878.

[13] 郭睿，王海朋，陈华枝，等 . 蜜蜂球囊菌的 microRNA 鉴定及其调控网络分析 [J]. 微生物学报，2018，58（6）：1077–1089.

[14] 郭睿，耿四海，熊翠玲，等 . 意大利蜜蜂工蜂中肠发育过程中长链非编码 RNA 的差异表达分析 [J]. 中国农业科学，2018，51（18）：3600–3613.

[15] 胡景华，张丽珍，廖春华，等 . 幼虫信息素酯类混合物对中华蜜蜂育王质量的影响 [J]. 昆虫学报，2018，61（3）：300–307.

[16] 胡颖颖，徐书法，李薇，等 . 中华蜜蜂感觉神经元膜蛋白基因克隆、组织表达分析及原核表达 [J]. 昆虫学报，2013，56（1）：9–17.

[17] 吉挺，殷玲，刘敏，等 . 华东地区中华蜜蜂六地理种群的遗传多样性及遗传分化 [J]. 昆虫学报，2009，52（4）：413–419.

[18] 吉挺，沈芳，梁勤，等 . 中华蜜蜂 *OBP*3 基因的克隆、原核表达及组织表达谱 [J]. 昆虫学报，2014，57（8）：897–904.

[19] 季文静，张翠平，魏文挺，等 . 蜂王浆酶解产物对 D- 半乳糖模型小鼠体内抗衰老的作用 [J]. 中国食品学报，2016，16（1）：18–25.

[20] 牛德芳，郑火青，胡福良 . 蜜蜂无政府主义蜂群的研究进展 [J]. 昆虫学报，2013，56（5）：561–565.

[21] 李飞雄，李江红，梁勤，等 . 蜜蜂球囊菌几种胞外蛋白酶的特性 [J]. 中国农业科学，2011，44（6）：1247–1254.

[22] 李成成，杨维仁，胥保华，等 . 意大利蜜蜂生长发育适宜蛋白供给水平及其对幼虫抗氧化活性的影响 [J]. 中国农业科学，2011，44（22）：4714–4720.

[23] 李江红，梁庆环，陈大福，等 . 西方蜜蜂不同级型王浆主蛋白 *MRJP*8 基因的表达差异 [J]. 昆虫学报，2014，57（1）：1–7.

[24] 李江红，郑志阳，陈大福，等 . 影响蜜蜂球囊菌侵染蜜蜂幼虫的因素及侵染过

程观察 [J]. 昆虫学报，2012，55（7）：790–797.
[25] 李江红，郑志阳，洪双燕．蜜蜂患白垩病虫体内一株球囊菌拮抗细菌的分离鉴定 [J]. 中国农业科学，2012，45（5）：973–980.
[26] 李文峰，钟伯雄，苏松坤．蜜蜂级型分化机理 [J]. 昆虫学报，2014，57（2）：248–256.
[27] 李薇，徐书法，黄家兴，等．中华蜜蜂囊状幼虫病毒北京分离株 VP1 蛋白基因克隆序列特征及原核表达 [J]. 昆虫学报，2014，57（4）：495–502.
[28] 李雅晶，胡福良，陆旋，等．蜂胶中挥发性成分的微波辅助提取工艺研究及中国蜂胶、巴西蜂胶挥发性成分比较 [J]. 中国食品学报，2011，11（5）：93–99.
[29] 蔺哲广，孟飞，郑火青，等．新烟碱类杀虫剂对蜜蜂健康的影响 [J]. 昆虫学报，2014，57（5）：607–615.
[30] 蔺哲广，秦瑶，李利，等．狄斯瓦螨和蜜蜂残翅病毒对蜜蜂健康的协同影响 [J]. 昆虫学报，2016，59（7）：775–784.
[31] 刘苹，黄家兴，安建东，等．中国明亮熊蜂复合种的分子鉴定及分布特性 [J]. 昆虫学报，2014，57（2）：235–243.
[32] 刘珊，王刘豪，郭军，李继莲，徐龙龙．转地蜂群病原微生物及肠道共生菌的变化 [J]. 中国农业科学，2017，50（5）：951–958.
[33] 罗其花，周婷，王强，等．蜂螨的种类及蜜蜂主要害螨研究进展 [J]. 中国农业科学，2010，43（3）：585–593.
[34] 马卫华，申晋山，郭媛，等．枣花病对意大利蜜蜂消化酶和解毒酶系活性的影响 [J]. 昆虫学报，2011，54（9）：1076–1081.
[35] 庞倩，沈芳，吉挺，等．不同龄期移虫发育的蜂王卵巢蛋白质组学分析（英文）[J]. 昆虫学报，2017，60（7）：760–771.
[36] 秦浩然，和绍禹，吴杰，等．东方蜜蜂微孢子虫对密林熊蜂的致病机理 [J]. 中国农业科学，2012，45（22）：4697–4704.
[37] 秦加敏，罗术东，吴杰，等．小峰熊蜂可溶型海藻糖酶基因的克隆及表达分析 [J]. 中国农业科学，2015，48（2）：370–380.
[38] 秦明，王红芳，刘振国，等．中华蜜蜂和意大利蜜蜂耐寒性能差异比较 [J]. 中国农业科学，2017，50（12）：2380–2388.

[39] 任佳淼，赵亚周，田文礼，等. 不同蜜源蜂蜜的挥发性成分分析 [J]. 中国食品学报，2016，16（3）：225-236.

[40] 施腾飞，余林生，刘芳，等. 蜜蜂 microRNA 的研究进展 [J]. 昆虫学报，2014，57（5）：601-606.

[41] 施腾飞，刘芳，余林生，等. 意大利蜜蜂不同日龄工蜂脑部三种 miRNA 的表达水平 [J]. 昆虫学报，2014，57（12）：1368-1374.

[42] 苏中渠，张卫星，郗学鹏，等. 意大利蜜蜂工蜂幼虫饲粮的适宜亚硒酸钠添加水平 [J]. 中国农业科学，2016，49（20）：4047-4055.

[43] 王丽，王红芳，胥保华. 意大利蜜蜂蜂王与工蜂幼虫甲基供体 S- 腺苷甲硫氨酸合成与代谢的差异 [J]. 中国农业科学，2016，49（21）：4231-4238.

[44] 王康，庞倩，吉挺，等. 多菌灵亚致死剂量对意大利蜜蜂幼虫生长发育和解毒酶系活性的影响 [J]. 昆虫学报，2017，60（6）：642-649.

[45] 王凯，张江临，胡福良. 蜂胶抗炎活性及其分子机制研究进展 [J]. 中草药，2013，44（16）：2321-2329.

[46] 王馨，徐响，孙丽萍，等. 蜂胶分级提取物的神经保护功效及成分研究 [J]. 中国食品学报，2016，16(1)：26-34.

[47] 王烨，韩蕾，董捷，等. 兰州熊蜂气味受体家族鉴定及分析 [J]. 中国农业科学，2017，50（10）：1904-1913.

[48] 魏月，陈芳，薛晓锋，等. QuEChERS- 气相色谱 - 质谱法快速分析蜂花粉中的多环芳烃 [J]. 中国食品学报，2016（8）：211-217.

[49] 蔚添添，和静芳，罗婷婷，等. 吡虫啉大田使用剂量对意大利蜜蜂工蜂学习和记忆的影响 [J]. 昆虫学报，2017，60（11）：1300-1306.

[50] 吴鹏杰，金红岩，徐进，等. 中华蜜蜂 SRP9 基因的克隆、序列分析及原核表达 [J]. 昆虫学报，2016，59（12）：1332-1339.

[51] 吴艳艳，周婷，王强，等. 吡虫啉对成年意大利蜜蜂脑神经细胞致凋亡作用 [J]. 昆虫学报，2014，57（2）：194-203.

[52] 吴杰，黄家兴，安建东，等. 不同饲料对小峰熊蜂工蜂群发育的影响 [J]. 昆虫学报，2009，52（10）：1115-1121.

[53] 吴雨祺，蔺哲广，郑火青，等. 蜜蜂上颚腺及其分泌物研究进展 [J]. 昆虫学

报，2015，58（8）：911-918.
［54］席伟军，李江红，陈大福，等．环介导等温扩增（LAMP）技术检测蜜蜂球囊菌 [J]. 中国农业科学，2016，49（4）：765-774.
［55］郗学鹏，魏伟，张卫星，等．中华蜜蜂转录因子 AP-1 基因的克隆及特性分析 [J]. 昆虫学报，2018，61（4）：423-431.
［56］肖培新，吴在富，刘昭华，等．意大利工蜂不同发育时期抗氧化酶基因 mRNA 表达量的变化 [J]. 昆虫学报，2010，53（11）：1202-1206.
［57］徐龙龙，吴杰，郭军，等．共生菌群在熊蜂生长发育过程中的动态变化 [J]. 中国农业科学，2014，47（10）：2030-2037.
［58］徐细建，郭睿，骆群，等．中华蜜蜂幼虫肠道参考转录组的 de novo 组装及 SSR 分子标记鉴定 [J]. 中国农业科学，2017，50（6）：1157-1166.
［59］徐新建，周姝婧，朱翔杰，等．海南岛中华蜜蜂微卫星 DNA 遗传多样性和遗传结构分析 [J]. 昆虫学报，2013，56（5）：554-560.
［60］薛菲，吴鹏杰，吴杰，等．中华蜜蜂 *mab*-21 基因序列分析及表达特征 [J]，昆虫学报，2015，58（10）：1072-1080.
［61］杨远帆，倪辉，吴黎明．茚三酮法测定蜂蜜及果葡糖浆中的氨基酸含量 [J]. 中国食品学报，2013，13（2）：171-176.
［62］赵凤奎，胥保华，王红芳．意大利蜜蜂工蜂幼虫饲料中适宜色氨酸水平 [J]. 中国农业科学，2015，48（7）：1453-1462.
［63］赵慧霞，郑火青，胡福良．蜜蜂复眼的视觉通路研究进展 [J]. 昆虫学报，2012，55（6）：749-757.
［64］赵亚周，安建东，周志勇，等．意大利蜜蜂和小峰熊蜂在温室桃园的传粉行为及其影响因素 [J]. 昆虫学报，2011，54（1）：89 - 96.
［65］赵亚周，安建东，周志勇，等．意大利蜜蜂和小峰熊蜂在温室桃园的传粉行为及其影响因素 [J]. 昆虫学报，2011，54（1）：89-96.
［66］赵亚周，彭文君，安建东，等．中国意大利蜜蜂微卫星遗传多态性 [J]. 昆虫学报，2010，53（3）：248-256.
［67］张翠平，胡福良．蜂胶与杨树胶 HPLC 指纹图谱鉴别 [J]. 中国食品学报，2011，11（1）：222-225.

[68] 张瞾楠，熊翠玲，徐细建，等．蜜蜂球囊菌的参考转录组 de novo 组装及 SSR 分子标记开发 [J]. 昆虫学报，2017，60（1）：34-44.
[69] 张中印，杨珊珊，孟娇，等．中华蜜蜂嗅觉受体 AcerOrco 的表达及定位分析 [J]. 昆虫学报，2016，59（2）：185-191.
[70] 周婷，宋怀磊，王强，等．吡虫啉对意大利蜜蜂脑乙酰胆碱受体分布的影响 [J]. 昆虫学报，2013，56（11）：1258-1266.
[71] 周玲，吴黎明，周金慧．高效液相色谱－串联质谱检测巢脾中红霉素残留 [J]. 中国食品学报，2013，13（6）：198-202.
[72] 朱翔杰，周冰峰，徐新建等．福建中华蜜蜂种群形态数值分析 [J]. 昆虫学报，2011，54（5）：566-574.

# 第四节 标准

## 一、国家标准（表 5-4）

表5-4 国家标准

| 序号 | 完成人 | 标准名 |
|---|---|---|
| 1 | 陈芳，赵静，陈兰珍，等 | 蜂蜡中石蜡的测定 气相色谱——质谱法（GB/T 24313—2009） |
| 2 | 胡福良，张翠平，郑火青，等 | 杨树胶的检测方法——高效液相色谱法（GB/T 34782—2017） |
| 3 | 胡福良，张翠平，郑火青，等 | 杨树胶的检测方法——高效液相色谱法（GB/T 34782—2017） |
| 4 | 胡福良，张翠平，刘嘉 | 蜂胶中阿替匹林 C 的测定方法——高效液相色谱法（GH/T 1114—2015） |
| 5 | 胡元强，王磊，郑火青，等 | 蜂花粉生产技术规范（GB/T 34781—2017） |
| 6 | 李熠等 | 蜂蜜中脯氨酸的测定——高效液相色谱法（GB/T 32946—2016） |
| 7 | 李熠等 | 蜂蜡中二十八烷醇、三十烷醇的测定——气相色谱法（GB/T 32947—2016） |

（续表）

| 序号 | 完成人 | 标准名 |
|---|---|---|
| 8 | 刘进祖，吴忠高，谢勇，等 | 王台蜂王浆（GB/T 35027—2018） |
| 9 | 吕泽田，胡福良，张翠平，等 | 蜂胶（GB/T 24283—2018） |
| 10 | 吴忠高，杨寒冰，刘进祖，等 | 巢蜜（GB/T 33045—2016） |
| 11 | 曾志将，魏丽，马兰宇，等 | 蜂蜜中植物花粉测定方法（GB/T 23194—2008） |

## 二、行业标准（表 5-5）

表5–5　行业标准

| 序号 | 完成人 | 标准名 |
|---|---|---|
| 1 | 董捷，张红城，孙丽萍，等 | 蜂产品感官评价方法（NY/T 2792—2015） |
| 2 | 黄家兴，吴杰，安建东，等 | 蜜蜂授粉技术规程 油菜（NY/T 3044—2016） |
| 3 | 李继莲，安建东，吴杰，等 | 设施桃蜂授粉技术规程（NY/T 3046—2016） |
| 4 | 李继莲，安建东，吴杰，等 | 设施番茄熊蜂授粉技术规程（NY/T 3045—2016） |
| 5 | 石巍，丁桂玲，刘之光，吕丽萍 | 蜜蜂种质资源评价规范（NY/T 2364—2013） |
| 6 | 石巍，丁桂玲，刘之光，吕丽萍 | 中华蜜蜂种蜂王（NY/T 1159—2013） |
| 7 | 吴黎明，赵静，廖超子，等 | 无公害农产品生产质量安全控制技术规范第 10 部分—蜂产品（NY/T 2798. 10—2015） |
| 8 | 周婷，王强，代平礼，等 | 蜜蜂幼虫腐臭病诊断技术规范（NY/T 1951—2010） |
| 9 | 朱兴全，周婷，王强，等 | 蜜蜂螨病病原检查技术规范（NY/T 1954—2010） |

## 三、地方标准（表 5-6）

表5-6　地方标准

| 序号 | 完成人 | 标准名 |
|---|---|---|
| 1 | 华启云，苏晓玲，赵东绪，等 | 大棚草莓蜜蜂授粉技术规程（DB3307/T—2011） |
| 2 | 华启云，苏晓玲，赵东绪，等 | 中华蜜蜂快速繁殖技术规程（DB3307/T 78—2015） |
| 3 | 高洪学，王志，庄明亮，等 | 吉林白蜜（DB22/T 990—2018） |
| 4 | 郭媛，邵有全，张中印 | 苹果蜜蜂授粉技术规程（DB14/T 806—2013） |
| 5 | 郭媛，邵有全，王和平，等 | 梨蜜蜂授粉技术规程（DB14/T 1355—2017） |
| 6 | 姜风涛，刘新迎，胡智胜 | 枣花蜂蜜（DB37/T 2226—2012） |
| 7 | 李有志，胥保华，陶安勇，等 | 标准化蜂场建设技术规范（DB 37/T 3089—2017） |
| 8 | 李念周，王建文，王顺海，等 | 西方蜜蜂转地饲养技术规范（DB51/T 1966—2015） |
| 9 | 李念周，王建文，王顺海，等 | 蜜蜂授粉大樱桃技术规范（DB51/T 2231—2016） |
| 10 | 刘进祖，王凤鹤，吴忠高，等 | 设施西瓜蜜蜂授粉技术规范（DB11/T 887—2012） |
| 11 | 刘进祖，王凤鹤，吴忠高，等 | 设施草莓蜜蜂授粉技术规范（DB11/T 1059—2014） |
| 12 | 刘新迎，姜风涛，胡智胜 | 刺槐蜂蜜（DB37/T 2217—2012） |
| 13 | 刘新迎，姜风涛，胡智胜 | 中华蜜蜂种蜂王（DB37/T 2227—2012） |
| 14 | 马卫华，宋怀磊，申晋山，等 | 大豆网室杂交制种蜜蜂授粉技术规程（DB14/T 1341—2017） |
| 15 | 王建文，邹志坚，王顺海，等 | 成熟蜂蜜生产技术规程（DB51/T 1731—2014） |
| 16 | 王建文，李念周，王顺海，等 | 蜜蜂授粉大棚草莓技术规程（DB51/T 1967—2015） |
| 17 | 王建文，王顺海，李念周，等 | 中蜂规模化饲养技术规范（DB51/T 2230—2016） |

（续表）

| 序号 | 完成人 | 标准名 |
| --- | --- | --- |
| 18 | 王建文，王顺海，赖康 | 中华蜜蜂人工育王技术规范（DB51/T 2487—2018） |
| 19 | 王顺海，唐友海，赵平，等 | 四川中蜂饲养规程（DB51/T 1315—2011） |
| 20 | 王顺海，李念周，赵平，等 | 种蜂场建设布局规范（DB51/T 1316—2011） |
| 21 | 王顺海，王建文，李念周，等 | 油菜蜜蜂授粉技术规程（DB51/T 1468—2012） |
| 22 | 王顺海，余林生，杜国平，等 | 原生态蜂王浆生产技术规程（DB51/T 1470—2012） |
| 23 | 王顺海，李念周，罗勤，等 | 蜜蜂规模化饲养技术规范（DB51/T 1733—2014） |
| 24 | 王顺海，李念周，邹志坚，等 | 阿坝中蜂生产性能测定技术规范（DB51/T1734—2014） |
| 25 | 王顺海，李念周，邹志坚，等 | 蜜蜂检疫技术规范（DB51/T 657—2014 代替 DB51/T 657—2007） |
| 26 | 王顺海，李念周，邹志坚，等 | 阿坝中蜂（DB51/T 802—2014 代替 DB51/T 802—2008） |
| 27 | 吴小波，曾志将，江武军，等 | 天然蜂粮生产技术规程（DB36/T 990—2018） |
| 28 | 胥保华，康明江，刘锋，等 | 蜜蜂群势增长期饲养技术规范（DB37/T 2520—2014） |
| 29 | 胥保华，康明江，刘锋，等 | 蜜蜂传染性病害防治规范（DB37/T 2518—2014） |
| 30 | 胥保华，刘锋，王颖 | 蜜蜂代用花粉饲料生产技术规范（DB37/T 2519—2014） |
| 31 | 胥保华，康明江，刘锋，等 | 蜜蜂饲粮使用管理规范（DB37/T 2521—2014） |
| 32 | 胥保华，刘锋，王颖 | 中华蜜蜂饲养技术规范（DB37/T 2523—2014） |
| 33 | 胥保华，康明江，刘锋，等 | 取蜜期蜂群管理规范（DB37/T 2522—2014） |
| 34 | 袁春颖，顾贵波，袁小波，等 | 蜜蜂检疫技术规范（DB21/T 1763—2009） |

（续表）

| 序号 | 完成人 | 标准名 |
|---|---|---|
| 35 | 袁小波，袁春颖，赵立颖，等 | 中华蜜蜂饲养技术规范（DB21/T 1913—2011） |
| 36 | 曾志将，吴小波，颜伟玉，等 | 蜜蜂免移虫技术规程（DB36/T 812—2014） |
| 37 | 曾志将，潘其忠，余东文，等 | 西方蜜蜂定地规模化饲养技术规程（DB36/T 813—2014） |
| 38 | 赵平，李念周，王顺海，等 | 阿坝蜜蜂饲养技术规范（DB51/T 961—2009） |
| 39 | 赵平，李念周，王顺海，等 | 蜜蜂事故损失评估技术规范（DB51/T 1099—2010） |
| 40 | 赵平，邹志坚，王顺海，等 | 蜂胶生产技术规程（DB51/T 1100—2010） |
| 41 | 赵平，王顺海，李念周，等 | 阿坝蜜蜂种蜂王（DB51/T 1110—2010） |
| 42 | 张东霞，郭媛，吕继康，等 | 梨树蜜蜂授粉与病虫绿色防控集成应用技术规程（DB14/T 1096—2015） |
| 43 | 邹志坚，王顺海，赵平，等 | 蜜蜂白垩病诊断规程（DB51/T 1317—2011） |
| 44 | 邹志坚，王建文，王顺海，等 | 蜂蜡生产技术规程（DB51/T 1469—2012） |

# 第五节　专利成果

## 一、发明专利

［1］安建东，黄家兴，国占宝，李继莲，罗术东，吴杰．一种用于设施作物授粉的蜜蜂饲养箱（专利号：ZL 201010224537. 8）．

［2］陈兰珍．一种快速鉴别蜂胶胶源的方法（专利号：国家发明专利 ZL201410060599. 8）．

［3］董坤，董艳，赵文正，等．一种移取花蜜的方法（专利号：ZL201710282722. 4）．

［4］方小明，田文礼，高凌宇，等．一种蜂蜜解晶的方法与装置（专利号：ZL 201410539397. 1）．

［5］付中民，刘彩珍，陈大福．一种割蜜盖的方法及其割蜜盖装置（专利号：ZL201310677499. 5）．

[6] 付中民，陈大福，李江红．一种组合式蜂箱及其使用方法（专利号：ZL201410041650.0）．
[7] 葛凤晨，赵丽梅，历延芳，等．用小群体蜜蜂为网棚大豆杂交种授粉的方法和设备（专利号：ZL201110443205.3）．
[8] 葛凤晨，历延芳，孙寰，等．蜜蜂引诱剂及用于大豆杂交种田间制种蜜蜂授粉的方法（专利号：ZL201210183837.5）．
[9] 葛凤晨，赵丽梅，历延芳，等．对小面积植物实施三微蜜蜂授粉的方法和设备（专利号：ZL201410004882.9）．
[10] 胡福良，刘亚男，李英华．一种酸解蜂胶黄酮苷的方法（专利号：ZL 200810063053.2）．
[11] 胡福良，刘亚男，李英华．一种柚苷酶水解蜂胶黄酮苷的方法（专利号：ZL 200810063054.7）．
[12] 郑火青，胡福良，魏文挺，等．一种蜂王浆新鲜度的检测方法（专利号：ZL 200910154567.3）．
[13] 胡福良，张翠平．蜂胶与杨树胶的鉴别方法（专利号：ZL 201010180675.0）．
[14] 胡福良，张翠平．一种蜂胶微胶囊的制备方法及应用（专利号：ZL 201110067242.9）．
[15] 胡福良，魏文挺，郑火青．一种提高蜂王浆中10-羟基-2-癸烯酸含量的方法（专利号：ZL 201110357224.4）．
[16] 胡福良，张翠平．一种蜂胶与杨树胶的鉴别方法（专利号：ZL200910101428.4）．
[17] 胡福良，平舜，张翠平，郑火青．一种与实验室旋转蒸发仪配套的简易水循环装置（专利号：ZL 201310225564.0）．
[18] 胡福良，黄帅，张翠平，等．一种杨树胶中特有成分的分离纯化方法及应用（专利号：ZL 201310721079.2）．
[19] 胡福良，吴雨祺，魏文挺，郑火青．蜂王浆中三种脂肪酸成分含量的检测方法及应用（专利号：ZL 201410417420.X）．
[20] 黄家兴，安建东，罗术东，等．印度谷螟荧光PCR检测方法（专利号：ZL.201010224538.2）．
[21] 李继莲，彭文君，吴杰，等．感染熊蜂的微孢子虫的分子检测技术（专利号：

ZL. 2009101582348）.
[22] 李江红，郑志阳，梁勤，陈大福．一种利用实验室饲养的蜜蜂幼虫培养蜜蜂球囊菌的方法．（专利号：ZL201010276775.3）.
[23] 罗术东，彭文君，吴杰，等．一种饲养熊蜂的饲料及其制备饲喂方法．（专利号：ZL 200910235263.X）.
[24] 罗术东，安建东，吴杰，等．一种蜜蜂授粉强度控制专用箱．（专利号：ZL 201010505038.6）.
[25] 罗术东，安建东，吴杰，等．以授粉蜂为媒介的生物防治装置及其使用方法．（专利号：ZL 201210151354.7）.
[26] 罗术东．一种检测外源物质对蜜蜂成蜂前影响的方法．（专利号：ZL 201310467361.2）.
[27] 罗术东，吴杰，安建东，等．一种测定授粉昆虫有效面积的方法．（专利号：ZL 201410563258.2）.
[28] 罗术东，黄智勇，吴杰，等．一种模拟汽车转运对蜜蜂影响的实验装置．（专利号：ZL 201720101139.4）.
[29] 梁勤，罗岳雄，赵红霞．一种中蜂囊状幼虫病防治中草药组方．（专利号：ZL201310205577.1）.
[30] 罗岳雄，赵红霞等．一种中蜂保健饲料法授权专利．（专利号：ZL 201110282289.7）.
[31] 李亚辉，杨明华，和绍禹，等．一种用培养箱高效培育西方蜜蜂蜂王的方法．（专利号：ZL201510405143.5）.
[32] 刘之光，郭海坤，丁桂玲，吕丽萍，石巍．蜂箱及其底板组件，检测蜂螨自然死亡率的方法．（专利号：ZL 201310538180.4）.
[33] 缪婧．王浆与浆虫自动快速分离机．（专利号：ZL200710008724.0）.
[34] 缪晓青．蜜蜂生物香皂．（专利号：ZL200810070497.9）.
[35] 缪晓青．外用蜂毒擦剂．（专利号：ZL201010103261.8）.
[36] 缪晓青．泡泡蜂蜜．（专利号：ZL201310540676.5）.
[37] 刘进祖，吴忠高，刘进．一种用花粉可溶性提取物制备的固体饮料．（专利号：ZL 201210435165.2）.

[38] 刘进祖，吴忠高，刘进. 一种富含花粉脂肪类物质的提取方法.（专利号：ZL 201210436578. 2）.
[39] 马鸣潇，张大利，王立辛，等. 一种卵黄抗体的制备方法，用该方法制得的卵黄抗体及其应用.（专利号：ZL201110343389. 6）.
[40] 马卫华，郭成俊，郭媛，等. 蜂箱内置保温填充器.（专利号：ZL201510653299. 5）.
[41] 彭文君，田文礼，韩胜明，等. 不易结晶蜂蜜的制备方法.（专利号：ZL 200910259202. 7）.
[42] 史培颖，姚宏，缪晓青. 一种同时快速测定葡萄糖、果糖和总糖含量试剂盒及应用（专利号：ZL 201410725916. 3）.
[43] 宋怀磊，程慧，张云毅，等. 一种授粉用梨花粉的获得方法.（专利号：ZL201510687286. X）.
[44] 苏松坤，等. 多功能塑料邮寄蜂王笼.（专利号：ZL 200910154123. X）.
[45] 苏松坤，等. 一种评估蜜蜂幼虫抗白垩病能力的方法.（专利号：ZL201310267566. 6）.
[46] 苏松坤，等. 利用蜜蜂 *SsRbeta* 基因荧光定量 PCR 技术鉴别蜂王浆产量性能的方法.（专利号：ZL201310350401. 5）.
[47] 苏松坤，等. 利用 SNP 标记鉴别蜂群抗白垩病性状的方法（专利号：ZL 201410793151. 7）.
[48] 苏晓玲. 反式茴香脑作为防治蜂螨药物的应用.（专利号：CN201510151284. 9）.
[49] 孙丽萍，王大仟，张智武. 油菜蜂花粉有效部位在预防酒精性肝损伤的新用途.（专利号：ZL 2008100078532）.
[50] 孙丽萍，徐响，高彦祥，等. 蜂花粉超临界二氧化碳破壁方法.（专利号：ZL 200810007855. 1）.
[51] 孙丽萍，徐响，安仲姚，等. 一种油菜蜂花粉提取物及其应用.（专利号：ZL 201010295791. 7）.
[52] 孙丽萍，徐响，周金慧，等. 短叶松素在制备预防脑缺血性损伤制剂中的应用.（专利号：ZL 201410367118. 8）.
[53] 滕跃中，郭成俊，张映升. 中华蜜蜂分蜂控制收捕器.（专利号：

ZL201210420420969.5）.
[54] 田文礼，彭文君，韩胜明，等.油溶蜂胶软胶囊及其制备方法.（专利号：ZL 200710302091.4）.
[55] 田文礼，孙丽萍，董捷.蜂花粉营养口服液及其制备方法.（专利号：ZL2006100838692）.
[56] 王桂芝，娄德龙，等.一种蜂蜜羊乳皂及其制备方法.（专利号：ZL201610409262.2）.
[57] 王释捷，等.车载式速展养蜂专用车.（专利号：ZL 201310161850.5）.
[58] 王淇，苏松坤.蜂王浆机械化生产幼虫器.（专利号：ZL201110119816.2）.
[59] 王淇，苏松坤.蜂王浆机械化生产钳虫机.（专利号：ZL201210165000.8）.
[60] 王艳辉.一种批量饲养蜂王或固定日龄工蜂的方法.（专利号：ZL201410043890.4）.
[61] 吴黎明，胡福良，薛晓锋，等.一种评价蜂王浆贮存条件适合性的方法.（专利号：ZL200810223497.8）.
[62] 吴黎明，胡福良，薛晓锋，等.一种蜂王浆品质的评价方法.（专利号：ZL200810223379）.
[63] 吴黎明，胡福良，薛晓锋，等.一种评价蜂王浆贮存条件适合性的方法.（专利号：ZL200810223381.X）.
[64] 吴黎明，薛晓锋，田文理，等.蜂产品组合物及其制备方法.（专利号：ZL200810225313.1）.
[65] 吴黎明，王勇，陈芳，等.一种判别蜂胶原料类型的方法.（专利号：ZL201310282033.5）.
[66] 吴小波，曾志将，颜伟玉.蜜蜂育王、储王及介绍蜂王一体化装置（专利号：ZL 201510219788）.
[67] 吴小波，曾志将.蜂蜜自动生产装置.（专利号：ZL 201510324450）.
[68] 吴珍红，等.高效、洁净流动采集王浆与浆虫的生产线.（专利号：ZL 200710008725.5）.
[69] 薛运波，葛蓬，李杰銮，常志光，李志勇.一种带有精密三维导轨的蜂王人工授精仪及其使用方法（专利号：ZL 201510551609.2）.

[70] 薛晓锋，赵静，陈本晶，吴黎明 . 一种从蜂花粉中提取辅酶 Q10 的方法及其应用 .（专利号：ZL 201110364321. 6）.
[71] 薛晓锋，吴黎明，李熠，等 . 一种大米糖浆提取物及其用途 .（专利号：ZL 201110220841. X）.
[72] 薛晓锋，吴黎明，曹葳蕤，等 . 雷公藤甲素作为特征识别物在鉴别蜂蜜中是否含有雷公藤蜂蜜中的应用 .（专利号：ZL201610105513. 8）.
[73] 杨文超，付伟红，田媛媛，缪晓青 . 一种无防腐剂的果汁饮料及其制作方法（专利号：ZL 201310729710. 3）.
[74] 曾志将，吴小波，王子龙，等 . 蜜蜂仿生免移虫生产蜂王浆的方法 .（专利号：ZL 201110373929. 5）.
[75] 曾志将，吴小波，林金龙，等 . 蜂王浆割蜡取浆一体化装置 .（专利号：ZL 201310026122. 3）.
[76] 赵红霞，罗岳雄，黄文忠 . 一种中蜂欧洲幼虫腐臭病防治中草药组方 .（专利号：ZL201410499599. 8）.
[77] 赵亚周，彭文君，田文礼，等 . 一种蜂蜜的评价方法 .（专利号：ZL201510543890. 5）.
[78] 赵亚周，彭文君，田文礼，等 . 一种分析不同来源蜂王浆中挥发性成分的方法 .（专利号：ZL201510013272. X）.
[79] 周婷，吴艳艳 . 熏烟型杀螨剂 .（专利号：ZL201010148227. 2）.
[80] 周姝婧 . 蜜蜂分蜂预警方法 .（专利号：ZL 201510496594. 4）.
[81] 张翠平，胡福良，黄帅 . 一种酒神菊型蜂胶质量控制方法 .（专利号：ZL 201310075055. 4）.
[82] 张翠平，胡福良，柳刚 . 一种蜂胶与虫草菌丝粉组合物及制备和应用 .（专利号：ZL 201310540701. X）.
[83] 张翠平，胡福良，黄帅，刘嘉 . 一种酒神菊属型蜂胶质量控制的方法及应用 .（专利号：ZL 201310543934. 5）.
[84] 张翠平，胡福良 . 一种蜂王浆微胶囊的制备方法及应用 .（专利号：ZL 20140136195. 2）.
[85] 张翠平，胡福良，申小阁，刘嘉 . 一种巴西绿蜂胶质量控制方法 .（专利号：

ZL 201610279885. 2）.
[86] 张翠平，胡福良，孙德官．一种口腔护理液及其制备方法．（专利号：ZL 201610274188. 8）.
[87] 张红城，董捷，胡浩．一种蜂胶纳米乳口服液及其制备方法．（专利号：ZL 201410020140. 5）.
[88] 张红城，高铁俊，刘娟．一种蜂王浆新鲜度测定的方法．（专利号：ZL 201110393696. 5）.
[89] 张中印，吴黎明，刘保国，等．何昕蜂胶大蜜丸．（专利号：ZL201210111991. 1）.
[90] 张中印，吴黎明，张玮，等．从杨树芽中提取黄酮的方法．（专利号：ZL201210281104. 5）.
[91] 张中印，吴杰，王会高，等．多功能取浆机．（专利号：ZL201210097843. 9）.
[92] 郑火青，胡福良，苏晓玲．一种防治蜂螨的药物及用途．（专利号：ZL 201110395445. 0）.
[93] 郑火青，胡福良，苏晓玲．一种饲养蜜蜂的装置及应用．（专利号：ZL 201110395444. 6）.
[94] 郑火青，陈秀贤，胡福良，王帅．一种穿心莲水提物的制药用途．（专利号：ZL 201510078065. 2）.
[95] 郑火青，陈秀贤，胡福良，贡红日．天然植物提取物及防治蜜蜂微孢子虫病的用途．（专利号：ZL 201410672287. 2）.
[96] 郑火青，陈秀贤，胡福良，李利．一种防治蜜蜂微孢子虫病的药物及其用途．（专利号：ZL 201510302635. 1）.

## 二、实用新型专利

[1] 常仲乐，毕建杰，康明江，等．便调式蜜蜂人工授精仪显微镜固定架．（专利号：ZL20102 0503060. 2）.
[2] 常仲乐，毕建杰，康明江，等．蜜蜂人工授精仪注射器角度调节装置．（专利号：ZL20102 0503053. 2）.
[3] 陈大福，刘彩珍，熊翠玲，付中民．液体输送装置．（专利号：ZL 201220294736. 0）.
[4] 陈剑，李佛琳，匡海鸥，等．一种调温蜂箱．（专利号：ZL201721114167.6）.

[5] 陈锦鸿，李建科，陈孟占．物理加热治螨装置．(专利号：ZL2017200715554.)．
[6] 陈晓，石巍，郭海坤，陈超，刘之光，王慧华．一种蜂笼．(专利号：201620643191.8)．
[7] 陈晓，石巍，刘之光，郭海坤，陈超，王慧华，汤娇．一种蜂螨感染率的检测装置．(专利号：ZL201720163704.X)．
[8] 丁桂玲，石巍．一种王台输送盒．(专利号：ZL201320759154.X)．
[9] 丁桂玲，石巍．一种蜂王储存器及储王室．(专利号：ZL201420489458.3)．
[10] 董坤，董艳，苏睿，和绍禹．一种利用塑料吸管标记蜜蜂的方法．(专利号：ZL 201210485518.X)．
[11] 董霞，兰建强，宁旺云，等．一种东方蜜蜂的饲养装置．(专利号：ZL200920253701.0)．
[12] 房宇，李建科，冯毛，等．一种蜂箱保温装置．(专利号：ZL201620878408.3.)．
[13] 房宇，李建科，冯毛，等．一种昆虫速冷取样装置．(专利号：ZL201620857893.6.)．
[14] 房宇，李建科，冯毛，等．一种蜂王产卵隔片装置．(专利号：ZL201620858527.2.)．
[15] 房宇，李建科，冯毛，等．一种蜂箱磁性标签．(专利号：ZL201620878363.x.)．
[16] 房宇，李建科，冯毛，等．一种蜜蜂标记帖．(专利号：ZL201620878916.1.)．
[17] 房宇，李建科，韩宾，等．一种蜂场降温装置及具有该装置的蜂场．(专利号：ZL201620810059.1.)．
[18] 房宇，李建科，韩宾，等．一种蜜蜂饲喂搅拌装置．(专利号：ZL201620153091.7.)．
[19] 房宇，李建科，韩宾，等．一种转地养蜂生产机具及养蜂车．(专利号：ZL201620208030.6.)．
[20] 房宇，李建科，韩宾，等．一种转地养蜂供水装置．(专利号：ZL201620208111.6.)．
[21] 房宇，李建科，冯毛，等．一种蜜蜂饲喂装置．(专利号：ZL201620207892.7.)．
[22] 付中民，陈大福，熊翠玲．一种巢框．(专利号：ZL201320740127.8)．
[23] 郭睿，郑燕珍，付中民，等．一种可溯源辐射式摇蜜机．(专利号：

ZL201720351002.4）.
[24] 郭媛，付宝春，李建军，等．小面积制种棚蜜蜂授粉专用蜂箱．（专利号：ZL201721140835.2）.
[25] 郭岳琴，王秀红，罗兵，武江利，等．蜂箱防水装置．（专利号：ZL 201721020255.X）.
[26] 郝紫微，刘进祖，吴忠高．快速推送装置．（专利号：ZL 201620004515.3）.
[27] 韩天贵，周丹银，李朝俊，等．低电压可调式割蜜刀．（专利号：ZL201520948276.2）.
[28] 和绍禹，郑永春，汪灯，等．一种微电脑控制电动摇蜜机．（专利号：ZL201320434866.4）.
[29] 和绍禹，王锐刚，周丹银，等．一种定地蜂场监控系统．（专利号：ZL 201721279411.2）.
[30] 胡宗文．一种独立饲养蜜蜂的装置．（专利号：ZL 201721376163.5）.
[31] 黄家兴，安建东，吴杰，等．一种熊蜂育王专用箱．（专利号：KHP141111104.4）.
[32] 黄家兴，吴杰，安建东，等．授粉箱（熊蜂）．（专利号：ZL 201730124543.9）.
[33] 景莉，景养福．空调式三防蜂箱盖．（专利号：ZL201020632441.0）.
[34] 匡海鸥，李亚辉，陈剑，等．一种新型保温防蜡螟蜂箱（专利号：ZL201720963903.9）.
[35] 李佛琳，匡海鸥，李亚辉，等．一种便携式蜂箱．（专利号：ZL 201721114311.6）.
[36] 李杰銮，薛运波．蜂箱架及养蜂装置．（专利号：ZL201620290662.1）.
[37] 李亚辉，匡海鸥，杨明华，和绍禹．一种简易的电动捕蜂器．（专利号：ZL201420864246.9）.
[38] 李志勇，薛运波，李存哲，牛庆生，刘楠楠，庄明亮．一种蜂王质量检测器（专利号：ZL201720243862.6）.
[39] 李志勇，薛运波，葛蓬，牛庆生，刘楠楠，庄明亮，常志光，王志．一种蜜蜂人工授精针头拉制器（专利号：ZL201720561634.4）.
[40] 李志勇，薛运波，常志光，庄明亮，刘楠楠．一种用于蜜蜂人工授精的显微镜（专利号：ZL201720567632.5）.
[41] 李志勇，葛蓬，薛运波，牛庆生．一种便携蜜蜂精液混合箱（专利号：

ZL201720567633. X）.
[42] 李志勇，薛运波，李存哲，等. 一种蜂王质量检测器.（专利号：ZL201720243862. 6）.
[43] 李志勇，薛运波，葛蓬，等. 一种蜜蜂人工授精针头拉制器.（专利号：ZL201720567634. 4）.
[44] 林玖明. 一种中华蜜蜂定地饲养蜂箱.（专利号：ZL201820010675. 8）.
[45] 刘彩珍，付中民，陈大福. 一种贮蜜囊.（专利号：ZL201320721846. 5）.
[46] 刘锋. 一种简易胡蜂捕捉装置.（专利号：ZL201721789091. 7）.
[47] 刘进，刘进祖，吴忠高. 一种蜂蜜灌装机.（专利号：ZL 201620005641.0）.
[48] 刘进祖，吴忠高，刘进. 夹层蒸汽锅.（专利号：ZL2016 0010063. X）.
[49] 刘新迎，姜风涛等. 一种便于养蜂车辆转运的蜂箱和框架结构.（专利号：ZL201720211927. 9）.
[50] 刘之光，石巍，陈黎红，等. 一种用于蜜蜂交尾的箱体.（专利号：ZL201220332735. 0）.
[51] 刘之光，郭海坤，丁桂玲，石巍. 蜂箱及其底板组件.（专利号：ZL201320689704. 5）.
[52] 吕传军，刘进祖，吴忠高. 一种蜂蜜封口机.（专利号：ZL201620005619.6）.
[53] 罗兵，王秀红，徐书法，武江利，等. 蜂箱加热装置.（专利号：ZL 201721006681. 8）.
[54] 罗兵，徐书法. 便携式蜂箱给药装置.（专利号：ZL 201720654467. 7）.
[55] 罗兵，徐书法. 方便饲喂的蜂箱.（专利号：ZL 201720655252. 7）.
[56] 罗术东，安建东，吴杰，等. 以授粉蜂为媒介的生物防治装置.（专利号：ZL. 201220219473. 7）.
[57] 罗术东，马昌盛，靳婷婷，等. 一种室内测定蜜蜂采集能力的简易装置.（专利号：ZL. 201720203063. 6）.
[58] 罗卫庭，张学文，周绍伦，等. 一种能够有效避免蜂蜇的蜜蜂养殖箱.（专利号：ZL201320810386. 3）.
[59] 罗卫庭. 一种能够有效避免蜂蜇的蜜蜂养殖箱.（专利号：ZL201320810386. 3）.
[60] 马卫华，郭媛，申晋山，等. 用于小面积作物蜜蜂授粉的蜂箱（专利号：

ZL201520484759. 1）.

[61] 马振刚，许金山，石鹏，等. 一种可拆卸式的蜂脾骨架.（专利号：ZL201720384 074. 9）.

[62] 沈明，刘进祖，吴忠高. 一种蜂蜜浓缩设备.（专利号：ZL2016 0010047. 0）

[63] 石巍，丁桂玲，刘之光，吕丽萍. 一种蜂王捕捉器.（专利号：ZL201120324998. 2）.

[64] 石巍，吕丽萍，丁桂玲，刘之光. 一种蜂王人工授精仪.（专利号：ZL201120324990. 6）.

[65] 宋心仿，李宜森，等. 免开箱平式取浆器.（专利号：ZL201721483308. 1）.

[66] 苏松坤等. 一种抗螨育种蜂箱.（专利号：ZL200920200393. 5）.

[67] 苏晓玲，华启云，刘新华，等. 一种用于桶养中蜂割蜜的工具.（专利号：201620083163. 5）.

[68] 孙丽萍，张智武，田文礼. 具有生物活性的水溶性蜂胶提取物和浅色蜂胶提取物.（专利号：ZL 2007101111891）.

[69] 滕跃中，郭成俊，张映升. 一种蜜蜂授粉巢门带粉器.（专利号：ZL2012205598499）.

[70] 田清伟，刘进祖，吴忠高. 高效花粉筛选机.（专利号：ZL201620004641）.

[71] 王华堂，赵红霞，黄文忠，等. 一种适用于长时间运输的蜂王运输盒子.（专利号：ZL201721713014. 3）.

[72] 王桂芝，娄德龙，等. 一种防鼠蜂箱专利.（专利号：ZL201620619291. 7）.

[73] 王桂芝，娄德龙，等. 一种通风防盗蜂的蜂箱底座.（专利号：ZL201720316302. 9）.

[74] 王桂芝，娄德龙，等. 一种高密度泡沫交尾蜂箱.（专利号：ZL201720212930. 2）.

[75] 王桂芝，娄德龙，等. 一种防伪邮寄王笼.（专利号：201720316304. 8）.

[76] 汪平凯，刘进祖，吴忠高. 带有弹性推进装置的蜂蜜过滤装置.（专利号：ZL 201620010050. 2）.

[77] 王星，刘进祖，王有君. 一种巢框.（专利号：ZL201621356644. 5）.

[78] 王秀红，徐书法，高凌宇，等. 蜂箱搬运装置.（专利号：ZL 201721020729. 0）.

[79] 王秀红，徐书法，高凌宇，等. 防止盗蜂的装置.（专利号：ZL 201721013503. 8）.

[80] 王秀红，徐书法，罗兵，等.蜂箱.(专利号：ZL 201721006674.8).
[81] 王秀红，徐书法，罗兵.蜂蜜压榨机.(专利号：ZL201720265346.3).
[82] 王秀红，徐书法，武江利，等.蜂箱防水保温装置.(专利号：ZL 201721020008.X).
[83] 王秀红，徐书法.巢础框架.(专利号：ZL 201720655259.9).
[84] 王秀红，徐书法.抽拉式蜂箱.(专利号：ZL 201720655255.0).
[85] 王秀红，徐书法.分体设置的蜂箱.(专利号：ZL 201720656525.X).
[86] 王艳辉.一种批量饲养蜂王或固定日龄工蜂的装置.(专利号：ZL 201420057355.X).
[87] 吴黎明，薛晓锋，陈芳，张中印.一种胡蜂诱捕器.(专利号：ZL 201420054610.5).
[88] 吴艳艳，周婷.一种快速测定蜜蜂爬行能力的便携式环保型装置.(专利号：CN201310410631).
[89] 吴小波，张飞，曾志将，等.蜜蜂仿生免移虫育王生产器.(专利号：ZL. 201220696265.6).
[90] 吴小波，曾志将，颜伟玉，等.蜜蜂仿生免移虫蜂王浆一体化生产装置.(专利号：ZL 201520820791).
[91] 吴忠高，刘进祖，刘进.多层蜂蜜过滤装置.(专利号：ZL2016 0004643.8).
[92] 吴忠高，刘进祖，吕传军.一种带温度警示的卧室搅拌锅.(专利号：ZL201620004642.3).
[93] 吴忠高，刘进祖，刘进.一种高精度的卧室搅拌锅.(专利号：ZL201620005643.X).
[94] 吴忠高，刘进祖，杨丽鹤.一种巢蜜生产装置（专利号：ZL201621355730.4).
[95] 武江利，王秀红，罗兵，等.蜂箱降温装置.(专利号：ZL 201721006722.3).
[96] 武文卿，郭媛，马卫华，等.设施作物蜜蜂授粉蜂箱专用蜂车.(专利号：ZL201720391141.X).
[97] 武文卿，付宝春，王和平，等.蜜蜂巢门活动观察收集器（专利号：ZL201721211328.3).
[98] 席芳贵.一种高效蜂王浆生产提取装置.(专利号：ZL201720968700.9).

[99] 徐书法，罗兵．防盗蜂巢门装置．(专利号：ZL 201720655218. X)．
[100] 徐书法，罗兵．用于蜂群防蚂蚁的装置．(专利号：ZL 201720656526. 4)．
[101] 徐书法，王秀红，罗兵．可分离的蜂箱．(专利号：ZL 201720265425. 4)．
[102] 徐书法，王秀红，罗兵．蜜蜂轨迹捕捉系统．(专利号：ZL 201721018021. 1)．
[103] 徐书法，王秀红．分体可组合式蜂箱．(专利号：ZL 201720656104. 7)．
[104] 徐祖荫，和绍禹，杨志银．改良式巢虫阻隔器．(专利号：ZL201220494080. 7)．
[105] 胥保华，王会明．康明江轴针式自控蜜蜂饲喂器．(专利号：ZL 201020665212. 9)．
[106] 胥保华，陈宜斗，王颖，等．一种中华蜜蜂定地饲养蜂箱．(专利号：ZL201420503642. 9)．
[107] 胥保华，吴福明，王颖，等．一种箱底自控式蜜蜂饲喂器．(专利号：ZL201420502278. 4)．
[108] 胥保华，吴福明，王颖，等．一种可调式蜜蜂饲料饲喂器．(专利号：ZL201420503138. 9)．
[109] 胥保华，王颖，马兰婷，等．一种蜜蜂室内饲养装置．(专利号：ZL 201420503643. 3)．
[110] 胥保华，陈宜斗，李有志，等．一种中华蜜蜂巢蜜生产框架．(专利号：ZL 201520702580. 9)．
[111] 胥保华，王颖，马兰婷，等．一种单箱体蜂群使用的蜜蜂饲喂装置．(专利号：ZL201520243589. 8)．
[112] 胥保华，赵晓冬，王颖，等．一种用于废旧蜂脾的绿色集约化处理装置．(专利号：ZL201721430044. 3)．
[113] 薛晓锋，吴黎明，赵柳微，等．一种蜂用药物的挥发装置．(专利号：ZL201620142540. 8)．
[114] 颜伟玉，吴小波，曾志将，等．中华蜜蜂免移虫人工育王生产器．(专利号：ZL 201420568779. 2)．
[115] 曾志将，吴小波，王子龙，等．蜜蜂仿生免移虫生产器．(专利号：ZL 201120467304. 0U)．
[116] 曾志将，潘其忠，林金龙，等．天然蜂粮一体化生产装置．(专利号：ZL 201420569516. 3)．

[117] 赵东绪，华启云，钱锦辉，等.一种用于蜂群转运的巢框固定装置.（专利号：CN206238095U）.
[118] 赵东绪，华启云，苏晓玲，方金宝，等.一种控制中华蜜蜂自然分蜂的组合箱体.（专利号：ZL201720750004.5）.
[119] 赵亚周，彭文君，韩胜明.一种活体蜜蜂采集装置.（专利号：ZL201720406442.5）.
[120] 赵亚周，彭文君，田文礼，等.一种蜜蜂的离群饲养笼.（专利号：ZL201720406440.6）.
[121] 赵亚周，彭文君，田文礼，等.一种蜜蜂的离群饲养装置.（专利号：ZL201720406439.3）.
[122] 赵岳鹏，刘进祖，刘进.一种蜂蜜浓缩罐.（专利号：ZL201620010048.5）.
[123] 张串联.一种蜂蜜脱蜜装置.（专利号：ZL201720968037.2）.
[124] 张大利.蜜蜂饲喂盒.（专利号：ZL201420799799.0）.
[125] 张大利.续接三层仿生中蜂蜂箱.（专利号：ZL201420651934.7）.
[126] 张学文.一种用于凹纹胡峰单母建群的专用饲养蜂箱.（专利号：ZL201721412816.0）.
[127] 张永贵，刘进祖，吴忠高.胶囊计数装置.（专利号：ZL201620005866.6）.
[128] 张云毅，付宝春，郭媛，等.蜜蜂携粉器.（专利号：ZL201220098234.0）.
[129] 郑燕珍，郭睿，陈大福，等.一种可溯源弦式摇蜜机.（专利号：ZL201720350997.2）.
[130] 郑永春，和绍禹，赵扬帆，等.一种电动摇蜜机.（专利号：ZL201220336913.7）.
[131] 郑永春，和绍禹，郑玉莉，等.一种多功能电气控制装置.（专利号：ZL201220336928.3）.
[132] 郑永春，和绍禹，李建科，等.一种扇形斜卧式电动摇蜜机.（专利号：ZL201320011437.6）.
[133] 郑永春，和绍禹，梁昭，等.一种多动力源摇蜜机.（专利号：ZL201520384376.7）.
[134] 郑永春，和绍禹，张永磊，等.一种蜜盖电动切割机.（专利号：ZL201620214147.5）.

[ 135 ] 郑永惠，郭成俊，雷红婴，等 . 一种快速上础塑料巢框及该塑料巢框的生产方法 .( 专利号: CN107969356A ) .

[ 136 ] 周冰峰 . 蜜蜂巢脾贮存室 .( 专利号: CN201320715158. 8 ) .

[ 137 ] 褚亮军，刘进祖，吴忠高 . 搅拌夹层蒸汽锅 .( 专利号: ZL201620010062. 5 ) .

## 第六节　专　著

[ 1 ] 陈大福，吴忠高 .《蜜蜂病敌害防治指南》. 中国农业科学技术出版社 . 2014. ( ISBN：9787511614513 ) .

[ 2 ] 陈东海，薛运波，等 .《科学养蜂与蜂病防治 400 问》. 吉林出版集团有限责任公司 . 2008.( ISBN：978-7-80762-239-0 ) .

[ 3 ] 陈世壁，刘进祖，杜宏业 .《程序化养蜂法》. 中国农业出版社，2010.( ISBN：9787109145337 ) .

[ 4 ] 董霞 .《蜜粉源植物学》. 中国农业出版社 . 2010.( ISBN：9787109136519 ) .

[ 5 ] 方小明 .《蜂胶与人类健康》. 中国农业出版社，2018.( ISBN：9787109227026 ) .

[ 6 ] 房宇，等 .《蜜蜂高效养殖技术》. 中原农民出版社，2018.( ISBN：978-7-5542-1988-1 ) .

[ 7 ] 房宇，等 .《蜜蜂病虫敌害防控技术》. 中原农民出版社，2018 ( ISBN：978-7-5542-1990-4 ) .

[ 8 ] 冯毛，等 .《中国蜜蜂种质资源》. 中原农民出版社，2018.( ISBN：978-7-5542-1997-3 ) .

[ 9 ] 高景林，林日简，等 .《实用养蜂技术》. 海南出版社 . 2014 .( ISBN：9787544340007 ) .

[ 10 ] 葛凤晨，陈东海，等 .《蜂场产品与生产初加工》. 吉林科学技术出版社 . 2008. ( ISBN：978-7-80762-258-1 ) .

[ 11 ] 葛凤晨，曲庆学，等 .《养蜂技术》. 吉林科学技术出版社 . 2009.( ISBN：978-7-80762-633-6 ) .

[ 12 ] 韩宾，等 .《蜜蜂文化》. 中原农民出版社，2018 ( ISBN：978-7-5542-1496-7 ) .

[13] 韩宾，等.《蜂蜜》. 中原农民出版社，2018(ISBN：978-7-5542-1489-3).
[14] 韩胜明，石艳丽.《蜂花粉与人类健康》. 中国农业出版社，2018.(ISBN：9787109227019).
[15] 胡菡，等.《蜂花粉》. 中原农民出版社，2018.(ISBN：978-7-5542-1487-9).
[16] 姜风涛，秦浩然，娄德龙，等.《实用蜂业管理规范》. 山东科学技术出版社. 2013.(ISBN：9787533168278).
[17] 姜风涛，王桂芝，娄德龙，等.《蜜蜂养殖主推技术》. 山东科学技术出版社. 2015.(ISBN：9787533176678).
[18] 姜风涛，刘新迎，娄德龙，等.《蜂产业管理与技术创新应用手册》. 山东科学技术出版社. 2018.(ISBN：9787533194444).
[19] 匡海鸥.《喜马拉雅蜂的故事》. 上海锦绣文章出版社. 2016.(ISBN：9787545217971).
[20] 匡海鸥，张学军.《维西县中华蜜蜂活框养殖技术》. 云南科技出版社. 2016.(ISBN：9787558701290).
[21] 李建科，等.《蜜蜂蛋白组学研究》. 中国农业出版社，2016(ISBN：978-7-109-22182-6).
[22] 李建科，等.《蜂王浆》. 中原农民出版社，2018(ISBN：978-7-5542-1490-9).
[23] 李建科，等.《蜜蜂生物学》. 中原农民出版社，2018(ISBN：978-7-5542-1905-8).
[24] 李建科，等.《机械化养蜂技术》. 中原农民出版社，2018(ISBN：978-7-5542-1296-7).
[25] 李继莲.《蜜蜂健康养殖图解》. 化学工业出版社. 2016 年出版.(ISBN：978-7-122-26185-4).
[26] 李继莲，郭军，等.《蜜蜂养殖实用技术》. 化学工业出版社. 2018 年.(ISBN：978-7-122-31712-4).
[27] 李继莲，郭军等.《蜂产品加工与应用》. 化学工业出版社. 2018 年.(ISBN：978-7-122-30992-1).
[28] 梁勤.《蜂病防控技术问答》. 金盾出版社. 2013.(ISBN：9787508282510).
[29] 梁勤.《中蜂科学饲养技术》. 金盾出版社. 2008.(ISBN：9787508254258).

［30］刘进祖，杜宏业.《科学养蜂实用技术指南》. 北京出版社，2009.（ISBN：9787200078091）.
［31］刘进祖.《健康长寿因子——蜂产品消费600问》. 中国传媒大学出版社，2012.（ISBN：9787565705724）.
［32］刘意秋.《中蜂科学饲养技术——过箱图解》. 云南科技出版社. 2010.（ISBN：9787541639586）.
［33］罗术东.《蜜蜂授粉与蜜粉源植物》. 中国农业科学技术出版社. 2014.（ISBN：9787511614520）.
［34］罗术东，吴杰.《主要有毒蜜粉源植物识别与分布》. 化学工业出版社. 2018.（ISBN：9781122313614）.
［35］孟丽峰，等.《蜂产品知识百问百答》. 中原农民出版社，2018（ISBN：978-7-5542-1467-1）.
［36］彭文君.《蜜蜂饲养与病敌害防治（第2版）》. 中国农业出版社，2014.（ISBN：9787109181588）.
［37］彭文君.《蜜蜂文化与人类健康》. 中国农业出版社，2014.（ISBN：9787109188372）.
［38］彭文君，张红城.《蜂产品理论与应用研究进展》. 中国农业出版社，2016.（ISBN：9787109211506）.
［39］邵有全，祁海萍.《果蔬昆虫授粉增产技术》. 金盾出版社. 2010.（ISBN 978-7-5082-6225-3）.
［40］宋心仿.《科学养蜂技术手册》. 金盾出版社. 2017.（ISBN：9787518605408）.
［41］田文礼.《蜂王浆与人类健康》. 中国农业出版社，2018.（ISBN：9787109227040）.
［42］王安，彭文君.《生态养蜂》. 中国农业出版社，2011.（ISBN：9787109150041）.
［43］吴帆，等.《蜂产品加工技术》. 中原农民出版社，2018（ISBN：978-7-5542-1991-1）.
［44］吴杰，刁青云.《中国蜂业可持续发展战略研究》. 中国农业出版社，2010.（ISBN：978-7-109-14907-6）.
［45］葛凤晨，石巍，等.《中国畜禽遗传资源志·蜜蜂志》. 中国农业出版社.

2011.（ISBN：9787109152120）.
[46] 吴杰，邵有全.《奇妙高效的农作物增产技术——蜜蜂授粉》. 中国农业出版社. 2011.（ISBN：978-7-109-15498-8）.
[47] 吴杰，刁青云.《蜂业救灾应急实用技术手册》. 中国农业出版社，2011.（ISBN：978-7-109-15250-2）.
[48] 吴杰.《蜜蜂学》. 中国农业出版社. 2012.（ISBN：978-7-109-16135-1）.
[49] 吴杰，刁青云.《中国蜂业科技创新战略研究》. 中国农业出版社. 2013.（ISBN：978-7-109-17687-4）.
[50] 吴杰，刁青云.《养蜂业“十三五”规划战略研究》. 中国农业出版社. 2015.（ISBN：978-7-109-21013-4）.
[51] 吴杰.《中国现代蜂产业可持续发展战略研究》. 中国农业出版社. 2016.（ISBN：978-7-109-22083-6）.
[52] 吴杰，李继莲，等.《熊蜂生物学研究》. 化学工业出版社. 2017 年.（ISBN：978-7-122-30018-8）.
[53] 薛运波，李志勇，等.《蜜蜂人工授精技术》. 中国农业出版社. 2016.（ISBN：978-7-109-21460-6）.
[54] 曾志将，等.《蜂王浆机械化生产技术》. 中国农业出版社，2013（ISBN：987-7-109-18428-2）.
[55] 曾志将，等.《蜜蜂生物学理论中若干问题研究》. 科学出版社，2015（ISBN：978-7-03-043075-5）.
[56] 张兰，等.《蜂疗》. 中原农民出版社，2018（ISBN：978-7-5542-1488-6）.
[57] 张中印，郭媛，等.《高效养蜂》. 机械工业出版社. 2014.（ISBN：978-7-111-44796-2）.
[58] 张中印，陈大福，杨萌，等.《高效养蜂技术有问必答》. 中国农业出版社. 2017.（ISBN：9787109220881）.
[59] 张旭凤，等.《蜜蜂高效授粉技术》. 中原农民出版社，2018（ISBN：978-7-5542-1989-8）.
[60] 赵中华，黄家兴，张礼生.《蜜蜂授粉和绿色防控技术集成理论与实践》. 中国农业出版社. 2016 年.（ISBN：978-7-109-22170-3）.

[61] 周冰峰，朱翔杰，徐新建，周姝婧.《蜜蜂安全生产技术指南》. 中国农业出版社. 2012（ISBN：7109—16712—4/S·894. 1-62）.

[62] 周冰峰，曾志将，李建科，等.《专家与成功养殖者共谈——现代高效蜜蜂养殖实战方案》. 金盾出版社. 2015.（ISBN：9787518605019）.

[63] 周丹银，张炫.《云南中蜂科学饲养技术手册》. 云南科技出版社. 2015.（ISBN：9787541689239）.

[64] 周丹银.《云南中蜂科学饲养技术手册》. 云南科技出版社. 2008.（ISBN：9787541628160）.

[65] 周丹银.《中蜂科学饲养技术手册》. 云南科技出版社. 2009.（ISBN：9787541629976）.

[66] 周婷，王星，罗其花.《中国蜜蜂主要寄生螨》. 中国农业科学技术出版社. 2015.（ISBN：9787511619945）.

[67] 周婷.《蜜蜂医学概论》. 中国农业科学技术出版社. 2014.（ISBN：9787511614131）.

## 第七节　软件著作

[1] 安徽农业大学. 蜂产品加工企业资源管理与溯源系统[简称：蜂产品加工企业管理系统] V1.0（软著登字第02540203号）.

[2] 安徽农业大学. 国家蜂产业技术体系蜜蜂病虫害基础信息调查软件[简称：蜜蜂病虫害监测系统] V1.0（软著登字第0504958号）.

[3] 安徽农业大学. 蜜蜂病虫害监测风险评估预警系统软件[简称：蜜蜂病虫害预警软件] V1.0（软著登字第0417976号）.

[4] 安徽农业大学. 蜜蜂病虫害适生区软件V1.0（软著登字第0621107号）.

[5] 安徽农业大学. 国家蜂产业技术体系蜜蜂病虫害查询系统[简称：蜜蜂病虫害查询系统] V1.0（软著登字第0815866号）.

[6] 安徽农业大学. 国家蜂产业技术体系蜜蜂病害（囊状幼虫病）指标体系风险预测系统[简称：蜜蜂病害（囊状幼虫病）指标体系风险预测系统] V1.0（软著登字第0815711号）.

[7] 安徽农业大学 . 蜂巢视频监测系统 [ 简称：蜂巢视频监测 ] V1.0（软著登字第 0941168 号）.

[8] 安徽农业大学 . 国家蜂产业技术体系蜜蜂虫害（蜂螨）风险图谱预警系统软件 [ 简称：蜜蜂虫害（蜂螨）风险图谱预警系统 ] V1.0（软著登字第 0967109 号）.

[9] 安徽农业大学 . 国家蜂产业技术体系蜜蜂病害（白垩病）指标征集系统 [ 简称：蜜蜂病害（白垩病）指标征集系统 ] V1.0（软著登字第 0957116 号）.

[10] 安徽农业大学 . 国家蜂产业技术体系蜜蜂虫害（蜂螨）适生区风险预测系统 [ 简称：蜜蜂虫害（蜂螨）适生区风险预测系统 ] V1.0（软著登字第 0941174 号）.

[11] 安徽农业大学 . 蜂产业技术体系蜜蜂病虫害监测风险评估预警系统 [ 简称：蜜蜂病虫害风险评估系统 ] V1.0（软著登字第 1443789 号）.

[12] 安徽农业大学 . 蜂产业技术体系蜜蜂病虫害监测风险评估预警系统新闻展示软件（安卓版）[ 简称：蜜蜂病虫害监测风险评估预警系统（安卓版）] V1.0（软著登字第 151768 号）.

[13] 安徽农业大学 . 蜂产业技术体系蜜蜂资料在线共享软件 [ 简称：蜜蜂资料在线共享软件 ] V1.0（软著登字第 1551120 号）.

[14] 重庆师范大学 . 蜂易通智能蜂场管理 iOS 平台 [ 简称：蜂易通 ]V1.0（软著登字第 2310269 号）.

[15] 重庆师范大学 . 蜂易通智能蜂场大数据看板软件 [ 简称：蜂易通大数据看板 ] V1.0（软著登字第 2463733 号）.

[16] 金华市农业科学研究院，中国计量大学 . 基于微信公众平台的绿蜂商业授粉服务平台软件 [ 简称：绿蜂授粉服务平台软件 ]V1.0（软著登字第 250893 号）.

[17] 云南农业大学 . 蜂巢温湿度采集系统 V1.0（软著登字第 2497345 号）.

[18] 云南农业大学 . 蜂巢数据采集器软件 V1.0（软著登字第 2485840 号）.

[19] 中国农业科学院蜜蜂研究所 . 蜜蜂授粉服务软件（ANDROID 版）.（软著登字第 2191107 号）.

[20] 中国农业科学院蜜蜂研究所 . 蜜蜂授粉服务 –iSO 软件 .（软著登字第 2053073 号）.

[21] 中国农业科学院蜜蜂研究所 . 蜜蜂授粉服务软件（SERVER 版）.（ 软著登字

第 2200566 号）.

[22] 中国农业科学院蜜蜂研究所 . 蜜蜂种质资源开发与利用系统 V1.0（软著登字第 2013SR027907 号）.

[23] 中国农业科学院蜜蜂研究所 . 基于蜜蜂重复序列组成的序列比对统计及文库评估软件 [AM-MSLE] V1.0（软著登字第 2014SR079228 号）.

[24] 中国农业科学院蜜蜂研究所 . iOS 平台蜜蜂种质资源开发与利用系统（软著登字第 2015SR184966 号）.

[25] 中国农业科学院蜜蜂研究所 . Android 平台蜜蜂种质资源开发与利用系统（软著登字第 2015SR184971 号）.

[26] 中国农业科学院蜜蜂研究所 . 蜜蜂蜂群消减数据分析与评估系统（软著登字第 1179087 号）.

[27] 中国农业科学院蜜蜂研究所 . 蜜蜂全基因组测序深度分析软件 [简称：AM-RDS] V1.0（软著登字第 1178860 号）.

[28] 中国农业科学院蜜蜂研究所 . 蜜蜂资源数据标准化系统（软著登字第 1179473 号）.

[29] 中国农业科学院蜜蜂研究所 . 蜜蜂数据采集系统辅助软件（软著登字第 1436409 号）.

[30] 中国农业科学院蜜蜂研究所 . 蜜蜂数据采集系统（软著登字第 1436442 号）.

[31] 中国农业科学院蜜蜂研究所 . 基于 DNA 条码的可容错序列分拣软件 [简称：Barcode Pic] V1.0（软著登字第 1436415 号）.

[32] 中国农业科学院蜜蜂研究所 . DNA 特征序列提取软件 V1.0（软著登字第 2215197 号）.

[33] 中国农业科学院蜜蜂研究所 . 等位基因频谱（SFS）计算软件 [简称：SFScalc] V1.0（软著登字第 2215195 号）.

[34] 中国农业科学院蜜蜂研究所 . 动物群体特异性选择信号检测分析系统 V1.0（软著登字第 2215196 号）.

[35] 中国农业科学院蜜蜂研究所 . 中国蜜粉源植物信息导航系 V2.0（软著登字第 0567468 号）.

[36] 中国农业科学院蜜蜂研究所 . 载体连接体系计算软件（软著登字第 2187123 号）.

[37] 中国农业科学院蜜蜂研究所. LB 培养基配方计算器（软著登字第 2187122 号）.
[38] 中国农业科学院蜜蜂研究所. 快速 SDS-PAGE 凝胶计算器（软著登字第 2187121 号）.
[39] 中国农业科学院蜜蜂研究所. ACB 饲料计算器（软著登字第 2187120 号）.
[40] 中国农业科学院蜜蜂研究所. His-tagged 蛋白纯化计算器（软著登字第 2199179 号）.
[41] 中国农业科学院蜜蜂研究所. SCP 测定软件（软著登字第 2199172 号）.
[42] 中国农业科学院蜜蜂研究所. 缓冲液配制计算器（软著登字第 2199166 号）.
[43] 中国农业科学院蜜蜂研究所. 可溶性分析试验辅助计算器（软著登字第 2201508 号）.
[44] 中国农业科学院蜜蜂研究所. 快速考染试剂配制计算器（软著登字第 2201390 号）.
[45] 中国农业科学院蜜蜂研究所. qPCR 反应计算器（软著登字第 2201386 号）.
[46] 中国农业科学院蜜蜂研究所. SDS-PAGE 凝胶配制计算器（软著登字第 2201309 号）.
[47] 中国农业科学院蜜蜂研究所. 蜜蜂访花视频自动检测提取软件（软著登字第 2131304 号）.
[48] 中国农业科学院蜜蜂研究所. 昆虫访花视频人工标注软件（软著登字第 2211054 号）.
[49] 中国农业科学院蜜蜂研究所. 基于 PDA 蜂场管理系统（软著登字第 0505480 号）.
[50] 中国农业科学院蜜蜂研究所. 蜂蜜同位素和矿物元素数据库管理系统（软著登字第 2030621 号）.
[51] 中国农业科学院蜜蜂研究所. 蜂蜜抗菌药物残留数据库管理系统（软著登字第 1874655 号）.
[52] 中国农业科学院蜜蜂研究所. 蜜蜂产品光谱数据库管理系统（软著登字第 1781526 号）.

# 第六章

# 图片集锦

图 6-1 “优质蜂产品安全生产加工与质量控制技术”获得 2017 年度国家技术发明奖二等奖。成果应用覆盖 22 个省市的 1 100 余家养殖、加工、流通和监管单位，近三年，新增经济效益 28.05 亿元。图为第一完成人药物残留监控岗位科学家吴黎明研究员；第二完成人产品加工岗位科学家彭文君研究员及第三完成人营养品质评价岗位科学家胡福良教授在网络答辩现场

图 6-2　全国蜜蜂遗传改良计划方案起草工作会议在苏州召开。全国畜牧总站牧业发展处杨红杰处长、中国农业科学院蜜蜂所谢双红书记和种质资源评价岗位科学家石巍研究员以及各省养蜂管理站、蜂学专家参加了本次会议

图 6-3　2017 年 11 月 22 日，种质资源评价岗位科学家石巍研究员团队主导发现的'西域黑蜂'遗传资源通过国家畜禽遗传资源委员会鉴定，是我国首个通过国家审定的蜜蜂遗传资源。图为现代蜂产业技术体系专家在西域黑蜂遗传资源保护区

图 6-4 经过 2010 年到 2015 年 5 年的研究，梨树蜜蜂授粉技术解决了低温限制、授粉树配置、最佳授粉蜂数量、蜂群摆放等多项技术难题，已经获得运城地区梨农的认可，图片为租赁的蜂群刚刚到达运城，岗位科学家邵有全研究员为等待蜂群进入自家梨园的农民讲解授粉知识

图 6-5 蜂体系通过跨体系合作与苹果、梨、桃、西甜瓜、油菜、牧草、特色油料、龙眼、荔枝等体系开展合作。蜂体系与西甜瓜体系的合作早在 2012 年就已经开始，经过 5 年合作已见成效，蜜蜂为西甜瓜授粉可以显著提升品质，降低农民生产成本，获得瓜农很大认可。图为 2017 年 10 月在广西北海两个体系合作举办了西甜瓜蜜蜂授粉现场观摩会及交流会

图 6-6　首席科学家吴杰研究员以及部分岗位科学家、综合试验站站长在武汉综合试验站站长朱黎的陪同下考察湖北省神农架林区的中蜂资源情况

图 6-7　首席科学家吴杰研究员及部分岗位科学家在广州综合试验站站长赵红霞的陪同下考察中蜂标准化生产示范基地

图 6-8 优良蜂种对于改良蜂群血统结构、提高蜂产品产量意义重大。为研究在不同蜜源、气候条件下蜂种的生物学特性和生产性能，国家蜂产业技术体系岗位科学家薛运波研究员的团队不断创新研究手段，将实验室建在野外，针对选育测试中发现的问题及时解剖、观察、收集样品，对加快选育进度、提前中试发挥了重要作用

图 6-9 育种技术与方法岗位科学家苏松坤教授指导博士留学生 Rizwam，开展蜜蜂蜂王浆高产性状分子基础研究，筛选相关的 SNP 分子标志

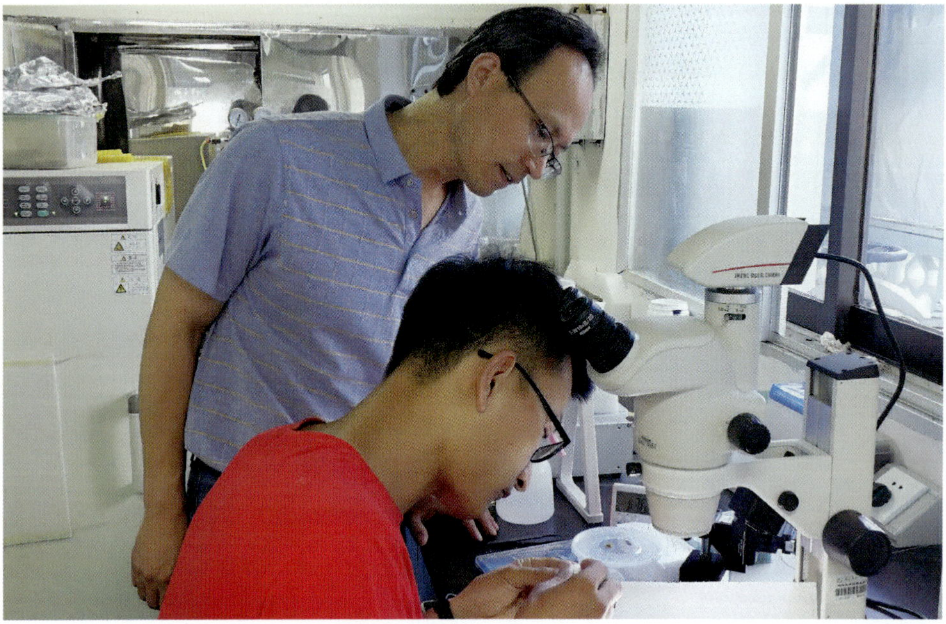

图 6-10　育种技术与方法岗位科学家苏松坤教授指导研究生耿海洋（现在法国图卢兹第三大学攻读博士），开展蜜蜂基因组编辑平台及基因功能研究，研发蜜蜂分子育种及种质创新技术

图 6-11　2018 年 8 月，海南省发现蜜蜂蜂房小甲虫，国家蜂产业技术体系海口综合试验站联合海南省多个部门在海南白沙举办了蜜蜂蜂房小甲虫防控技术培训班，寄生虫病防控岗位科学家徐书法研究员为参会人员讲解了蜂房小甲虫的防控技术要点。这次培训会议，为全面防控蜜蜂蜂房小甲虫的扩散和传播起到了关键作用

图 6-12 蜂螨在侵染蜜蜂的同时会传播病毒，以往的取样都是在蜂场开放的条件下进行，方法较为粗糙。后来通过摸索实验条件，终于改进了方法。寄生虫病防控岗位科学家徐书法研究员与团队成员在超净工作台下收集样品

图 6-13 天水综合试验站站长祁文忠高级农艺师陪同首席科学家吴杰研究员、岗位科学家周冰峰教授调研天水综合试验站甘肃徽县示范县中华蜜蜂规模化示范蜂场。该蜂场率先集成中华蜜蜂继箱饲养技术，将蜂箱内贮蜜区和育子区分开，生产出高品质蜂蜜

图 6-14　岗位科学家周冰峰教授在吉林综合试验站长白山中华蜜蜂规模化示范蜂场调研，与示范蜂场负责人杨明福深入交流规模化技术模式。深入示范蜂场，与示范蜂场详细了解技术的集成中综合试验站和示范蜂场取得的进展、遇到的问题，研讨问题的解决办法

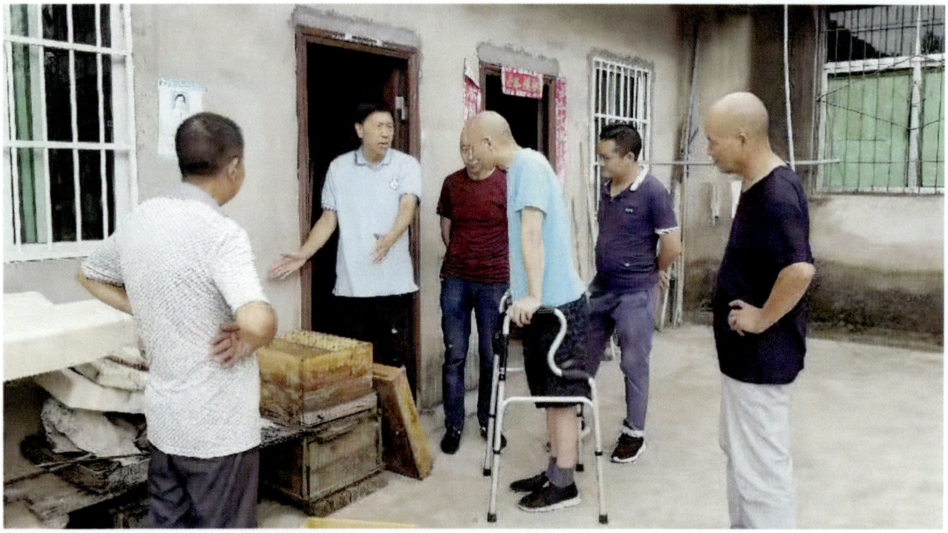

图 6-15　岗位科学家陈大福副教授团队组织策划，将精准扶贫工作依托于武平县养蜂协会、武平县梁野仙养蜂专业合作社和石燎阁蜂业公司具体实施。初步形成了“合作社 + 公司 + 基地 + 农户”的模式。在做强做大养蜂产业的同时，帮助残疾人和贫困户加入养蜂行业，有效促进残疾人、贫困户脱贫致富。图为团队成员梁勤教授深入残疾蜂农家中提供蜂病防控技术服务

图 6-16 蜂胶的质量控制是蜂胶加工企业最为关注的技术关键。营养品质评价岗位科学家胡福良教授团队创立了基于水杨苷和邻苯二酚的蜂胶与杨树胶鉴别方法，解决了困扰蜂胶行业十多年的技术难题。图为胡福良教授深入企业讲解如何做好蜂胶的质量控制

图 6-17 浙江省丽水市是欠发达山区，该市从 2016 年开始实施“十箱万元助低收入农户增收项目”，成为养蜂精准扶贫的典型。作为丽水市畜牧产业的首席专家，营养品质评价岗位科学家胡福良教授（右二）经常深入丽水山区，指导蜂农生产优质蜂产品

图 6-18　2009 年体系成立初，在安徽养蜂大县绩溪开展第一场蜂产品质量安全培训，体系岗位科学家余林生教授、苏松坤教授、吴黎明研究员及扬州综合试验站站长吉挺教授等参加培训授课，绩溪县委、县政府高度重视，参加培训人数多，培训效果好

图 6-19　为推动云南高寒山区藏民脱贫，2018 年 7 月 28—29 日“蜂箱与蜂巢”岗位专家董坤教授应邀参加“德钦县羊拉乡养蜂技术培训班”，其间走访了甲功村委会，了解当地中蜂饲养方式、饲养规模和养蜂经济收入，并为学员授课

图 6-20　2018 年 10 月 8 日，体系岗位科学家余林生教授、徐书法研究员、郑火青副教授、高景林站长、胡军军站长等到海南开展国内首次蜜蜂检疫与蜂巢小甲虫防控技术培训，专程到海南省琼中县长征镇什仍村智慧蜂场调研，因养蜂特色该村获 2018 年全国 100 名特色村镇（海南省唯一）

图 6-21　国家蜂产业技术体系是农业部第二批启动建设的现代农业产业技术体系。体系成立之初，岗位专家团队工作如何与地方蜂产业发展相衔接，对接机制还不是十分清晰。2009 年 5 月 10 日，召开了现代蜂产业技术体系建设山东工作会议，讨论了产业技术体系与山东蜂产业发展的结合机制问题

图 6-22　城乡接合部和小城镇里能不能养蜂？很多人认为，城乡接合部和小城镇里养蜂对居民不安全，蜜蜂容易蜇人，蜜源也不丰富，养蜂收益不高。为此，2010 年 5 月 3 日，国家蜂产业技术体系岗位专家胥保华教授专程赴山东省肥城市郊区，调研指导城乡接合部和小城镇养蜂对附近居民的安全问题、收益问题和养蜂注意事项

图 6-23　产品质量安全监控岗位科学家李熠研究员及团队成员在收购环节进行溯源系统实验

图 6-24　2018 年 4 月 28 日，国家现代蜂产业技术体系西方蜜蜂饲养管理岗位和南昌综合试验站在江西省九江市永修县召开了关于“免移虫产浆与育王技术”的现场示范培训会。图为首席科学家吴杰研究员（右二）、岗位科学家曾志将教授（右三）和薛运波研究员（右一）查看蜜蜂免移虫育王效果

图 6-25　2018 年山东省新型蜂农（日照）蜂业关键技术培训班上，生物活性物质利用岗位科学家董捷研究员讲座题目：“观蜜蜂而知蜂蜜妙用——中医古籍中的蜂蜜”“蜂王浆的品质与生产加工的关系”

图 6-26　2018 年 7 月 26 日深夜，中华蜜蜂品种保护与改良岗位许金山教授团队成功拍摄到黑熊闯入蜂场偷食蜂蜜、蜂群的视频。这是重庆大巴山区首次完整记录野生黑熊偷食蜂蜜的视频。为此，中央电视台新闻频道、中文国际频道、重庆电视台等主流媒体相继给予了报道

图 6-27　利用“三系”（不育系、保持系、恢复系）生产大豆杂交种的过程中，不育系繁育和杂交种制种必须借助人工授粉或昆虫传粉才能结实。图为网室大豆不育系繁育蜜蜂授粉试验，对人工授粉和蜜蜂授粉选取的大豆父本和母本的开花节点情况进行查看

图 6-28　岗位专家缪晓青教授在第十五届福建国际英语科普夏令营作题为我国蜂疗学发展与展望的学术报告，此夏令营每年组织一次，已经延续了 15 年

图 6-29　岗位科学家缪晓青教授对国际高级访问团成员进行短期技术培训与科普。受国家外交部与国际粮农组织等的委托，每年约有十多个第三世界国家不同形式高级学员，如拉美、加勒比及南太地区经济体制改革研修班和拉美、加勒比及南太地区等学员团组来参观学习与培训（菌草与蜜蜂）

图 6-30　2018 年 10 月 13 日，病毒病防控岗位科学家郑火青副教授在泰顺县司前畲族镇徐宅村大礼堂给当地蜂农讲解中蜂病虫害防控技术

图 6-31　2015 年 7 月，北京综合试验站组织全市各区养蜂管理单位负责人合作社代表 20 多人开展蜂业拉链检查，考察走访了体系多个示范基地。本图是刘进祖站长组织大家在平谷区海鲸花养蜂专业合作社养蜂示范基地参观

图 6-32　2018 年 6 月，北京综合试验站站长刘进祖研究员接受中央电视台采访，宣传讲解蜜蜂、熊蜂为农作物授粉可大幅度提高农产品的产量和品质，且作为设施作物开展病虫害生物防治技术的重要辅助技术之一得到了广泛的应用。该节目在中央电视台经济频道和农业频道进行了播出

图 6-33　2017 年，国家蜂产业技术体系兴城综合试验站在辽宁建平县热水汤农场开展的向日葵蜜蜂授粉示范项目，共租用 200 群蜜蜂为 1 000 亩向日葵授粉。蜂群在 8 月 13 日进场，9 月 1 日出场

图 6-34　2018 年 4 月 13 日，国家蜂产业技术体系蜜蜂授粉岗位科学家郭媛教授（右二）来辽宁省建昌县鹦鹉山村梨树蜜蜂授粉示范基地考查

图 6-35　吉林综合试验站站长牛庆生研究员为西腰沟村贫困户详细讲解扣王技术。在养蜂科技扶贫工作中，牛庆生站长深入基层，孜孜不倦，坚信“授人以鱼，不如授人以渔”，手把手教授各项技术，功夫不负有心人，试验站扶持的养蜂户已经全部脱贫

图 6-36　江苏海门地区出现大面积蜜蜂死亡现象，扬州综合试验站站长吉挺教授第一时间赶到现场，通过对疾病蜂群行为观察、组织解剖等初步判断蜜蜂死亡原因，将样本液氮保存并带回实验室进行生理生化检测。及时提出治疗方案，最大限度地减少蜜蜂死亡造成的损失，保障服务地区内养蜂业的健康发展

图 6-37 扬州综合试验站担任着江苏省养蜂技术推广的任务。给全市 50 个规模以上草莓园进行现场技术讲解，教授蜂农如何训练蜜蜂定向给草莓授粉。下一步，用蜜蜂给果蔬定向授粉技术将推广至梨、猕猴桃、黄瓜、茄子等果蔬品种

图 6-38 2014 年 12 月 27 日，浙江省多个蜂场出现了蜜蜂大量死亡，金华站华启云站长协同岗位科学家胡福良教授、郑火青副教授和浙江省蜜蜂产业协会原副会长陈润龙高级畜牧师等专家紧急前往蜂场调查情况并取样

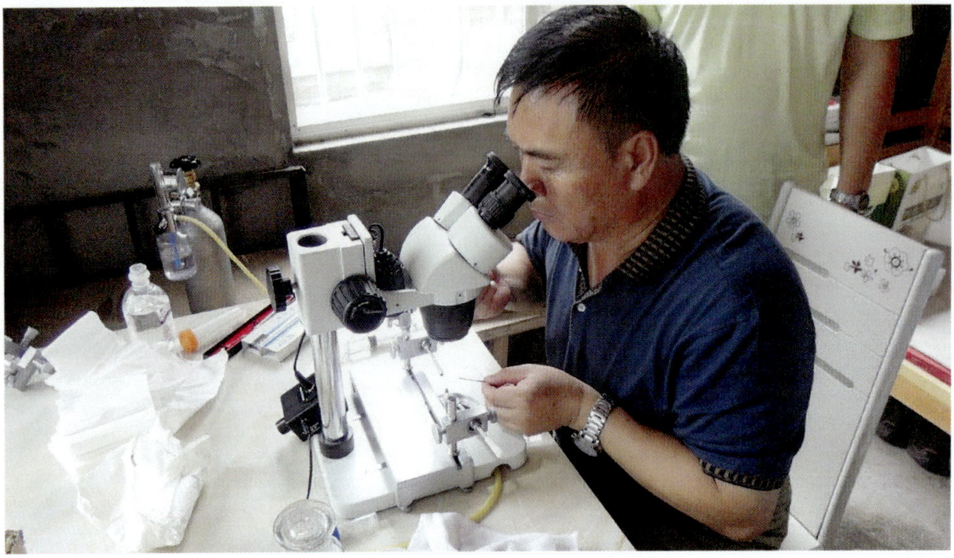

图 6-39　2015 年，发现沂源县淄博启源实验种蜂场有少数中华蜜蜂从蜂王到工蜂体色与其他蜂群有差异，无论是繁殖力还是维持群势上都优于其他蜂群，岗位科学家薛运波研究员不辞辛苦，先后 3 次来到沂源县进行人工授精选育，使得这种中华蜜蜂得以保留下来。图为体系岗位科学家薛运波研究员在进行中华蜜蜂人工授精

图 6-40　2016 年 3 月 11 日国家蜂产业技术体系武汉综合试验站与对接岗位科学家曾志将教授，在武汉市葆春蜂王浆有限责任公司对湖北省的免移虫产浆示范蜂场进行免移虫产浆器的使用培训

图 6-41　广州综合试验站站长赵红霞副研究员亲自到示范蜂场，现场开箱检查蜂群情况，定时采集蜜蜂回去检测病害感染情况，及其蜂蜜样品的常规检测和药物残留测定，指导蜂农进行蜂产品安全生产与销售；尽量帮助一线蜂农解决面临的问题

图 6-42　从 2014 年开始，蜂体系南宁站与西甜瓜体系南宁站联合开展南方主要果蔬设施作物蜜蜂授粉技术研究与示范推广工作，2015—2017 年，在全区累计采用蜜蜂授粉的设施西瓜、甜瓜有 8 万多亩。2017 年 10 月 21 日在北海召开了“万亩设施瓜果蜜蜂授粉现场观摩会暨技术交流研讨会”

图 6-43　南宁综合试验站重视示范蜂场建设，“十二五”“十三五”共建设 9 个示范蜂场，其中中蜂 6 个，意蜂 3 个，示范蜂场蜂群数、蜂蜜产量逐年增加，通过示范带动广大蜂农改变传统养殖模式，沿着规模化、健康高效养殖模式发展

图 6-44　2017 年 7 月 25 日至 28 日，由国家蜂产业技术体系海口综合试验站主办，琼中示范县承办的海南省第一期蜜蜂饲养工（初级）职业技能培训和鉴定活动在琼中黎族苗族自治县营根镇举行

图 6-45 2017 年 3 月 2 日，由海南省农业厅主办，昌江县人民政府、农业厅信息中心联合承办海南农业品牌推进年之——“山海黎乡纯美昌江”王品冰糖蜜瓜品牌推介会在昌江县国家蜂产业技术体系王品蜜瓜蜜蜂授粉技术推广示范基地成功举办

图 6-46 红河综合试验站原站长张学文副研究员对示范区建档立卡贫困户进行中蜂人工育王、病虫害防治等关键技术实作培训

图 6-47　冶连荣是固原综合试验站“十二五”培养、“十三五”建立的中蜂健康高效养殖技术示范蜂场负责人。目前饲养中蜂 260 群，年收入 20 万～30 万元；他组织成立的泾六盘蜂业合作社，目前参加社员 37 家，饲养蜜蜂 2 460 群，年生产收入 70 余万元

图 6-48　2017 年 7 月国家蜂产业技术体系饲养与机具功能研究室第 9 次学术研讨会在固原综合试验站举行。期间首席科学家吴杰研究员与全国参会专家检查观摩固原站泾源示范县中华蜜蜂健康高效养殖技术冶连荣示范蜂场

图 6-49 由乌鲁木齐综合试验站和规模化健康高效饲养示范蜂场研制不同类型的饲养、装载设备，在示范蜂场使用，大大提高了劳动效率；起到了示范带动作用。图为示范蜂场用自主研发的铲车装卸蜂箱

图 6-50 南昌综合试验站开展免移虫产浆试验，岗位科学家曾志将教授与试验人员共同深入示范蜂场指导，试验站人员跟踪并不定期到场指导，试验取得良好效果，接受率达 90% 以上。图为体系现场会交流

图 6-51　余干县瑞洪镇发生 4 场意蜂成年蜂不明原因死亡现象，南昌综合试验站到各蜂场指导蜜蜂病虫害防控，图为 2017 年 12 月南昌综合试验站站长席芳贵研究员在蜂场实地指导蜂群管理，降低损失

图 6-52　2017 年 11 月 24 日，东营综合试验站站长张兴波主持“养蜂机械化发展研讨会”。农业部、财政部相关领导到会并发言，蜂体系首席、各位专家站长等齐聚一堂共同对养蜂机械补贴作了深入研讨，成果丰硕

图 6-53　2018 年 9 月 22 日在五莲召开的“机械化养蜂现场观摩会”上，东营综合试验站站长张兴波向现场观摩的专家、站长、蜂农介绍了东营综合试验站站机械化养蜂示范蜂场的情况，受到与会专家的一致好评

图 6-54　康振生院士、西藏农牧厅林木总农艺师、山南市副市长等一行考察国家蜂产业技术体系拉萨综合试验站山南示范蜂场，并提出加快西藏发展养蜂的实施建议

图 6-55　2011 年国家蜂产业技术体系成都站在平武举办蜂业技术研讨培训会，邀请成都站对接岗位科学家石巍研究员、邵有全研究员、梁勤教授等参加研讨培训

图 6-56　国家现代蜂产业技术体系岗位科学家曾志江教授研发的免移虫蜂王浆生产设备，在牡丹江综合试验站进行生产试验示范时，年迈蜂农亲身试用后效果极好，欣喜万分